West China
Education Report

教育部哲学社会科学发展报告项目
教育学一流学科建设项目研究成果

西部教育报告 2014

郝文武　主编

总第4卷

教育科学出版社
·北　京·

序 言
Introduction

郝文武
Hao Wenwu

《西部教育报告》从2011年卷（总第1卷）面世，到2014年卷（总第4卷）出版已有四个年头。2013年，《西部教育报告》还获得了教育部哲学社会科学发展报告项目的资助。为了感谢国内外专家学者同仁、各级领导和管理者对《西部教育报告》的关心、支持和做出的重要贡献，为了使更多的人了解《西部教育报告》，关心和支持《西部教育报告》，也为了总结经验，开创未来，使它办得更好，《西部教育报告》每一卷都要以序言的形式，说明它的来由、已做的工作和未来的设想。

一、创办缘由和形成过程

《西部教育报告》是由西部十二个省区市的教育学专家学者组成的学术团队和编委会，依托“教育部哲学社会科学发展报告项目”和西部各省区市“教育学一流学科建设项目”，凝聚西部教育学人的力量，用实证和实验方法，反映我国教育学人研究西部教育成果的连续出版物。

在2014年之前，《西部教育报告》是依托国家“‘211工程’重点学科建设项目”分项目“面向当代教师教育的教育科学研究”和“国家教师教育‘985’优势学科创新平台建设项目”子项目“教师教育理论创新与研究中心建设”。遵照国家相关要求，从2014年开始，“‘211工程’重点学科建设项目”改为“教育学一流学科建设项目”，这两个项目共同特点都是加强教育学学科建设，不同的是前者是对“211工程”重点大学的特别支持，后者是对所有有实力的大学和

学科的支持，这更有利于调动各层面学科建设的主动性、积极性，充分发挥各层面学科建设的创造性，也更有利于凝聚西部教育学人的力量，对西部教育进行全面深入的研究。《西部教育报告》2013年获批“教育部哲学社会科学发展报告项目”，这为进一步凝聚西部教育学人的力量，对西部教育进行全面深入研究注入强大动力。由于有了“教育部哲学社会科学发展报告项目”和西部各省区市“教育学一流学科建设项目”这两个重要项目的大力支持，《西部教育报告》就更加名副其实，一定会越办越好。

西部的过去是欠发达的，西部的现在是蓬勃发展的，西部的未来是充满希望的。西部的社会经济和文化特点决定了西部教育发展的特点，把西部各方面教育研究力量组织起来，集中大家的智慧全面深入研究西部教育，促进西部教育的改革和发展，是大家多年来的愿望。但以什么样的方式把大家组织起来是西部教育学同仁长期思考的问题。2011年，终于以《西部教育报告》这种方式把大家组织起来了，西部教育学同仁都感到非常高兴，我们陕西师范大学的教育学人也为能实现大家的愿望和促进西部教育的发展做一点事情感到十分荣幸。

2008年10月，陕西师范大学开始启动实施国家“211工程”重点学科建设三期项目，学校在不同学科设立了七个分项目。当时的教育科学学院承担了“面向当代教师教育的教育科学与认知科学研究”项目。2009年5月，陕西师范大学开始启动实施的“国家教师教育‘985’优势学科创新平台建设项目”，包括“教师教育学科专业建设”、“教师教育理论创新与研究中心建设”、“免费师范生学科专业能力拓展与创新实验中心建设”、“教师专业能力发展中心建设”、“教师教育资源中心建设”、“教师教育创新实验区建设”、“教师教育师资队伍建设”和“中小学教师专业能力训练和教学技能大赛平台建设”等八个子项目。以教育学院教师为主的教学科研团队承担了“教师教育理论创新与研究中心建设”子项目。

“教师教育理论创新与研究中心建设”项目包括“教师教育制度创新与政策研究”、“教师教育基本理论创新研究”、“基础教育教师专业发展实验研究”、《西部教育报告》名刊工程等四个分项目。“教师教育理论创新与研究中心建设”项目的目标就包含在它的题目中。具体讲，教师教育理论创新的目标是通过长期深入研究，承担重大教学科研项目，产出重大教学科研成果，形成以西部教师教育改革和发展为主要内容与特色的教育制度创新理论、课程教学创新理论、学校管理创新理论；通过教学科研平台建设，凝聚西部各方教育研究力量，形成管理运作机制和方式有效、知识和年龄等结构合理的学术团队，建设国内领先、具有一定国际影响力的教师教育重点研究基地；通过形成反映和引领西部教育和课堂教学实践的研究成果，为国家和西部教育管理部门、学校师生提供咨询服务。

我们承担的国家"'211工程'重点学科建设项目"分项目和"国家教师教育'985'优势学科创新平台建设项目"子项目，既有特殊性，又有共同性。特殊性是"教师教育'985'优势学科创新平台建设项目"子项目的对象和成果主要是与教师教育相关，而"'211工程'重点学科建设项目"分项目则既包括教师教育的内容，也涉及教育学科其他广泛的内容。共同性是它们都既要研究我国教育和教师教育改革和发展中的普遍问题，又要突出西部特点，形成西部特色。对于如何形成西部特色，从这两个项目启动开始，课题组一直在寻求其亮点和突破口，但很长时间始终没有得法，没有找到合适的命题和名称。

2009年，陕西师范大学教育学院盛情邀请华东师范大学终身教授丁钢先生和南京师范大学教授吴康宁先生主持教育学原理博士学位论文答辩，做客"教育书院教授讲会"做学术报告，并讨论交流了课题特色的凝练问题。对于凝练这两个课题的研究特点，丁钢先生认为，改革开放以来，我国的教育研究成果丰硕，出版了许多理论著作和论文，也有不少实证研究报告，比如：丁钢主编的《中国教育：研究与评论》、劳凯声主编的《中国教育法制评论》、袁振国主编的《中国教育政策评论》等，但对于西部教育的实证研究都是零星的、断续的，在教育学界没有冲击力和影响力。西部的历史是辉煌的，西部的近代是贫瘠的，西部的现实充满矛盾而又蓬勃发展，西部的未来是大有希望的，西部不仅是全中国也是全世界都关注的神奇的土地。如果能通过揭示西部教育的矛盾，发现不断涌动的活力和希望，形成对西部教育实践和现实全面深入、持续不断的实证研究报告，不仅在国内而且在国外也肯定是很有特色和冲击力的。大家对丁先生的分析十分敬佩。《西部教育报告》在高人指点和启发下由此而得名。

《西部教育报告》的创办得到华东师范大学终身教授叶澜先生的特别支持，她的研究精神、研究方式为我们树立了榜样。叶先生把她长期研究形成的教育理论、理念与基础教育实践相结合，深入课堂教学第一线从事新基础教育的教育教学改革实验研究，指导基础教育的教育教学实践。编写《西部教育报告》的一个重要目的，就是通过发表西部教育教学改革实验报告，引导我们的学者以叶澜先生为榜样，向叶澜先生学习，鼓励和支持专家学者深入西部教育实践和课堂教学第一线，在对西部教育实践和课堂教学第一线的研究中创新教育教学理论，引领、指导和推动西部教育与教学改革。

2010年，叶先生出席了由陕西师范大学主办的全国教育博士专业学位教育工作扩大会议后，应邀做客陕西师范大学“教师教育论坛”和教育学院“教育书院教授讲会”，为千余名师生做了题为《“新基础教育”研究中的课堂教学改革》的精彩学术报告。叶先生在陕西期间，我向她介绍了《西部教育报告》策划缘由和进展情况后，她非常高兴，并很爽快地答应做本书的顾问。她不顾旅途劳顿，用了很多时间给我们提出许多中肯意见和建议。这成为《西部教育报告》得以形成的重要动力。叶先生指出，《西部教育报告》不仅这个名称很好，而且这个名称里面包含许多内容，有非常大的发展空间和可挖掘的东西，在这个名称下可以做许多事情。但她又说，要把《西部教育报告》做好也很难，要付出许多努力，我们不能为了占这个好名字而形成一堆文字垃圾，因此糟蹋这个名字。她认为，《西部教育报告》不仅应该是陕西人研究西部教育的报告，也应该成为西部人研究西部教育的《西部教育报告》，甚至应该成为全国乃至全世界人研究中国西部教育的研究报告。她建议，成立由西部十二个省区市对西部教育有研究兴趣、有研究基础和潜力的专家学者组成《西部教育报告》学术团队和编委会，首先召开学术研讨会议，研究西部教育及其研究的历史、现状、问题和未来应该努力的方向，然后组织力量，根据西部各省区市经济社会和教育发展实际进行深入研究，形成真正有特色的《西部教育报告》。

2010年6月，由陕西师范大学教育学院主办，在西安召开了《西部教育报告》研讨会。西部十二个省区市师范大学和陕西师范院校的80多位专家学者认真研讨了西部教育及其研究的历史、现状、问题和未来应该努力的方向，并拟订了具体的研究、出版计划和《西部教育报告》第1卷、第2卷的稿件形成、审阅计划。这次会议的成功举行成为《西部教育报告》诞生的重要标志。为使《西部教育报告》的出版达到理想水平，我们从2010年7月就开始了稿件征集、初审和修改工作。2010年10月，我们组织《西部教育报告》的顾问、主编、副主编、编委和为《西部教育报告》第1卷、第2卷提供稿件的作者，举行了《西部教育报告》审稿会议。对陕西师范大学、西南大学和西北师范大学教育学人提供的研究西部教育的近十篇实证研究报告和实验研究报告进行了认真审阅，并提出进一步的修改意见和建议。丁钢先生作为《西部教育报告》的顾问出席了审稿会议，对每篇稿件都进行了认真审阅，提出了肯定评价和宝贵的修改意见。

为了实现《西部教育报告》的预设目标，“教师教育理论创新与研究中心建设”子项目教学科研团队，制定了明确目标，落实任务，整合机构，聚集力量，形成优化组织和高效运行的重点研究基地建设的长期和近期规划，制订了在西部地区师范院校和省地市级教育学院、教师进修学校建立20—30个研究实验基地和网点，在西部地区中小学、幼儿园建立20—30个县级研究实验基地和网点，进行周密调查研究、全面深入的实证研究和长期实验研究的计划。从2010年3月开始，我们逐渐在各基地和网点展开实验研究。

近年来，陕西师范大学教育学学科建设和教学科研都取得显著成绩。目前有教育学原理和课程与教学论两个博士学位授权点，有教育学一级学科硕士和博士学位授权点。教育学专业是国家特色专业，学前教育本科专业为省级特色专业，教育学教学团队和课程与教学论系列课程教学团队是省级教学团队。形成外国教育史、公共教育学、学前教育学、课程与教学论、教育哲学等国家和省级精品课程，教育心理学、教学论为省级双语教学示范课程。近年来，承担国家和省部级教学科研项目数十项，在《教育研究》等刊物发表高质量学术论文百余篇，在中国社会科学出版社、教育科学出版社等出版机构出版系列学术专著数十部。但我们的教育学的研究方法主要是传统的思辨研究方法，有效运用这种研究方法是必要的，而仅仅运用这种方法又明显是有缺陷的。

为了解决这个问题，我们把改变研究方式的问题放在非常突出的地位，先后盛情邀请北京师范大学教授顾明远、王英杰、劳凯声、张斌贤、石中英、王本陆，华东师范大学教授叶澜、陆有铨、丁钢，北京大学教授陈学飞，南京师范大学教授吴康宁、金生鈜，华中师范大学教授王坤庆、涂艳国，西南大学教授张诗亚、靳玉乐、李森、朱德全，华南师范大学教授扈中平、徐福荫，厦门大学教授潘懋元、刘海峰，西北师范大学教授刘旭东，山东师范大学教授徐继存，中国教育科学研究院副院长曾天山，《教育研究》总编高宝立等专家学者，主持我校教育学原理和课程与教学论博士学位论文答辩，做客"教育书院教授讲会"，开展教育研究方法的专题报告。还先后邀请美国、英国、加拿大以及中国香港、中国台湾等国家和地区的专家学者做客"教育书院教授讲会"，指导我校教育学教学和科研。他们为我校教育学教学和科研提出了宝贵意见和建议，他们的研究方法也使我们受益匪浅。

二、研究特色和重点规划

《西部教育报告》以突出三个特色、坚持三个导向为宗旨。一是突出西部教育研究特色，坚持以促进西部教师教育和基础教育的内涵发展及质量提高为根本导向；二是突出教育教学微观研究特色，坚持以西部师范院校和中小学校及其教师发展研究、基础教育德育研究、课堂教学实践微观层面研究为基本领域；三是突出实证和实验研究特色，坚持以深入精细调查研究、长期追踪实验研究为主要方法，特别重视追踪实验研究、西部教育发展和教育政策研究。

教育学学科和教师教育专业原来是师范院校的重要基础学科和专业，现在正在发展成为师范院校的特色和优势学科与专业。教育学在它发展过程中的最初意义就是教师教书育人的学问。在近现代中国，教育学学科和专业不仅是师范教育、师范院校的基础学科和专业，是它的核心学科和专业，是决定和区分师范教育、师范院校与普通教育、普通院校性质的关键和灵魂，而且发展成为全面研究教育理论、教育制度、教育政策、教育教学改革、教师培养和发展等的重要学科和专业。没有教育学学科和专业的教育及院校就是普通教育、普通院校，有教育学学科和专业的教育及院校就是师范教育、师范院校。不仅如此，师范教育、师范院校还独立设置，自成体系，在国家的专业教育发展中得到特别的关注和关照。由于教育学与师范教育、师范院校有如此紧密关系，所以，教育学的发展对师范教育、师范院校的发展和师范教育、师范院校的发展对教育学的发展也就具有了特殊重要的意义。

在近现代世界各国的专业教育发展中，不同国家的教育学学科和专业有着不同特点，有许多国家与中国类似，教育学学科和专业曾占据和具有重要或突出的地位和作用。但在现当代，许多国家的教育学学科和专业逐渐加强了与普通学科、普通专业和普通教育、普通院校的联系，逐渐走向融入，成为普通教育、普通院校中的一个学科和专业。这并不能说明教育学学科和专业的地位及作用在下降，相反，它充分表明教育学学科和专业与其他学科和专业一样具有了强大的能力及实力，不再是需要特殊对待和保护的学科和专业。当代中国的师范教育、师范院校正在进行着重大的转变和变革，这种转变和变革与世界各国师范教育、师范院校的转变和变革有何联系与区别？对中国的教育学和师范教育、师范院校发展有何意义？由师范教育向教师教育变革的社会基础是什么？它的方向、目标、过程和战略策略是什么？师范教育与教师教育有何区别和联系？对于这些问题，目前学者们的看法不尽相同。我国西部培养教师的教育与全国其他地区一样，既有从师范教育向教师教育转变的问题，开放性、综合化、高学历化、职前职后一体化的问题，也有由地区特点决定的特殊问题；既有教师专业化的问题，也有教师职业化的问题；既有新教师选拔培养的问题，也有教师在职进修学习自我提高的问题；既有教师队伍建设和质量提高的问题，也有教师合理流动和教师结构优化等问题。为了推动农村教育发展，实现城乡教育公平，2007 年开始，国家在六所部属师范大学实施免费师范生教育，其中西部有两所，招生数量最多。西部免费师范生的教育培养、就业和发展同样有一定的特殊性。作为西部师范大学编写的《西部教育报告》，必须结合中国和世界教师教育发展的趋势，全面深入研究西部教师教育和教师发展的特殊性问题。

基础教育是人生的基础、教育的基础、民族和国家的基础，与教师教育有紧密联系。科教兴国，教育为本。发展教育，教师为本。促进教育发展，有充足的教育经费很重要，有很好的教育政策很重要，有很好的教学设备也很重要，还要有很好的教材，但所有这些很好的条件最终都要落实到学校教育，落实到课堂教学，而做好课堂教学的关键是教师。缺乏具有良好品德、丰富知识和高超能力的教师，课堂教学就做不好，质量就不能提高，也就是说，提高教师素质是提高教育教学质量的关键。西部经济社会和科技文化发展状况决定了西部基础教育，特别是农村基础教育吸引高素质教师和构建稳定、高素质教师队伍更加困难。西部地区是民族地区较为集中的地区，我国有五个民族自治区，五个都在西部，其他不是自治区的省份也有不少民族自治县等自治地方，生活着大量民族兄弟。这也是西部教育，特别是西部基础教育发展的显著特点。前几十年全国“普九”教育的困难主要在西部，特别是农村和少数民族地区，目前全国实施的素质教育和“新课程改革”的困难也主要在西部，特别是农村和少数民族地区。西部教育如何吸引和培养更多优质教师，促进教师发展，稳定教师队伍，促进教师合理流动？如何吸引更多教育资源资金改善办学条件，使更多农村孩子享受优质教育资源，使留守儿童和农民工子女受教育权利得到充分保护，享受优质教育，实现教育公平？如何适应课程教学改革理念和要求，改进教育教学内容、方式，提高教育教学质量？如何保护和弘扬民族文化，使少数民族文化与中华民族博大精深文化协调发展？所有这些问题都是复杂和现实的，都需要全面深入研究。

西部高等教育发展极不平衡，陕西西安是我国高等教育发展重镇，公办高校和民办高校有数十所，排在全国各省区市前列，特别是民办高校多年来发展迅速，成为我国民办高校发展的奇特现象。重庆也有较多高校，但西部其他省份高校较少。在西部经济欠发达、实施西部大开发以及西部经济社会和科技文化大发展的状况下，高校密集的陕西省和高校较多的重庆市在高等教育发展方面如何发挥带动作用？高校发展薄弱的省份如何加大高等教育发展力度？西部高等教育如何调整数量、优化结构、强化优势、突出重点、提高质量，与经济社会和科技文化紧密结合，培养足够数量，专业和知识结构、梯队和团队结构合理的高质量的专业人才，带动和促进本省份及其他省份乃至全国经济社会和科技文化以及基础教育的发展？对于这些问题，必须进行全面深入的研究。

职业教育是现代教育的重要组成部分，是培养技能型人才的重要途径。改革开放以来，我国一直非常重视职业教育发展，但由于各种原因，目前我国的职业教育发展还存在很大问题，还远不能适应我国经济社会发展的要求。由于经济和文化原因，西部职业教育发展更加困难，与理想状态有更大差距。劳动光荣，技能宝贵，创造伟大。西部各省区市如何通过改变文化观念、调整教育结构、密切职业教育与行业企业的关系促进职业教育发展，进而促进经济社会和文化科技的发展，是当前教育研究的一个重点和热点问题。

编写《西部教育报告》的目的不仅是出版几部研究报告，而是要表明一种态度，引导一种方向，坚持一种精神，提倡一种方法。这种态度、方向、精神和方法就是深入教育教学实践，深入课堂教学第一线进行实验和实证研究。理论与实践有紧密关系，理论来源实践，指导实践，因此绝对不能轻视教育理论的研究，但目前的教育教学实验研究太少。《西部教育报告》强调实践对理论形成的特殊性、根源性和重要性，强调理论形成的实践性、实证性和实验性，不发表纯理论的研究成果，特别重视教育教学实验研究，优先选用教育教学实验研究报告。陕西师范大学“教师教育优势学科创新平台建设项目”和“教育学一流学科建设项目”研究以及以后其他教育学科相关研究的总体内容主要有两个部分：一是实证和实验研究，二是理论研究。实证和实验研究成果主要通过《西部教育报告》反映，理论研究的成果主要通过系列专著反映。

为彰显自身宗旨，《西部教育报告》设置了教师教育与教师发展、教育教学改革实验、基础教育和民族教育、教育发展和教育政策、高等教育改革和发展以及职业教育改革和发展等栏目，其中前三个栏目为基本栏目，力争每卷至少刊发一篇研究报告，其他栏目则根据稿源状况设置。从2011年第1卷到2013年第3卷，教师教育与教师发展栏目已发表《陕西师范大学免费师范生职业选择与发展意愿调查报告》、《当前师范院校教育学课程群建设——从全国性变革走向探求西北地区的对策》、《为了稳定和提高的流动——西部地区中小学教师流动现状调查报告》、《一个西部农村县教师结构50年的变迁》、《重庆市统筹城乡教师继续教育有效模式研究》等五篇研究报告；教育教学改革实验栏目已发表《西部农村中学“双证六连结构”教育扶贫模式实验报告》、《学思维活动课程促进中小学生创新素质发展的实验研究系列报告》、《以学科为载体的中学英语教学改革研究实验报告》等三篇研究报告；基础教育和民族教育栏目已发表《洒下甘露，让孩子体味别样滋润——陕西省石泉县留守儿童教育管护调查研究》、《成绩与问题并存，实现目标任重道远——西北地区高中新课程实施现状调查报告》、《青海义务教育阶段学校生活公平发展的实证研究》、《基础教育：民族传统文化传承的重要途径——以凯里市舟溪逸夫中学为个案的研究》、《西南农村基础教育新课程实施十年检视：现状、经验、问题与对策》等五篇研究报告；高等教育改革和发展栏目已发表《西北山区乡村人的大学梦——以陇中二百户村为个案的大学信任基础研究》、《西部高等教育现代化转型：现状、问题及路径》、《大学毕业生就业能力与就业质量的关系研究——以陕西省九所高校的调查数据为例》等三篇研究报告；职业教育改革和发展栏目已发表《职业教育城乡统筹研究报告》。这些研究报告都以鲜明的主题、翔实的资料和数据、科学的统计和分析，主要从微观角度系统研究了西部教育发展不同层面的历史、现状、经验、成绩和问题，为西部教师教育、基础教育、民族教育、高等教育以及职业教育的改革与发展提出了合理建议，形成鲜明的咨询特点。

三、致谢与期待

《西部教育报告》获2013年度教育部哲学社会科学发展报告培育项目立项，这是专家学者对我们的认可和支持，国家教育科研管理部门对我们的信任和鼓励，也为我们指明了方向，对我们提出了更高要求，我们将以更加坚定的决心和认真的态度做好这项工作。《西部教育报告》计划每年出版一部，每卷约30万字，收录5—6篇系统性、实证性、实验性强的高质量稿件。我们将对高质量稿件给予颇丰稿酬，并对高质量实验报告给予特别经费资助。希望教育界同行和社会各界关注与支持西部教育研究和《西部教育报告》，特别希望由西部十二个省区市的教育学专家学者组成的《西部教育报告》学术团队精心策划、精诚合作，努力做好西部教育研究，尽力提供反映西部教育鲜活实践和现实的优质稿件，使《西部教育报告》在重点反映西部学人实证和实验研究西部基础教育和教师教育成果基础上，成为所有研究西部教育的专家学者和研究生发表相关实证和实验研究成果的重要平台。

根据“教育部哲学社会科学发展报告项目”宗旨要求，《西部教育报告》在努力办好现在设置的各个栏目的前提下，未来将把教育政策和教育发展作为重点研究领域，根据稿源状况拟与教育教学改革实验或其他栏目轮换设置教育政策和教育发展栏目，根据需要对高质量稿件给予特别资助。该栏目主要研究国家教育政策对西部教育的影响，西部各省区市教育政策的演变发展和对西部教育的影响；根据西部教育发展特点和状态，调整和变革国家及西部省区市的西部教育政策；从数据统计角度，研究西部教师教育和教师发展、基础教育和民族教育发展、高等教育和职业教育发展的整体状态、结构状态、速度状态，并提出保持和调整教育发展状态的合理建议。希望专家学者、博士和硕士研究生高度重视西部教育政策、西部教育发展特点和状态研究，高度关注教育政策和教育发展这个栏目，为它提供丰富优质稿源，把它办成高质量著名栏目。

《西部教育报告》的创办得到国内外专家学者的大力支持和亲切指导。著名教育家、中国教育学会名誉会长、北京师范大学资深教授顾明远先生，中国教育学会原副会长、华东师范大学终身教授叶澜先生，陕西师范大学党委书记甘晖教授，甘肃省教育厅厅长王嘉毅教授，华东师范大学丁钢教授，西南大学张诗亚教授等担当《西部教育报告》顾问。顾先生和叶先生欣然为《西部教育报告》题词，分别是：“开展教育研究，为西部教育服务”；“从问题出发，用事实说话；强理论内力，促事业发展”。

《西部教育报告》由陕西师范大学郝文武教授主编，西南大学朱德全教授、西北师范大学刘旭东教授、陕西师范大学李录志副教授为副主编。陕西师范大学党委副书记司晓宏教授担任编委会主任。编委会由陕西师范大学、西南大学、西北师范大学、四川师范大学、云南师范大学、贵州凯里学院、西藏民族学院、青海师范大学、宁夏大学、新疆大学、广西师范大学、内蒙古师范大学等西部院校的教育学人组成。

《西部教育报告》的创办既得到了国内外许多专家学者的关心和指导，也得到了各级领导和管理部门的鼓励和支持，也得到了众多博士、硕士研究生的帮助和支持。在此，我们编委会衷心感谢各级地方政府及教育和统计部门，以及各中小学、幼儿园领导和老师的支持，衷心感谢西南大学和陕西师范大学、西北师范大学各位领导和各职能部门同仁的支持，衷心感谢课题组各位专家教授、博士和硕士研究生为完成研究任务所做出的贡献，衷心感谢全国著名学者担当《西部教育报告》的顾问，衷心感谢顾明远先生、叶澜先生为《西部教育报告》欣然题词，同样要感谢教育科学出版社各位同仁对《西部教育报告》出版付出的辛劳。

初生之物其丑必多，希望国内外专家学者继续给予更多的关注和支持，广大读者给予更多关心和爱护，并提出宝贵意见和建议。希望在我们的共同努力下，经过几年的努力奋斗，使《西部教育报告》成为以实证和实验研究为主要方法、以西部教师教育和基础教育为主要特色、在国内外具有较大影响力的名牌连续出版物和西部教育研究的标志性成果；成为推动西部各省区市教育学一流学科建设的重要力量，形成和聚集西部各省区市教育学一流学科建设成果的重要平台、载体；成为推动西部教育发展的重要力量。

2014 年盛夏于西安

目录

Contents

教育教学改革实验

“数学绿色评价” 实验研究

◉ 廖联芳　罗彩林　彭达开　魏小刚　付天贵

摘　要：当前，在实施素质教育的过程中，农村中学数学教学存在教学手段单一、评价方式单一、对学生的学习态度和情感关注较少等诸多弊端，严重影响了数学教学的效果和学生的发展。在此背景下，重庆綦江隆盛中学组织实施了“数学绿色评价”实验。实验遵循学生的数学认知规律和学习特点，以人人合格、人人体验成功为标准，把“标准参照测试”和“常模参照测试”有机融合实施多元的“准模测试法”。实验采用进步换分数、互助学习、“肇基学具”游戏活动等方式搭建学生进步的阶梯，增强了学生学习数学的兴趣和信心，有力促进了学生特别是后进学生的发展。“数学绿色评价”实验是一个能对西部、对农村的薄弱学校、对初中的数学学习很有帮助的项目，它对推进素质教育和谐、均衡、深入发展有着重要的意义。

关键词：数学教育；准模测试；合作机制；评价机制；肇基学具

作者简介

廖联芳，重庆綦江隆盛中学教师，多次被重庆市綦江区评为“课改先锋”、“优秀班主任”，2013 年被綦江区教委评为“面向未来教师”，2014 年被评为重庆市优秀班主任，电子邮箱：497057665@qq.com。

罗彩林，原重庆市綦江区教委基教科科长、隆盛中学校长，现任重庆市綦江中学党委副书记、纪委书记，綦江区永新中学校长，曾获重庆市优质课大赛一等奖，电子邮箱：527433794@qq.com。

彭达开，重庆綦江隆盛中学教学副校长，重庆市初中数学学科带头人，綦江区区级名师，电子邮箱：416592153@qq.com。

魏小刚，重庆綦江隆盛中学教师，曾获重庆市中青年教师优质课大赛二等奖、綦江区优质课大赛一等奖，电子邮箱：546903073@qq.com。

付天贵，重庆文理学院数学与财经学院副教授，西南大学数学与统计学院 2013 级博士生，电子邮箱：77898066@qq.com。

Experimental Study of "Mathematical Green Appraisal"

Liao Lianfang　Luo Cailin　Peng Dakai　Wei Xiaogang　Fu Tiangui

Abstract: Currently, there are many drawbacks of mathematics teaching in the process of the implementation of quality-oriented education in rural middle schools, such as single teaching means, single evaluation methods and less attention on students' learning attitudes and emotions. It seriously influences the effectiveness of mathematics teaching and the development of students. In this context, Longsheng Middle School in Chongqing Qijiang has organized and implemented the "Mathematical Green Appraisal" experiment. The experiment follows the mathematical cognition rules and learning characteristics of students, regards everyone's progress and everyone's experience of success as standard, and makes the Criterion-referenced Test and the Norm Reference Test organically integrated with Quasi Model Test Method which implements multiplement. And it adopts getting scores by advances, collaborative learning and Zhaoji Learning Tools activity etc. to set up the ladder of the progress of students, enhancing their interests and confidence of learning mathematics and vigorously accelerate the development of students, especially backward students. The "Mathematical Green Appraisal" experiment is a project that can help the west, rural weak schools and the mathematics learning of middle schools. And it is significant to impel quality-oriented education harmony, balance and further development.

Key Words: mathematics education; Quasi-Mode Test; cooperation mechanism; evaluation mechanism; Zhaoji Learning Tools

Authors:

Liao Lianfang, teacher of Longsheng Middle School in Qijiang, Chongqing, has been appraised as "the vanguard of curriculum" and "outstanding class teacher" many times by Qijiang District. She was appraised as "the teacher facing the future" in 2013 by the Board of Education of Qijiang District, while appraised as "outstanding class teacher" in 2014 in Chongqing, e-mail: 497057665@qq. com.

Luo Cailin, former Section Chief of the Elementary Education Department and the headmaster of Longsheng Middle School, the current deputy party secretary and Secretary of Commission of Qijiang Middle School in Chongqing, and the Headmaster of Yongxin Middle School in Qijiang. And he has won the first prize in Chongqing High Quality Class Competition, e-mail: 527433794@qq. com.

Peng Dakai, vice-president of Longsheng Middle School in Qijiang, Chongqing, academic leader of mathematics teaching among Chongqing Junior high schools. And he is also a famous district teacher in Qijiang, e-mail: 416592153@qq. com.

Wei Xiaogang, teacher of Longsheng Middle School in Qijiang, Chongqing, has won the second prize in Chongqing High Quality Class Competition of young and middle-aged teachers and the first prize in High Quality Class Competition of Qijiang, e-mail: 546903073@qq. com.

Fu Tiangui, associate professor of the Mathematics and Finance Institute in Chongqing University of Arts and Science, Ph. D. candidate of the College of Mathematics and Statistics at Southwest University in the year of 2013, e-mail: 77898066 @qq. com.

一、引 言*

2014 年初，中国人民大学附属中学邀请我为该校的“国培计划——示范性教师工作坊高端研修项目”研修班的骨干教师做培训讲座。其间，人大附中几位教师告诉我，张肇基先生正在重庆市綦江区隆盛中学进行教改实验，非常希望得到西南大学和我的帮助与支持。我是知道张先生的，虽已古稀之年，却还亲自指导人大附中第二分校和另外几所学校的教改实验，实践着自己“愉快数学”和“不让一个学生掉队”的数学教育梦想。先生穷其一生孜孜不倦、潜心探索数学教育之方法并身体力行，即使遭遇人生巨大的挫折，仍矢志不渝，其持之以恒之精神令人敬佩。

晚春之际，我和教育部西南基础教育课程研究中心的同事以及我的博士研究生几次前往重庆市綦江区隆盛中学进行调研，该中学于 2012 年在张先生指导下开始进行教改实验。调研中我们发现：学生数学学习的积极性很高，不同类型的学生尤其是学困生的数学学习得到了较大的提高，几次数学测评中都取得了很好的成绩；学生对数学课和课外活动非常喜欢，师生的关系非常融洽。实验竟取得了意想不到的成功，对该校其他学科甚至綦江区的教学改革都产生了影响。虽然如此，但实验也有值得商榷之处，例如实验的名称不统一，有的称之为“数学：人人进步实验”，有的称之为“快乐的数学实验”，有的把它叫作“肇基数学实验”，也有的把它叫作“数学零失败实验”，还有的把它叫作“绿色评价实验”。如果实验的名称不统一，内涵也就难以界定，也很难在更大范围内推广。

实验以张先生开发的学具——肇基图数算卡、数式算卡、推理拼卡等为基础，组织学生进行各种各样的游戏活动，并利用学具设计出多种形式的“活动考核”。实验是通过学具的学习测评去调动学生的数学学习积极性，是关于学习评价的改革实验。因此，征得张先生同意，我们称

---

* 本实验研究报告由教育部西南基础教育课程研究中心主任，国家基础教育专家工作委员会副主任，义务教育数学课标审议组组长，原西南师范大学校长、西南大学常务副校长，国家级教学名师宋乃庆先生推荐，并指导撰写。引言是宋先生的推荐信。

之为"数学绿色评价"。数学绿色评价是以获得适应学生自身发展为目标，遵循学生的数学认知规律和学习特点，对学生的数学学习过程和发展进行判断。与传统以升学考试为目的的评价方式不同，数学绿色评价是一种多元评价，它以孩子能快乐学习，实现人人进步为目标。数学绿色评价有如下特点：第一是建立一个绝大多数同学通过自己的努力都能够达到的"合格标准"；第二是采用等级制评价缓和学生间的激烈竞争；第三是注重过程性评价，通过验收活动让学生看到自己学习中的进步，培养学生的数学兴趣；第四是实行"准及格"制度，给一些不可能在考试中及格的同学明确一个可达到的奋斗目标，既可以使这些学生避免受到"坏分数"的劣性刺激，又可让他们看到学习的希望；第五是发明了一系列"肇基学具"，这些学具不仅丰富了学生的校园生活，且多了一个防止学生在数学上掉队的抓手。

隆盛中学地处重庆市綦江区隆盛镇，是一所典型的农村中学，农村学生占90%以上，大部分学生父母双方或一方在外务工，这类学校的教育教学和管理一直是一个关注点。数学绿色评价项目的实施给学校带来了很大的变化，这些变化主要体现在：促进了教师教育理念变化，以前讽刺或辱骂学生的现象不复存在，教师在课内外经常俯下身与学生共同游戏，平等对话，真正实现了教学民主和师生人格上的平等；促进了教师教学行为变化，教师从以前的单打独斗变为合作互助、资源共享，他们比以前更加热爱教学研究，从以前缺乏激情变为乐于从教，享受着教学的幸福和专业成长的快乐；促进了学生学习态度的转变，学生对数学学习变得越来越有兴趣。近几年，隆盛中学没有一个学生辍学，义务教育质量也得到稳步提升，特别是数学，在同类学校中近几届毕业会考成绩都名列前茅。目前初中数学绿色评价的良好经验正在被学校其他学科合理地吸收。

张肇基先生主持的数学绿色评价抓住了制约当前基础教育数学课程改革的主要因素，切合时代的主题，是我国农村基础教育数学教学评价方式改革的有益尝试。数学绿色评价项目的成功一方面取决于项目的先进理念和设计，另一方面也取决于綦江教委特别是隆盛中学领导的高度重视和实验教师的努力。数学绿色评价是一个能对西部、对农村的薄弱学校、对初中的数学学习很有帮助的项目。

前不久，陕西师范大学教育学院郝文武教授来电话约我为《西部教育报告》写一篇关于我们多年来进行中小学数学教学实验研究的稿件，我再三思考，觉得张肇基先生主持的数学绿色评价很有意义，于是便推荐了张肇基先生的数学绿色评价项目，希望它能引起数学教育界乃至教育界的广泛关注和支持。

二、实验背景

（一）当前数学教育中出现的各种问题亟须进行改革和创新

面对时代的发展及实施素质教育的要求，数学教育要从以“获取知识”为首要目标转变为以“关注人的发展”为主要目标，要创造一个有利于学生生动活泼、主动发展的教育环境，给学生提供充分发展的时间和空间。义务教育阶段的数学课程也应充分体现基础性和发展性，关注一般基础能力的培养，以及人的情感、态度、价值观的养成，从而使每位学生都获得作为一个公民所必需的基本数学知识和基本数学技能，为终身和可持续发展打下良好的基础。当前，义务教育阶段数学教育中出现了很多亟待这个时代去解决的疑难问题。如学生数学学习方式单一、被动，缺乏自主探索、合作学习和独立获取知识的学习习惯等；教师在教学过程中忽视对学生创新精神和实践能力的培养，对书本知识、运算和推理技能的关注较多，而对学生学习态度和情感关注较少等。

处在西部农村的初中学校面临更大的问题。首先，小学毕业后，城区初中学校会优先选拔部分优秀学生前往就读，使得面临升学压力的农村初中学校在夹缝中办教育。其次，随着社会、经济的发展，农村外出务工人员越来越多，正处在生理发育关键期、心理叛逆期的初中生，70%成为“留守儿童”，再加上“普九”以来，小学毕业生无论成绩好坏全部就近进入初中学习，成为初中学生。这样，农村初中的生源成分复杂，学困生面积广，基础素质偏低，60%左右的学生缺乏基本的行为习惯养成，65%的学生家长不关心、不重视子女的学习，不支持、不配合学校工作，给提高初中数学教学质量带来了很大的挑战。最后，80％以上家长教育孩子方法不当，导致很多小学生升入中学后出现成绩滑坡现象，从而丧失自信心，产生厌学情绪，甚至辍学，对未来劳动者的素质带来了严重影响。

（二）重庆市綦江区推进课程改革为实施该实验提供了肥沃土壤

重庆市綦江区地处渝南，城乡二元结构特征突出，处于促进义务教育均衡发展的攻坚阶段。

2004年，綦江县教委第一轮新课程改革正式启动。在第一轮的改革行动中，县教委从课堂教学、课程建设、评价方式、教师专业发展四个方面进行了改革。在课堂教学改革中，各试点学校纷纷建立起了适合本校实际的课堂模式，改变了传统教学中“满堂灌”的低效教学法；建立起了以学生为主体、以教师为主导的新型课堂模式，实现了从低效课堂向有效课堂的转变。在课程建设中，在狠抓国家课程的情况下，大力实施“2＋X”拓展性课程（“2”指两项体育技能，“X”包括艺术、科技、阅读等技能），全县各学校建立起了各有特色的拓展课程体系。在评价方式方面，县教委出台了“以入口定出口，从起点看变化”的学校增量评价改革方案，改变中考评价制度，实施高中指标全到校，完善普高录取、特长生录取、诚信推荐录取多元录取方式。在教师专业发展方面，建立起了县、学区、学校三级教研网络，构建了国培、市培、县培、校本研修、自我研修五大教师培训体系，初步建立起了“教研训”为一体的教师培训体系。

为进一步推进綦江课程改革，全面提高教育教学质量，2012年，綦江区（2011年綦江县升为綦江区）教委抓住机遇，着手实施了第二轮课程改革，改革的重点是学科教育教学改革和教师专业发展。在学科教育教学改革中，区教委先后引进了语文学科的“群文阅读”实验、数学学科的“数学绿色评价”实验、英语学科的“攀登英语”实验等重大项目，目前各大实验有效开展，如火如荼，成绩卓著。

近十年的课程改革给綦江教育带来了巨大的变化：精英教育向大众

教育转变，应试教育向素质教育转变，数量发展向内涵发展转变，大幅度、大面积提高了教育教学质量。十年的改革探索为綦江区深入推进课程教学改革、全面实施素质教育提供了良好的环境，更为深入推进数学学科的“数学绿色评价”实验提供了肥沃土壤。

（三）綦江区隆盛中学课程改革氛围为推进实验奠定了坚实基础

綦江区隆盛中学地处綦江区东北部的隆盛镇，该镇比邻巴南、万盛、南川等区县，全镇人口 3 万多人，经济基础薄弱。隆盛中学是一所典型的农村初中学校，学校自 2006 年实施课程改革以来，从课堂教学、课程建设和评价方式等方面进行了整体改革。

首先是打破传统课堂结构，形成了隆盛中学独有的“四段六步”高效互动课堂模式，充分体现了学生自主、合作、探究的新课标精神，全面提升了学生综合素养；其次是提升课堂效率，在“四段六步”课堂模式的基础上形成了具有各学科特色的有效课堂，实现课堂模式的延伸，学校连续四年荣获綦江区教育教学质量一等奖；再次是进行课程建设，在开足开齐国家课程的前提下，大力开展校本课程建设，以社团形式开设大量活动课程，学校有金话筒社、NBA 梦之队社、羽毛球社、足球社等十几个社团，同时开设有老街版画、草根书法等选修校本课程；最后是创新评价方式，建立了隆盛中学学生综合素质评价体系，突出多元性、过程性和激励性，引领和关注学生全面而富有个性地发展。学校还承担中考改革的重任，获得了中考改革最大的自主权，探索出学业水平加综合素质评价的高中招生推荐录取方式。

近年来，隆盛中学多次承办全国、全市的课程改革现场会，接待全国 20 多个省区市数万名同行前来考察学习。先进的教育教学理念被教师广泛接受，素质教育思想深入人心，深化教育教学改革的内驱力较强，为推进实验奠定了坚实基础。

（四）隆盛中学开展“数学绿色评价”实验的因缘

2011 年，在綦江课程改革正开展得如火如荼的情况下，教育部基础教育课程教材发展中心助理刘坚教授来到隆盛中学视察指导。其间，刘坚教授向綦江推荐了由著名记者宋晓梦女士在《光明日报》上发表的《"零失败"数学教育的奇迹》一文。文章介绍了人大附中成立的由张肇基先生和朱家华、贾中裕两位老教授共同组成的"肇基数学研究室"。依托该研究室，人大附中二分校在教师对数学学困生缺少有效办法、学生对数学学习兴趣普遍不浓厚等情况下开展了数学教学实验，通过一年多的努力，实验取得很大成功。

张肇基是我国著名数学家苏步青的弟子，是"肇基'愉快数学'学具系列"的专利发明人，是一位有着多年数学教学经验的教育专家。他长期致力于学困生问题的研究，并探索出了一整套行之有效的方法，即"肇基数学法"。

张肇基先生的丰富经历和他的数学教改实验给隆盛中学的第二轮课改带来了希望。隆盛中学师资总体水平不高，学生数学底子薄，学习兴趣不浓，70%的学生为留守儿童，学生的行为习惯和学习习惯较差。在这种情况下，綦江区教委邀请"肇基数学研究室"的各位专家来到綦江进行试点推广。

2012年初，隆盛中学校长孙海林带领一群数学老师，对"数学绿色评价"实验的思想进行了反复研究和论证，对人大附中二分校的实际情况和隆盛中学的具体情况做了认真对比，认为这一实验符合隆盛中学的实际情况。于是隆盛中学作为实验试点校于2012年9月正式启动"数学绿色评价"实验。廖联芳、李安元、王茂盛等老师具体组织和实施2012级实验，喻丹、胡在昌、舒蜀涛、王家祥等老师具体组织和实施2013级实验。

教育部西南基础教育课程研究中心宋乃庆教授、徐仲林教授、于波教授以及宋教授的博士生多次到隆盛中学进行现场调研和指导。宋教授对实验提出了很多指导性意见，对实验取得的成绩给予了高度评价。他们为"数学绿色评价"实验在隆盛中学更好更科学地推广提供了智力支持。

三、基本理念

在传统的数学教育中，教学起点高、教学难度大、评价不合理等现象突出，极大地阻碍了学生的健康发展。基于此，隆盛中学“数学绿色评价”实验研究课题组提出了实验的基本理念。

（一）确立人人合格的新标准

无论哪个行业，如果未能建立一个不以人的意志为转移的、具体的且可以争取达到“合格标准”的机制，那么其产品就无质量标准可言。同样道理，在基础教育中，如果不能建立一个基于学科课程标准的、科学的“合格标准”，“普及教育”也就成了一句空话。

目前，我国基础教育中还存在教育底线过高、知识难度过大、很多学生不能正常学习等现象，从而阻碍了学生的健康发展。针对此，实验确立了一个绝大多数同学通过自己的努力都能够达到的且符合数学课程标准的“合格标准”。

（二）采用人人能够体验成功的新考试模式

为了减轻学生因过度竞争而造成的精神负担，为了发挥考试对学生学习的激励作用，实验主张用考前“验收”取代平时测验，创新出“人人体验成功”的新型考试模式。“验收”与平时测验有三方面区别：第一，“验收”是分层进行的，在分层问题上学生们有自主选择权；第二，评价采用等级制，这样可缓和学生间的竞争；第三，考前连续进行三次“验收”活动，从而使“验收”成为一种过程，学生们就可在过程中看到自己的进步，从而感受到成功。

（三）采取多元评价的“准模测试法”

当前考试方法有两大类：一类是“标准参照测试”，它是为达标服务的；另一类是“常模参照测试”，它是为甄别服务的。校园内举行考试的目的并不是像中考似的要进行“选拔”，因此没有必要一定采用“常模参照测试”。“数学绿色评价”实验采用一种新颖的测试，即“准模测试法”。它把“标准参照测试”和“常模参照测试”两种不同考试模式有机统一在一起，这样，一方面可让部分学习比较困难的学生有一个明确的努力方向，另一方面仍能对学生的学业水平进行合理的区分，从而起到积极的督促作用。

“准模测试法”相比一般的考试方法有以下三个优越性：

1. 如果学生掌握了初中数学课程标准中的基本知识点，那么，学生学业合格就不成问题，从而让他们不再恐惧考试，这有利于培养他们对数学学科的情感。

2. 2013 年，教育部颁布了《关于推进中小学教育质量综合评价改革的意见》，在关于提高教育教学质量问题上，强调了这样一个原则，即“改变过于强调甄别的做法”。“准模测试法”的成绩评定就带有一定的模糊性，因此，它比传统考试更符合国家所强调的原则。

3. “准模测试法”让两极分化现象得到有效控制。“准模测试法”的成绩评定采取等级制评价，减少了学生间学业竞争，增强了学困生的数学学习信心。

（四）采用三种“非常规”教学方式搭建起学生进步的阶梯

在以往教学中，我们会遇到大量的学困生。由于他们不能正常学习，因此无论怎样降低考试要求，他们的考试成绩只能在“低分”中徘徊。但是学困生“不能正常学习”不等于“不能够学习”，既然他们不能正常学习，这就要求实验创造出“非常规”的教学方式，从而保证他们在学习上获得进步。

1. 通过“准及格”手段，利用进步换取分数，从而提高学生学习数学的兴趣和动力。

2. 通过开展互助学习，让每一个学生在学习上都能获得发展。

3. 通过“肇基学具”的使用，帮助学生熟练掌握数学中最基本的知识与技能。

四、实验过程

根据以上实验基本理念，隆盛中学选取了2012级5个班作为实验对象，到目前，发展到了2012级、2013级共10个班，共计459名学生。

（一）加强思想动员工作，积极转变数学学科教师教育观念

在实验实施之初，学校对数学组的全体教师进行了数次动员，转变他们传统的数学教育观念，让他们认识到过去的教学一是起点过高，教学难度过大，大部分基础较为薄弱的学生不能适应，二是传统的考试方法不利于学生建立学习数学的自信心，从而帮助教师树立起“面向全体学生，不让一个孩子掉队”的观念。

（二）加强实验操作培训，转变数学学科教师教育行为

在实施过程中，学校首先对教师进行了操作培训，使他们充分了解“数学绿色评价”实验的操作流程，熟练掌握标准试题库建设、进步换取分数、“肇基学具”等的操作办法。通过培训，教师教育行为随之发生改变。

（三）健全组织机构，让实验管理规范运行

1. 以数学教研组为平台，齐心协力，营造氛围

自从在2012级推行这一实验以来，实验课题组的每一次研讨会和培训会，都是与数学教研组的主题式校本教研相结合，学校校长和其他管理者都全程参与，并亲身体验。这样不仅可以最大限度地发挥出数学教研组的团体力量，而且也可以让其他年级的数学任课老师，对这一实验有一个整体的感知，营造出良好的实验氛围。

2. 以年级学科组为单位，分工合作，资源共享

隆盛中学的各年级均采用平行分班，班级之间情况大同小异。在教师们原本工作量就较大的情况下，为能顺利推进这一实验，隆盛中学采

取以年级学科组为单位，年级学科组长具体负责，其他教师分工合作，教学资源共享的方式开展该项实验。例如，各种实验所需要的材料在形成初稿后，大家会一起再审核，定稿后统一印制，共同使用，这样既减轻了每位教师的负担，也让参与实验的教师都有主人翁意识。

3. 以班级学习小组为载体，组长负责，体现生本

隆盛中学在推进课程改革的过程中，不断总结和提炼，形成了具有隆盛中学特色的“四段六步”高效互动课堂教学法。“四段”即自主学习、合作探究、展示提升、检测反馈；“六步”即预习引导、明确目标，自主预习、组内交流，分配任务、合作探究，展示质疑、拓展提升，穿插练习、全面巩固，达标检测、反馈校正。在这种模式的各个环节中，班级学习小组发挥了很大作用。因此，在推进“数学绿色评价”实验过程中，很多工作都是以学习小组为载体来完成的。例如，利用“肇基学具”来进行趣味游戏，就是以一个学习小组为单位开展的。一般都是先培训各小组的数学组长，再由组长组织小组其他成员进行游戏。实验的过关考核也是由各小组的数学组长进行组织，并做好记录，最后上报到班级数学科代表那里，由科代表做好记录后再在教室公示。

（四）加强理论研讨，不断提高实验操作的科学性

在实施过程中，课题组定期组织研讨会，成员间相互交流并学习其他实验校的经验。教师们在实验中及时发现问题，共同提出解决问题的办法，加强对“数学绿色评价”实验的研究，使得这一实验更加科学、合理。在近两年的实验中，课题组在学校的组织下，开展了20余次研讨会，不断加强对实验理念的理解和认识，不断总结和完善实验的具体操作办法，使实验操作行为更加科学规范。

（五）实施具体操作，在实验中落实“三大”措施

在实验推进的过程中，课题组不断研究，形成了“三大”措施体系，探索并设计出了綦江区隆盛中学“数学绿色评价”实验操作平台流程图（见图1）。

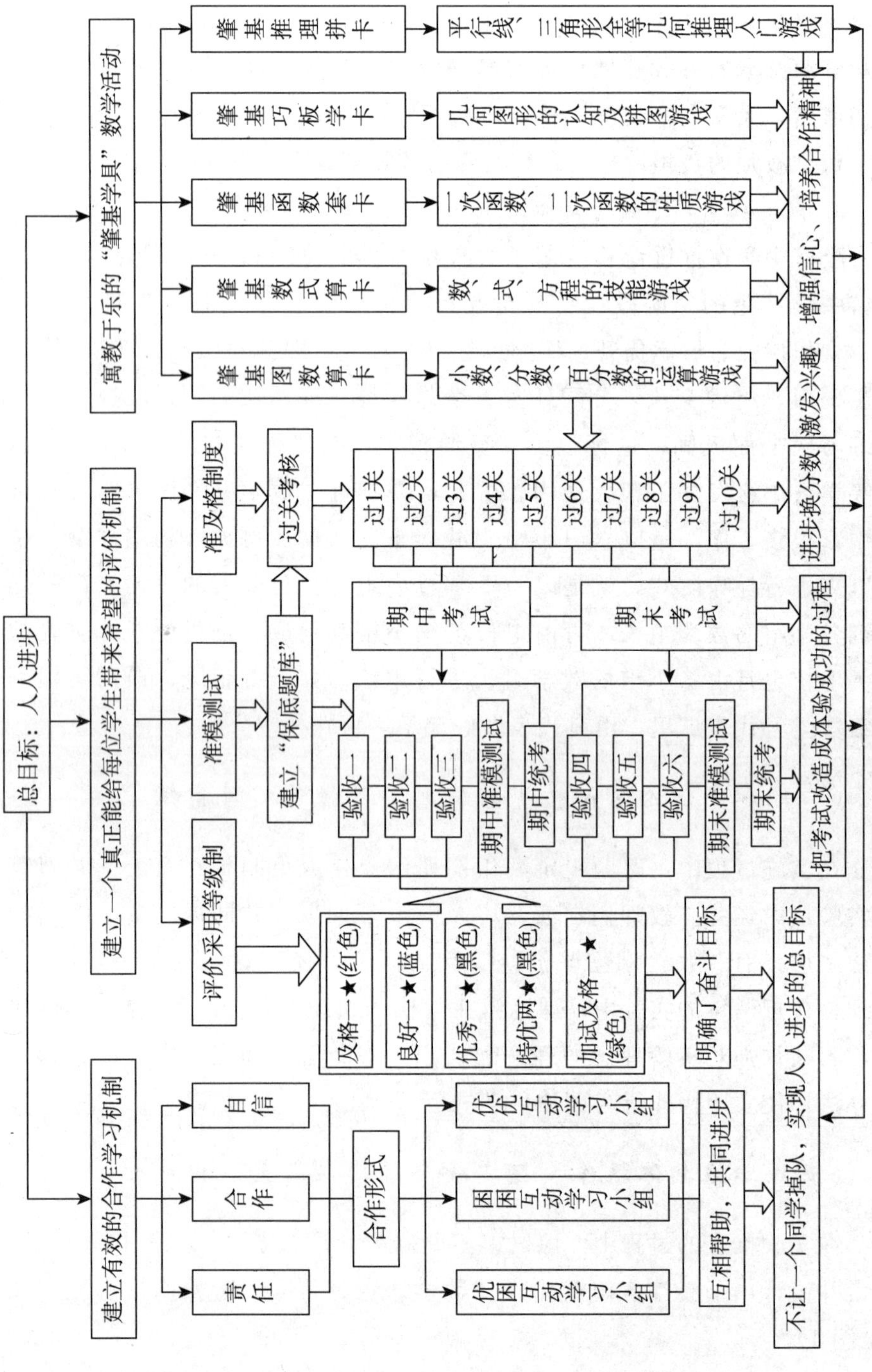

图1 綦江区隆盛中学“数学绿色评价”实验学习共同体实验操作平台流程

1. 建立一个真正能给每位学生带来希望的评价机制

一个好的评价机制不仅应看重评价的区分功能，更应注重评价的导向功能，实现由“评”走向“导”；评价不应是僵化的记录，而应成为引导学生前进的“引擎”，让激励性评价伴随着孩子的成长。

实验采用的是一种能给每位学生带来希望的评价方法——“准模测试法”。“准模测试法”是一种介于“常模参照测试”和“标准参照测试”之间的评价方法，它的核心在于：让每一位学生在明确合格标准的基础上，进行多次攀登从而达到目标。“准模测试法”具有以下四个核心要素。

（1）第一要素：建立大多数同学都能通过的“标准试题库”

在教学中建立一个绝大多数同学都能够达到的合格标准。这个标准不仅具有普及性，且绝大多数的学生，通过努力都能达到。于是，实验课题组对教材中每一章的内容都用试题来明确了这个合格标准，建立了“标准试题库”。

（2）第二要素：用考前“验收”取代平时测验，评价采用等级制

取消单元测试和月考，利用这个时间搞好期中考试和期末统考前的各三次“验收”活动，把枯燥的复习活动改造成能见到实效、人人参与的“群众运动”。

验收是为期中（末）考试而准备的。在验收活动中，三次验收是平行测试，并且每一次验收作用不同。第一次验收是“摸底”。它的举行，标志考前复习正式开始，它的作用是做摸底调查，使复习可以有的放矢，还使学生间的互帮活动有了方向，对学困生的帮助可设定在“标准试题库”和验收卷中的A卷范围之内。第二次验收是“加油”。在这一次验收之后，必须对学生的测试情况做一次认真的讲评，特别要表扬成绩有进步的学困生及负责帮助其进步的志愿者。如果学困生在成绩上没有提高，那么该学困生及负责帮助他（她）的志愿者要总结出没有进步的原因，走好这一步，就可保证第三次验收是“收获”了。

每套验收卷分A、B、C卷，A卷100分，B卷100分，C卷20分。三套验收卷的A卷中的试题与“标准试题库”中练习题类似，且在题量、

题型、难度要求上是完全一致的；B卷中的试题则以中档题和综合性题目为主；C卷中的试题基本上都选自近几届稍难的中考试题（见附录一）。B卷完成之后还有时间的同学就可以做C卷，C卷的得分直接加在B卷的得分上面。学生可根据自己的实际选择做哪一卷。当然老师也要做正面的引导，特别是要让学生知道选择做A卷最多只能评良好，只有选择做B卷才有机会去争取优秀。学生验收成绩不仅可作为平时成绩，有进步的还会在“准模测试”不能达到准及格标准时予以相应的加分（后一次验收在前一次的基础上进步5—9分，可在期中和期末未能达到及格标准时加1分，10—14分加2分，依次类推，而“一帮一”中的师傅通过对徒弟帮扶，徒弟在前一次的基础上进步5—9分，师傅在本次卷面成绩上可加1分，10—14分加2分，依次类推），这样学生一方面取得了平时成绩，另一方面也为应对期中考试和期末考试打下坚实的基础，使“一帮一”的互助学习也更有实效性。

验收活动评价采用等级制（注：因为A、B、C卷的难度系数不同，所以在评价时标准也有所不同）。

红五星（红色代表喜庆）：A卷考60—84分或B卷考12—59分者，评及格。

蓝五星（蓝色代表很有潜力）：A卷考85分以上或B卷考60—79分之间者，评良好（说明：选择做A卷的同学，最多只能评良好）。

黑五星（黑色代表卓越）：B卷考80分及以上者，评优秀，可获得一颗黑五星，B卷成绩加上C卷成绩在110分及以上者，可获得两颗黑五星。

绿五星（绿色代表希望）：A卷考59分及以下或B卷考39分及以下者，可以申请加试一张辅考卷（辅考卷30分），将辅考卷上的成绩加上验收卷上的成绩，能达到及格标准的评绿五星。仍然达不到及格标准的，在下一次验收中有了进步的，可评“进步了多少分”。

案例一　从“效果”看验收活动的优越性

为了解隆盛中学2012级学生进入八年级以来对“数学绿色评价”实验的反馈情况，为学校进一步推进这一实验提供参考，课题组特设计了问卷调查，分别从“数学在所有学科中的喜欢程度”、“对数学学科学习态度的转变”、“对实验中三次验收的效果”、“与上学期相比成绩变化”、“对于‘用进步换分数’做法的态度”、“是否希望将‘用进步换分数’的方法运用到其他学科”、“最希望将‘用进步换分数’的方法运用到什么学科”、“实验过程中最难忘的事”、“你认为实验还应改进的地方有哪些”、“对实验的建议”等十个方面设置了问题。2014 年 1 月上旬，课题组组织八年级数学组的教师对 2012 级 5 个班进行了问卷调查，共发出问卷 229 份，收回 229 份。其中第三个问题是：对于期中考试和期末考试前的三次验收感觉怎样？三个选项分别为：A. 收获很大，B. 一般，C. 没什么感觉。

统计结果显示，学生中选择 A 项的占 62.9%，选择 B 项的占 33.6%，选择 C 项的占 3.5%。可见，验收活动基本得到了学生的认可，在很大程度上提高了学生的自信心，激发了学生学习数学的兴趣。

案例二 “等级制”更能调动学生积极性

由于在验收活动中用不同颜色的五星来表示不同等级，这就在无形之中为学生设立了不同的奋斗目标。由于实行了等级制，不搞分数排队，避免了优秀生之间的恶性竞争，他们一方面可为自己登上了最高等级而感到自豪，另一方面在老师引导下更愿意帮助其他同学共同进步。2012 级 2 班的周霞同学原来在数学学习上有一定的困难，在 2014 年春季学期期末阶段的第一次验收中，她拿到红五星之后，立即通过电话向自己的父亲报喜，并得到她父亲的祝贺和鼓励，且老师还给她算了一笔账，再真正弄懂多少个小题后，就可以拿到蓝五星了。于是，周霞同学向老师立下保证，之后学习更加努力，并最终在第三次验收中考得 A 卷 85 分，拿到了蓝五星。可能有人要问：为什么周霞同学能考出她从来没有得到过的高分？这是因为等级制让她看准了奋斗的目标。在三次验收中，很多学生的进步是很明显的。比如：胥贵燕同学和周庆同学是 2012 级 3 班的一对搭档，周庆同学第一次验收 A 卷 60 分，第二次验收 A 卷 78 分，第三次验收 A 卷 93 分，期末准模测试中是 112 分；胥贵燕同学第一次验收 B 卷 95 分，第二次验收 B 卷 103 分，第三次验收 B 卷 110 分，期末准模测试中是 137 分。

由此可见，“等级制”对于调动学生的积极性起着相当重要的作用。

（3）第三要素：“准模测试”

在每一学期的期中考试和期末考试前，都要进行一次全年级统一命题、统一组织的准模测试。准模测试卷（见附录二）的分值设置如图2 所示。

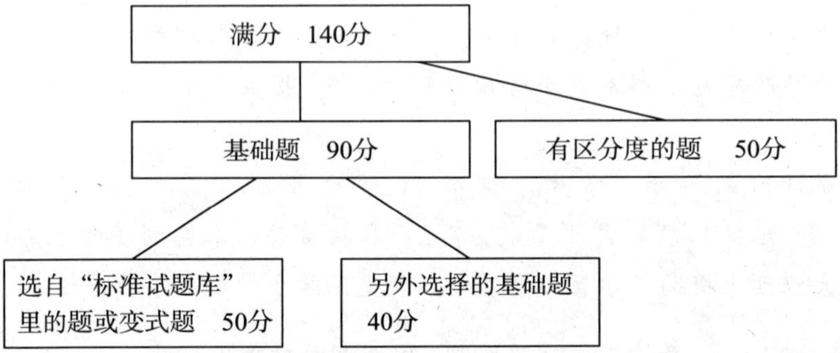

图 2 准模测试卷的分值设定图解

最终的“满分”仍是评 100 分，考分在 60 分及以下，考多少分就评多少分；考分在 60 分以上，超过的部分实行折半计分。比如说：一个学生考了 80 分，折算后他的最终得分是 70 分；如果某个同学只考了 56 分，那他的最终成绩就是 56 分。这就意味着学优生要想在准模测试中达到优秀，就要付出更多的努力，要有更强的学习能力，即对优秀生有了一个更高的要求。而对于学习上有一定困难的学生，只要他掌握了“标准试题库”中课程标准所要求的基本知识点，那么达到及格标准就不会成问题。

案例三

常春林是 2012 级 1 班的学生，她在一次周记中这样记述她的一次数学考试经历：

在本学期的实验推进过程中，让我最难忘的有这样一件事：对于本学期期末统考前的准模测试，一开始我还有点担心自己会考不好，但是，在年级组织进行准模测试那天，当准模测试卷一发下来，我的这种顾虑马上就打消了。因为，试卷上的第一大题共50分，其中的那些题目，都是过关考核的时候做过的，并且，在验收卷上也反复做过，我都能够完成。再加上后面的3个大题中也有我会做的题，所以，我觉得自己拿到60分应该没有问题，就一点都不紧张了。考试下来，我还意外地考了76分,真开心。以前的考试中我几乎都不能及格，每次考完试我都很难受。自从进入中学以后，在数学学科推行“数学绿色评价”实验以来，通过过关和验收对同一知识点进行反复练习，我熟练地掌握了基本知识点，现在我的成绩一次比一次好，我慢慢地发现自己其实也不差嘛，比以前自信多了！

(4) 第四要素：“准及格制度”

对一些平时考试不及格的学生，针对统一的期中考试和期末考试前的准模测试，他们要在平时进行“过关”。过关一般采用两种方式：一种是借助“肇基学具”进行，另一种是借助“标准试题库”进行。一学期共20个关，上半期10个，下半期10个，每关3分，每半期共计30分。如果学困生在期中（末）的准模测试中取得的成绩未能达到及格，通过这个加分，过了及格线的话，那么该生就达到“一级准及格”，评90.5分。如果个别学困生在考试后，加上过关考核的分数仍不能及格，则除了可以加上在验收中用进步换取的分数，还可再加试一张有30分题的辅考卷，当4种分（考试获得分数、过关获得分数、验收进步换取分数、辅考分数）加在一起能超过90分，那么该生达到“二级准及格”，评90分。如果学生在期中（末）准模测试中取得的成绩本来就达到了90分，计为91分，表示“真及格”。“准及格制度”意在鼓励学困生只要努力，就能从分数中看到希望，同时让学生一方面掌握数学中的一些基础知识和基本技能，另一方面拥有获得成功后的快乐体验，重新建立起学好数学的信心。

案例四

2013级2班有一个女生叫徐璇，这个孩子从小学起一直对数学学习没有兴趣，也没有信心。但是，进初中以后由于评价方式的改变，她逐渐对数学有了一定的兴趣。在“师傅”的帮助下，她的“关”过得很不错，她自己也觉得已经掌握了相关知识，但是考试下来的分数却只是略有进步。她感到付出了很多的努力却没有多少收获。期中考试要到了，2013 级 2 班的数学教师喻丹老师知道这是提升她学习兴趣和信心的大好机会。于是喻丹老师便找她谈了一次心，告诉她一定要掌握好每一次过关的知识点，不懂的就问“师傅”或和同学一起讨论。喻丹老师说：“相信我，这次你很有可能上 90 分哦！”“啊？”她半信半疑地回答道。喻丹老师微微一笑给了她一个很坚定的眼神。期中考试前的准模测试快到了，喻丹老师看到她和她的“师傅”都在很努力地准备着。改完卷子以后喻丹老师第一个找出了她的卷子，她的卷面成绩得了 43 分，43 分乘以 1.5 的系数得 64.5 分（由于准模测试虽然卷面成绩是 140 分，最终的“满分”仍是评 100 分，考分在 60 分及以下，考多少分就评多少分；考分在 60 分以上，超过的部分实行折半计分。而统考的满分是 150 分，为了将这次的成绩与统考进行比较，就需要乘以 1.5 的系数）。接下来的期中统考她的分数是 76 分，取统考成绩然后加上平时过关的分数超过了 90 分，按照实验的规定给她评 90.5 分，达到了“一级准及格”。分数公布的那天晚上，她在 QQ 空间里发了一张有她试卷分数的照片，并在照片下面写着：“我上 90 分了，我的数学能考上 90 分了耶！”

2. 建立有效的合作学习机制

教师的职责一方面是传授知识，另一方面，同时也是更为重要的方面是学会组织调动学生主动学习。所以要想让每位同学都获得进步，就需要在学生中开展符合青少年心理特点的互助活动。我们具体采取了以下三种形式。

（1）“优困互动”，即学优生和学困生互动

在各班已有学习小组的基础上，再根据情况组建“一帮一”的互助小组，结成学习共同体，并对互助学习内容目标化，即在学优生的帮助下，学困生只要掌握标准试题库的练习题，考试就能及格。对“一帮一”互助小组实行捆绑式奖励，即在奖励学困生的同时奖励学优生，或是让

学优生帮助学困生总结学习困难的原因，在这样的互助活动下，学困生通过自己的努力看到了成效，学习有了明显的进步；同时学优生在品格上有了提升，获得更多的好评，在学习上也加深了对知识的理解，受益很大。在此基础上，班级优秀率稳步上升。

(2)“困困互动”，即学困生和学困生互动

为了让学困生从被动学习的状态转变为主动，我们开展了倡导自强学习的“困困互助”活动，即两个学困生结成互助合作小组。为了帮助同伴，学困生需设法努力理解掌握知识点。在帮助同伴的过程中，学困生的学习有了进步，变得自信阳光，精神状态有了很大的变化。

(3)“优优互动”，即学优生和学优生互动

互助活动还包括以“自主学习”为目标的“优优互动”合作。各班根据学生意愿成立“专家组”(所谓专家组，是由部分愿意主动帮助辅导他人的学优生组成)，其成员每周要完成“会战题”(近几届稍难的中考试题)，并且“专家组”也是班上数学学科的答疑团队。他们在课堂上还可以利用“会战题库”，以小组为单位，自主学习符合他们实际的知识，培养自主学习、自主管理的能力。

3. 开展寓教于乐的群体性“肇基学具”数学活动

为了培养和提高学生对数学学科的兴趣，我们运用“肇基图数算卡、数式算卡、推理拼卡”这些类似于扑克牌的卡片，组织学生进行各种各样的竞技游戏活动，创建出“人人参与”的教学模式。并利用学具设计出多种形式的“活动考核”(见图3)，在这种形式的活动考核中，学生的达标没有成败之分，只有先后之分。学生在这些游戏中落实代数、几何的知识点，反复的游戏练习保证每位学生获得必要的数学基本技能训练。并且，这样的游戏形式让不同层次学生都能获得提高。

图 3　2012 级的学生在用学具玩“钓鱼游戏”

案例五

2012 级 5 班的罗杰同学，在期末的调查问卷“最难忘的一件事”一项中这样写道：“以前我一直觉得自己的数学还学得不错，但在本期开展的一次班与班之间的扑克牌竞技比赛中，我发现自己的运算能力还需要进一步提高。这次我和班上的一部分同学被分到了 2 班教室与 1 班的同学进行对抗赛，我的战友是我班上的一个同学，比赛开始后的前一段时间，也许是我太在意正确率了，所以每道题的答案我几乎都是 4 名选手中最后表示出来的，我的战友都有些着急了，在一旁不停地督促我。我也意识到了进行这类游戏不仅需要正确率还需要速度，不然会因为我一个人而影响整个游戏的节奏，于是我在后半段有意识地加快了出牌的速度。通过我和战友的共同努力，我们最终战胜了 1 班的那两位选手。这次活动让我明白，学习一定要注意方法，并且还要会灵活运用所学知识，出牌的速度就反映出自己的思维不够敏捷，在以后的学习中我一定要加强自己这方面能力的训练。”

上述一系列措施的有效实施让学生在数学学习中获得快乐和成功，树立起自信心，让包括学困生在内的全体学生有效地提升学习数学的能力，达到“不让一个同学掉队，人人都进步”的总目标。

五、实验效果

（一）教师的变化

“数学绿色评价”实验促进了教师教育理念、教学行为的转变：由课堂的操纵者、霸占者变成学生学习活动的设计者、组织者和学生学习的引导者、点拨者、评价者；由高高在上变为俯下身子与学生平等对话；由无话可说、疏于动笔变为有话想说、勤于动笔，论文、教学叙事、课例研究不断涌现；教师之间由单打独斗变为合作、互助、资源共享。教师们正享受着数学教育的幸福和专业成长的快乐。

案例六

胡在昌老师是一个寡言少语、近乎木讷却有着多年传统教学经验的数学老师，现担任隆盛中学2013级数学教学。他在谈起实验带给自己的收获时滔滔不绝、眉飞色舞。胡老师说：“实验前，由于自身性格等诸多原因，导致了与学生之间的隔阂与距离。课堂上常常遭到学生的百般‘刁难’。一堂课下来，自己费了力，但学生的学习效果却不大理想。自己常常困扰于该怎样上课。实验后，由于改变了教学方式，在教学中，自己也放下老师的架子，蹲下身来跟学生对话，与学生打成一片，努力营造一种宽松愉悦的学习氛围。在这样的氛围中，学生主动参与的积极性大大提高，变得愿意学，愿意做，愿意主动去发现问题，愿意去寻找答案，愿意去解决困难。这样，学生好问、好思、好学、好表现的这一长处恰好弥补了我少言寡语的短处。两者结合，相得益彰，大大激活了我的课堂，教学效果实现了质的飞跃。”

（二）学生的变化

1. 互助学习机制给学生带来的变化

在现行的班级授课制形势下，一个教学班上有几十个学生，而课堂上教师只有一个，所以教师一般很难兼顾到每一个学生，常常会出现一部分学生的思绪游离于课堂之外的情况。自从实行了“一对一”的互助学习机制以后，课堂上真正看到的是人人参与、兴趣盎然的景象。在合作学习的过程中，不仅学困生们获得了进步，学优生们也获得了长足的发展。我们常对学优生们说的一句话是：“一道题你会做并没有什么了不起的，了不起的是你能做出来，并能讲出来，讲出来还能让一个需要帮助的同学听懂，那才是最高境界！”

案例七　一个学困生的收获

学困生代表：我记得有一次验收，我做的是A卷，有几道题做错了，我就去问“师傅”，前面几道题“师傅”讲一遍我就明白了，讲到第5题的时候，“师傅”讲了一遍我一点也听不懂，她又给我讲第二遍，我明白了一点，后来“师傅”又给我讲了几遍，我才把这个题终于弄明白了。在这儿，我真的很感谢我的“师傅”，如果没有她，我就不可能有这么大的进步，学习数学也没有这么大的信心！

学优生代表：有一次我和我的搭档一起讨论验收卷上的题，他有一道题不会，而我那道题也只对了一半，可是为了能让他搞懂，我先去请教了学科组长，然后再来讲给他听。在这个过程中，虽然我讲得有些生硬，但最后我们两个人都把它弄明白了。这件事情让我明白在帮助别人的同时，自己也是可以获得进步的。

2. 学生们对实验的反馈

2013年暑假放假前夕，实验课题组对2012级全年级进行了一次有针对性的问卷调查，得到如下反馈：

（1）全年级70.3%的学生觉得推行这一实验对自己帮助很大。

（2）全年级66.8%的学生对于期中考试和期末考试前的三次验收感觉收获很大。

（3）全年级80.2%的学生觉得自己的数学成绩和上学期相比有了进步。

（4）全年级72.6%的学生觉得“用进步换分数”的做法很好，并希望能在其他学科推广这一做法。

3. 家长对实验的看法

隆盛中学推行实验两年以来，多次组织家长到校观摩“学具展示活动”，了解实验中的一些新颖而先进的评价方式。一方面通过让家长亲身体验孩子在数学学习中的快乐，使他们认识到初中数学学习的特点和思维方式；另一方面通过让家长感受孩子学习的成就感和参与的快乐，为他们展示出不一样的数学学习，并引导他们用积极的心态去教育自己的孩子，从而受到家长的广泛欢迎。2012 级 5 班张文的家长如是说：“我的孩子一直就害怕数学，现在却不怕了，真诚地感谢隆盛中学。”2012 级 3 班杨雅婷的家长说：“我的孩子原来成绩不太好，但是现在她每一天都在进步，我倍感欣慰。”2013 级 2 班金同的家长更是“很专业”地说：“肇基数学让我的孩子第一次感受到了来自数学本身的快乐，这种快乐不是因为得了高分，不是因为受到别人的表扬，不是因为数学对将来很有好处，而仅仅就是想去研究、想去学习的强烈愿望，肇基数学改变了我们一家人对知识、对学习的很功利的看法。”

（三）学校的变化

1. 考试不再是向学生施压的工具

实验采用“准模测试法”取代了传统考试，这样既可对学生进行更合理的区分，又可避免学生受到坏分数的劣性刺激。推行这一实验以来，每一次测试都明确了及格标准。当然这个标准是用“标准试题库”来明确的，这样可以更好地发挥好考试的引导作用。采取了这样的考试形式后，再没听到学生说害怕考试，反而听到的是学生希望在验收卷的三次测试中看到自己的进步。

2012 级 4 班的陈东同学感慨道：“以前说到考试，我就害怕，因为自己数学成绩不好，卷子上的那些题我几乎都不会，每次考试都像坐牢一样，在那里痛苦地煎熬。可现在不一样了，每一次考试不仅都有我会做的题，并且每一次考试都是明确了及格标准的，所以我现在不但不惧怕考试，反而很期待这样的考试。”

2. 学生学业水平得到了较大的提升

隆盛中学近几届的学生，大部分都来自隆盛本镇，从小学的毕业抽测成绩来看，学业水平都相差不大。学校将参与实验的 2012 级和本校 2011 级的两次同期的统考成绩进行了比较。从两次的统计图中可以看出，优秀率和及格率同期相比在不断增长，而低分率却明显下降了（见图 4 和图 5）（注：统考试卷满分 150 分，成绩在 120 分及以上为优秀，成绩在 90—119 分为及格，60 分以下为低分）。

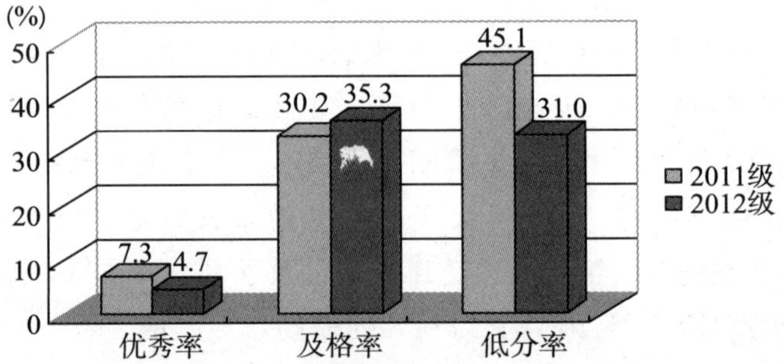

图 4 隆盛中学 2012 级与 2011 级初一上学期期末数学统考成绩对比

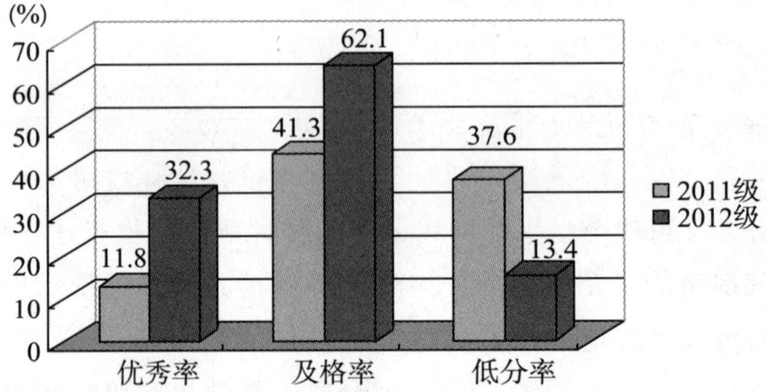

图 5 隆盛中学 2012 级与 2011 级初一下学期期末数学统考成绩对比

对于参与实验的 2012 级的数学成绩，学校进一步做了分析。数据来源于綦江区 2013—2014 学年上学期期末抽测成绩，这次抽测全区共 7942 名学生参加。学校就本次抽测结果与入学时的成绩进行了对比，2012 级学生占全区前 3000 名的比例从入学时的 37.9%上升至 46.6%，7000 名后的学生所占比例从 16.4%下降至 0。从这一数据的变化可以看出，通过一年半的实验，学生的学业水平发生了质的变化（见图 6）。

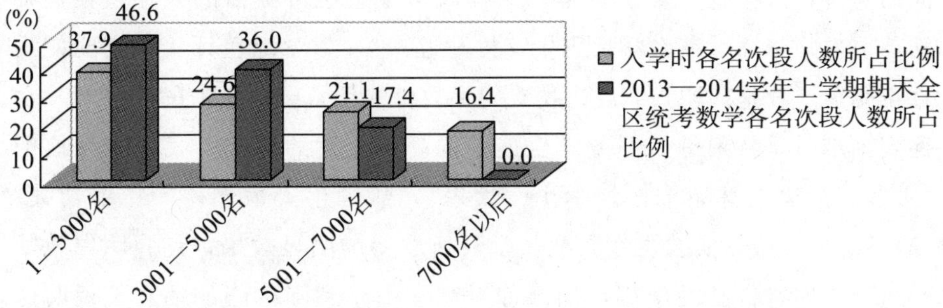

图 6 隆盛中学 2013—2014 学年上学期 2012 级数学期末统考各名次段人数所占比例与入学时对比

通过隆盛中学各学科间的对比发现，2012 级参加全区抽测的各个学科中，只有数学学科没有学生排名在全区 7000 名之后。隆盛中学 2013—2014 学年上学期期末初二年级各学科参加綦江区统考 7000 名以后人数如图 7 所示。

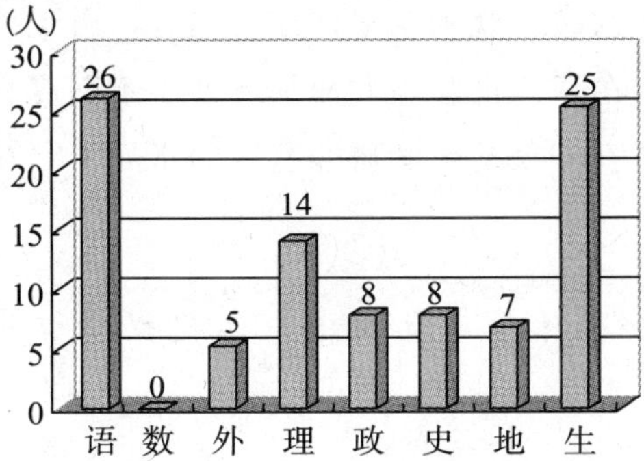

图 7 隆盛中学 2013—2014 学年上学期期末初二年级各学科参加綦江区统考 7000 名以后人数统计

（四）对其他学科的影响

“数学绿色评价”实验对其他学科也带来了一定的影响。实验“用进步换分数”的方式已经在隆盛中学其他学科中试行了，也有了明显的效果。例如在隆盛中学的英语学科中，就设置了单词过关考核方式，把过关所得的分数折算后加入到期末考试成绩中，从而对学生考试做一个全面的评价，这样既注重了过程，又提高了学生学习英语的兴趣。隆盛中学英语教师陈才琼在教学反思中这样写道：“‘数学绿色评价’实验使我真正明白了教师的职责，也让我看到了教育的新希望。过去的我，当教学遇到困难时，特别是一部分学生连单词都不会读的时候，我习惯性地把‘责任’往学生身上推，怨学生‘太笨’，怨学生太懒惰，不肯下功夫。‘数学绿色评价’实验在我校数学学科所取得的明显效果，让我明白教师必须拒绝埋怨自己的学生，如果你对某学生感到不称心的话，正说明这个学生是更需要帮助的孩子。在对实验有了进一步的了解之后，我已逐渐明白应怎样用积极的心态去对待学困生问题了。”

六、反思与设想

通过两年的实验，学生对数学学习的兴趣日渐变浓，学生的学业成绩显著提高，教师的教育观念明显转变。但是，由于该实验在数学教育思想、教学方式和在评价机制等方面都还处于不断完善之中，因此隆盛中学课题组还需要在“肇基数学研究室”的指导下，在以后的实验中进一步摸索和完善。

（一）在互助合作学习机制中，学优生对学困生的帮扶兴趣会有所降低

在七年级学生中，学优生对学困生帮扶的兴趣非常浓厚，但随着学生年级的升高，学优生的主体意识增强，中考科目增多，学习任务加重，仅仅依靠学优生帮扶学困生进步后换取分数的做法，已经不能大面积调动学优生的积极性，“优困互动”的互助学习效果会有所降低。

针对此，隆盛中学将启动学生综合素质评价方案。方案将合作学习作为评价内容的一个重要维度。也就是说，在合作学习中表现好的学生，通过日常的评比，可以将评比结果转化为一定的分值直接加入中考成绩中。

（二）如果不注重对学生干部的培养，就会增加教师在实验中的工作量

在实验中发现，如果实验教师首先对学生干部进行精心培养，学生干部会承担起很大一部分工作，教师在实验前后的工作量变化不大。但是如果不注重对学生干部的培养，实验教师的工作量会增加很多。因此，学生干部对实验的顺利进行起着举足轻重的作用，在今后的实验中要把培养学生干部放在首位。

（三）尝试将实验向其他学段和更多学科推广

"数学绿色评价"实验的评价思想和方法，尤其是合作学习机制具有很强的可推广性。不仅是初中，对整个义务教育阶段的知识性较强的学科都有可推广性，隆盛中学将大力向周边区域小学和普通高中推荐该实验。

当前，英语学科也是农村孩子成长的"拦路虎"。为此，隆盛中学正在尝试将这种评价思想引入英语、历史、物理、化学等学科，从而整体提升隆盛中学学科教育教学改革水平。

"路漫漫其修远兮，吾将上下而求索。"今天，隆盛中学能够让学习数学的孩子人人取得进步；明天，隆盛中学将努力实现每一个孩子在每一个学科学习中都能够取得进步，从而让每个孩子都享受学习的快乐，享受成长的快乐。

附录一：验收卷

隆盛中学2012级八年级数学第一学期验收五

班级：________　　姓名：________　　成绩：________

A卷（1—12题每题5分，13—16每题10分，共100分）

1. 下图中是轴对称图形的是（　　）

A　　B　　C　　D

2. 点A（-2，3）关于x轴对称的点B的坐标是________，点A关于y轴对称的点C的坐标是________。

3. 如果一个等腰三角形的顶角是120°，其底角的度数是________；如果一个等腰三角形的两边长分别为4 cm和6 cm，则三角形的周长是________。

4. 如图，$\triangle ABC$与$\triangle A'B'C'$关于直线l对称，则$\angle B$的度数为（　　）

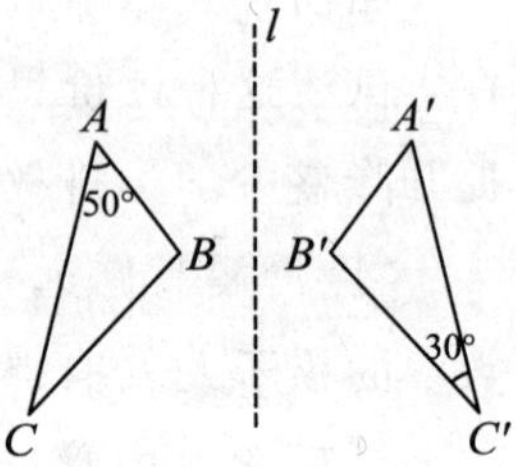

A. 30°　　B. 50°　　C. 90°　　D. 100°

5. $\triangle ABC$中已知两条边长分别为6 cm、10 cm，则第三边x的取值范围是______。

6. 当x______时，分式$\frac{2x-1}{3-x}$有意义；当x________时，分式$\frac{3}{x+2}$无意义。

7. 计算：$7ab^2c\times 2a^2b=$________，$2x(x+y)=$________，$(3a+2)(3a-2)=$________，$(2a+b)^2=$________。

8. 分解因式：$8m^2n+2mn=$________，$9a^2-16b^2=$________，$9x^2+6x+1=$________。

9. 计算：$\frac{x}{x-y}-\frac{y}{x-y}=$________，$\frac{x}{x-3}+\frac{2}{3-x}=$________。

10. 用科学计数法表示：0.071＝________，71000＝________；计

算：$(-2)^{-1}=$________，$\left(\frac{-1}{2}\right)^{-3}=$________。

11. 化简：$7x\cdot x=$______，$\frac{x}{2}\left(6-\frac{1}{x}\right)=$______，$\frac{a^2x}{bx}=$______，$(x-y)^2\div\frac{x-y}{x+y}=$________。

12. 计算：$(-2)^{-2}+(-5)^0-\sqrt{9}$

13. 如图，$\angle1=\angle2$，$AB=AE$，$AC=AD$；求证 $BC=DE$。

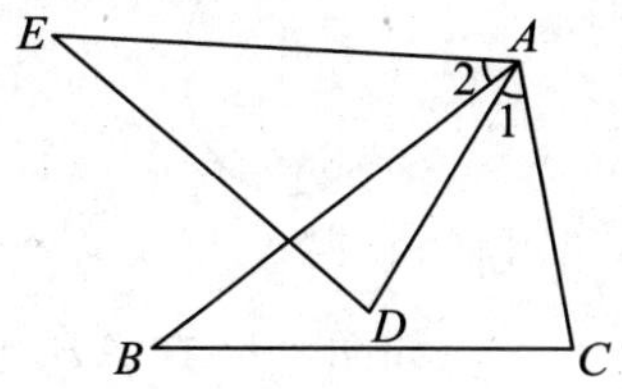

14. 计算：(1) $(15x^2y-10xy^2)\div5xy$；　　(2) $\frac{a^2}{a+b}-\frac{b^2}{a+b}$

15. 解方程：(1) $\frac{2}{5+x}=\frac{1}{1+x}$；　　(2) $\frac{3-x}{x-4}+\frac{1}{4-x}=1$

16. 先化简，再求 $(x^2-4)\cdot\frac{2}{x+2}$ 的值，其中 $x=2$。

B 卷（1—12 题每题 5 分，13—16 每题 10 分，共 100 分）

1. 现有分别为 3 cm、4 cm、7 cm、9 cm 长的四根木棒，任取其中三根组成一个三角形，那么可以组成的三角形的个数是（　　）

A. 1 个　　B. 2 个　　C. 3 个　　D. 4 个

2. 下列四个图案中，轴对称图形的个数是（　　）

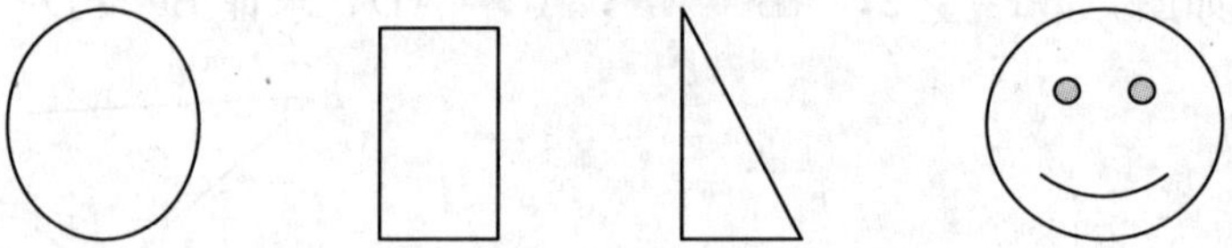

A . 3 个　　B. 2 个　　C. 1 个　　D. 0 个

3. 如图，D 在 AB 上，E 在 AC 上，且 $\angle B=\angle C$，那么补充下列一个条件后，仍无法判断 $\triangle ABE\cong\triangle ACD$ 的是（　　）

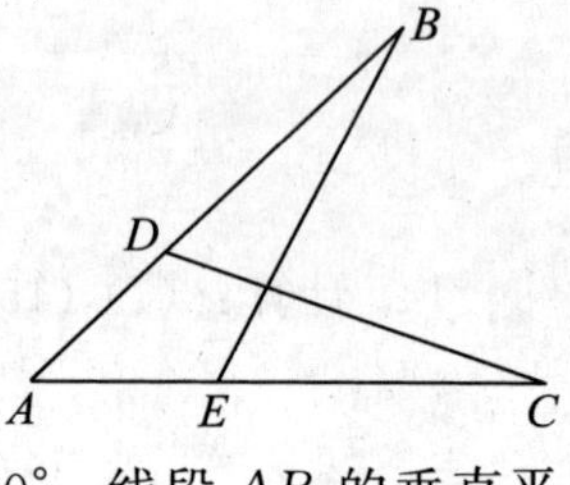

A. $AD=AE$　　B. $\angle AEB=\angle ADC$

C. $BE=CD$　　D. $AB=AC$

4. 如图，等腰 $\triangle ABC$ 中，$AB=AC$，$\angle A=20^\circ$，线段 AB 的垂直平分线交 AB 于 D，交 AC 于 E，连接 BE，则 $\angle CBE$ 等于________。

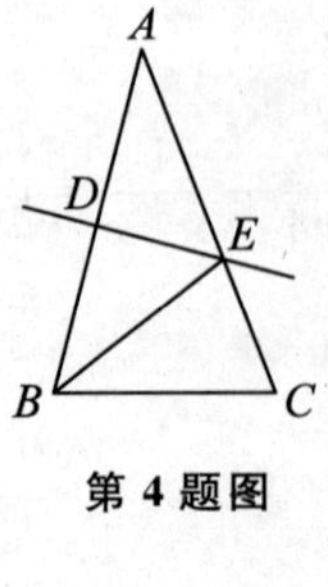

第 4 题图

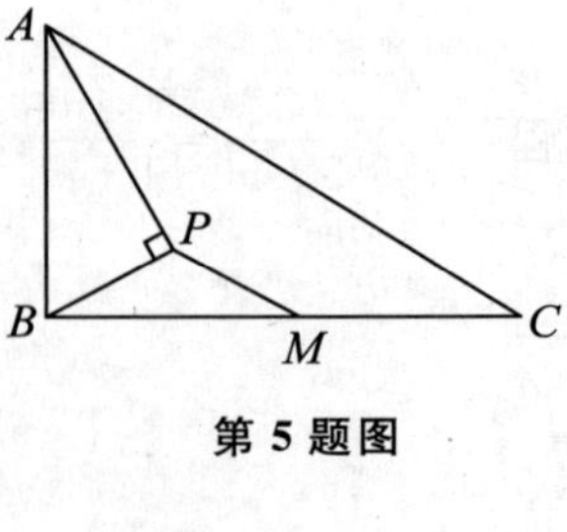

第 5 题图

5. 如图，在△ABC 中，M 是 BC 边的中点，AP 平分∠A，$BP \perp AP$ 于点 P，若 $AB=12$，$AC=22$，MP 的长为________。

6. 分解因式：$-4a^2x+12ax-9x=$________________。

7. 分解因式：$(2x+y)^2-(x+2y)^2=$________________。

8. 多项式 x^2-kx+9 能用公式法分解因式，则 k 的值为________。

9. 若 $a+b=5$，$ab=6$，则 $a-b=$__________。

10. 如图，点 A、B 在数轴上，它们所对应的数分别是 -4、$\frac{1-x}{3}$，且点 A、B 到原点的距离相等，则 $x=$______。

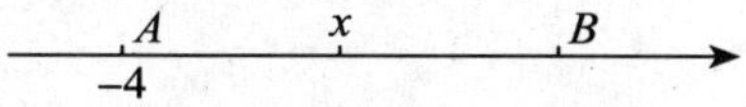

11. 已知 $x+y=4$，$xy=-3$，则 $x^2+y^2=$________。

12. 如图，第 1 个图形中有 1 个平行四边形，第 2 个图形中一共有 5 个平行四边形，第 3 个图形中一共有 11 个平行四边形……则第 10 个图形中平行四边形的个数是(　　)。

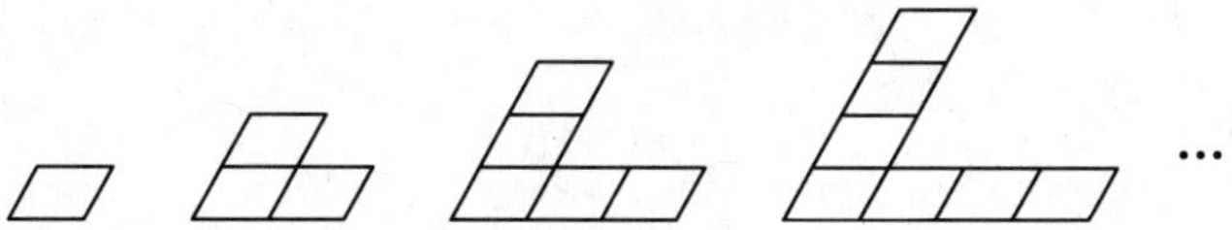

图1　图2　图3　图4

A. 54 个　　B. 110 个　　C. 19 个　　D. 109 个

13. 如图，分别以 Rt△ABC 的直角边 AC、BC 为边在 Rt△ABC 外作两个等边三角形△ACE 和△BCF，连接 BE、AF，求证 $BE=AF$。

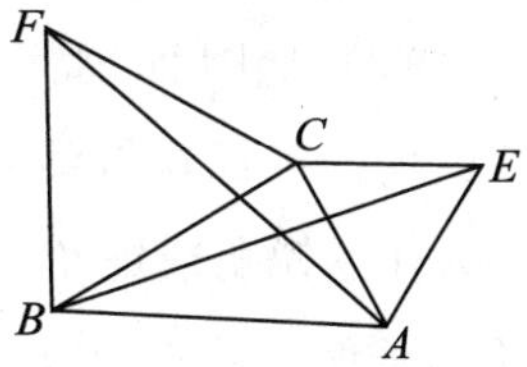

14. 解分式方程：$\frac{x-2}{x+2}-1=\frac{3}{x^2-4}$

15. 已知$\left|a+\frac{1}{2}\right|+(b-3)^2=0$，求代数式$[(2a+b)^2+(2a+b)(b-2a)-6b]\div 2b$的值。

16. 供电局的维修队要到30千米远的郊区进行抢修，维修工骑摩托车先走，15分钟后抢修车出发，结果两车同时到达抢修点，已知抢修车的速度是摩托车速度的1.5倍，求这两种车的速度。

C卷（每题10分，共20分）

1. (1) 如图1，已知：在△ABC中，∠BAC=90°，AB=AC，直线m经过点A，BD⊥直线m，CE⊥直线m，垂足分别为点D、E，求证DE=BD+CE。

(2) 如图2，将（1）中的条件改为：在△ABC中，AB=AC，D、A、E三点都在直线m上，并且有∠BDA=∠AEC=∠BAC=α，其中α为任意锐角或钝角，请问结论DE=BD+CE是否成立？若成立，请你给出证明；若不成立，请说明理由。

(3) 拓展与应用：如图3，D、E是D、A、E三点所在直线m上的两动点（D、A、E三点互不重合），点F为∠BAC平分线上的一点，且△ABF和△ACF均为等边三角形，连接BD、CE，若∠BDA=∠AEC=∠BAC，试判断△DEF的形状。

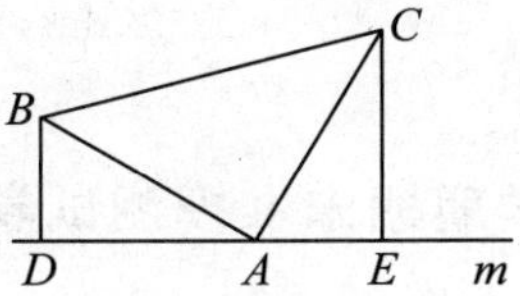

图 1

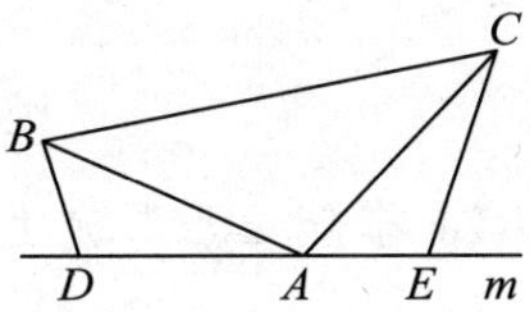

图 2

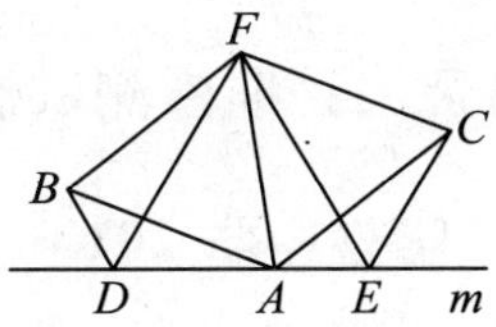

图 3

2. “十一”期间，某商场举行促销活动，活动期间规定：商场内所有商品按标价的八折出售；同时，当顾客在该商场消费满一定金额后，按如下方案获得相应金额的奖券：

消费金额 p 的范围（元）	$200 \leqslant p < 400$	$400 \leqslant p < 500$	$500 \leqslant p < 700$	$700 \leqslant p < 900$	…
获得奖券金额（元）	30	60	100	130	…

根据上述促销方法，顾客在该商场购物可获得双重优惠。例如，购买标价为 450 元的商品，则消费金额为 $450 \times 0.8 = 360$（元），获得优惠额为：$450 \times 0.2 + 30 = 120$（元）。设购买商品的优惠率为 $\frac{购买商品获得的优惠}{商品的标价}$，试问：

（1）购买一件标价为 800 元的商品，顾客得到的优惠率是多少？

（2）若一顾客购买了一套西装，得到的优惠率为 $\frac{1}{3}$，已知该套西装的标价高于 700 元，低于 850 元，该套西装的标价是多少元？

附录二：准模测试卷

隆盛中学2013—2014学年2012级上学期期末准模测试卷

班级：________ 姓名：________ 成绩：________

一、填空：（每空2分，共50分）

1. 如图，$\angle B=\angle C$，$\angle A=38°$，则$\angle B=$________。

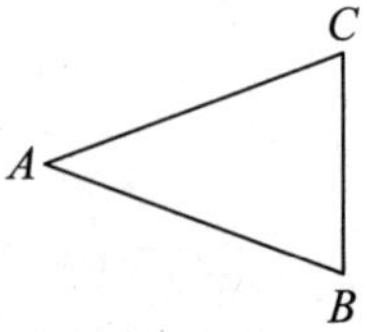

第1题图

2. 已知等腰三角形的一边长等于5 cm，另一边长等于7 cm，则它的周长＝________。

3. 六边形的内角和等于________，八边形的内角和等于________，六边形、八边形的外角和都是______。

4. 点A（2，－3）关于x轴对称点的坐标是________，点A关于y轴对称点的坐标是________。

5. 如图，$\triangle ABC$中，AD垂直平分边BC，$AB=6$，那么$AC=$________。

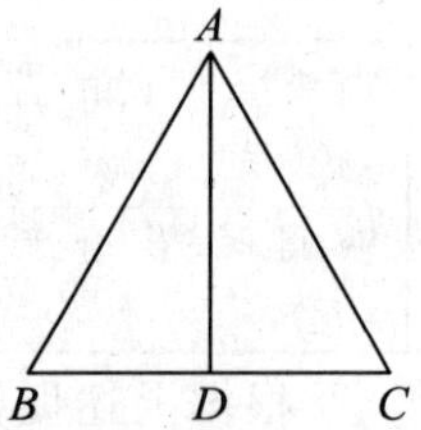

第5题图

6. 计算：$x^4\cdot x^6=$________；$(x^n)^3=$________；$(2a^3)^2=$________。

7. 计算：$3x^2\cdot(-2xy^3)=$________；$-2a^2(4a^2b^3-7ab^2)=$______；$(x+2)(x-3)=$________；$-18x^3y^5\div(-3x^2y^3)=$________。

8. 0.00000045＝________；$2^{-3}=$________。

9. 分解因式：$12m^2n-9mn^2=$________；$x^{-25}=$________。

10. 如图，$AC=EC$，$BC=CD$；求证$\angle A=\angle E$。

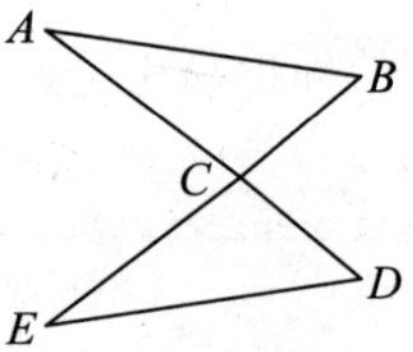

证明：在$\triangle ABC$与$\triangle EDC$中，

$\begin{cases} \_\_\_\_\_\_\_\_\_\_\_\_ \\ \_\_\_\_\_\_\_\_\_\_\_\_ \text{（对顶角相等）} \\ \_\_\_\_\_\_\_\_\_\_\_\_ \end{cases}$

∴$\triangle ABC\cong\triangle EDC$（________）

∴________（________________）

二、选择题：（每题 3 分，共 21 分）

1. 下列图形中，是轴对称图形的是（　　）

A　　B　　C　　D

2. 下列运算正确的是（　　）

A. $x^6 \div x^2 = x^3$　　B. $\sqrt[3]{-8} = 2$

C. $(x+2y)^2 = x^2 + 2xy + 4y^2$　　D. $(x^2)^4 = x^8$

3. 如图所示，已知 $AB \parallel CD$，$AD \parallel BC$，那么图中共有全等三角形（　　）

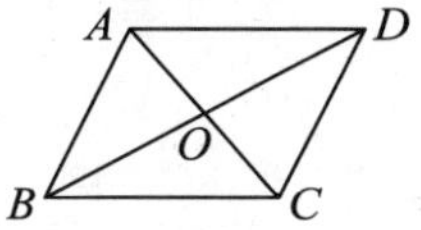

A. 1 对　　B. 2 对

C. 4 对　　D. 8 对

4. 如图，在$\triangle ABC$ 和$\triangle DEB$ 中，已知 $AB=DE$，还需添加两个条件才能使$\triangle ABC \cong \triangle DEC$，不能添加的一组条件是（　　）

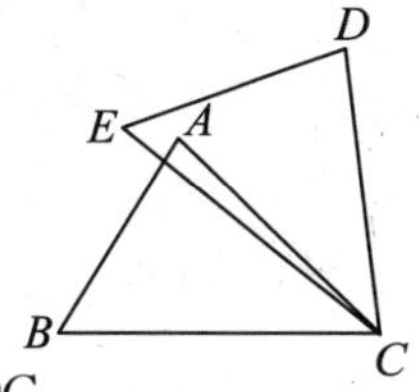

A. $BC=EC$，$\angle B=\angle E$　　B. $BC=EC$，$AC=DC$

C. $BC=DC$，$\angle A=\angle D$　　D. $\angle B=\angle E$，$\angle A=\angle D$

5. 若$\frac{a}{b}=20$，$\frac{b}{c}=10$，则$\frac{a+b}{b+c}$的值为（　　）

A. $\frac{11}{21}$　　B. $\frac{21}{11}$

C. $\frac{110}{21}$　　D. $\frac{210}{11}$

6. 三角形第一边长为 $a+b$，第二、第三边的长分别比第一边长大 $a-5$ 和 $2b$，则这个三角形的周长为（　　）

A. $2a+3b-5$　　B. $4a+5b-5$

C. $3a+4b-5$　　D. $2a+3b+5$

7. 甲、乙两人同时分别从 A、B 两地沿同一条公路骑自行车到 C 地，已知 A、C 两地间的距离为 110 千米，B、C 两地间的距离为 100 千米，甲骑自行车的平均速度比乙快 2 千米/时，结果两人同时到达 C 地，求两

人的平均速度。为解决此问题，设乙骑自行车的平均速度为 x 千米/时，由题意列出方程，其中正确的是（　　）

A. $\frac{110}{x+2}=\frac{100}{x}$　　　　B. $\frac{110}{x}=\frac{100}{x+2}$

C. $\frac{110}{x-2}=\frac{100}{x}$　　　　D. $\frac{110}{x}=\frac{100}{x-2}$

三、填空题：（每题3分，共21分）

1. 当 x ________时，分式 $\frac{1}{x-3}$ 有意义。

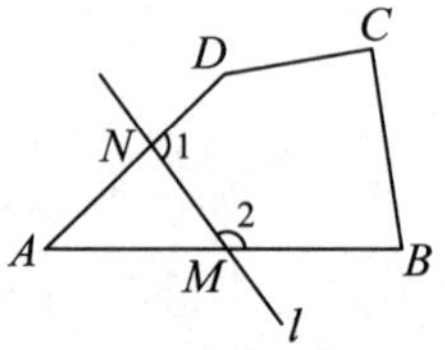

2. 如图，在四边形 $ABCD$ 中，$\angle A=45^\circ$，直线 l 与边 AB、AD 分别相交于点 M、N。则 $\angle 1+\angle 2=$________。

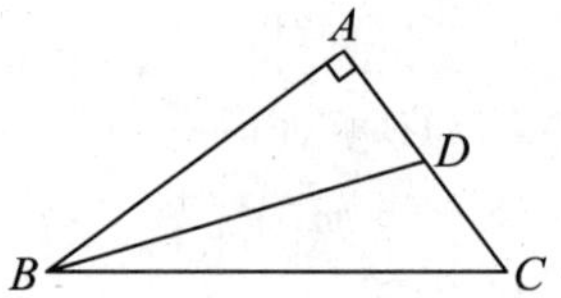

3. 如图，在 Rt△ABC 中，$\angle A=90^\circ$，$\angle ABC$ 的平分线 BD 交 AC 于点 D，$AD=3$，$BC=10$，则△BDC 的面积是________。

4. 已知 a、b 满足 $a+b=3$，$ab=2$，则 $a^2+b^2=$________。

5. 若把代数式 x^2-6x+5 化为 $(x-m)^2+k$ 的形式，其中 m、k 为常数，则 $m=$________，$k=$________。

6. 在平面直角坐标系 xOy 中，已知点 A（2，3），在坐标轴上找一点 P，使得△AOP 是等腰三角形，则这样的点 P 共有________个。

7. 如图1，是我们平时使用的等臂圆规，即 $CA=CB$，若 n 个相同规格的等臂圆规的两脚依次摆放在同一条直线上，如图2所示，其张角度数变化如下：$\angle A_1C_1A_2=160^\circ$，$\angle A_2C_2A_3=80^\circ$，$\angle A_3C_3A_4=40^\circ$，$\angle A_4C_4A_5=20^\circ$……根据上述规律请你写出 $\angle A_nC_nA_{n+1}=$__________。（用含 n 的代数式表示）

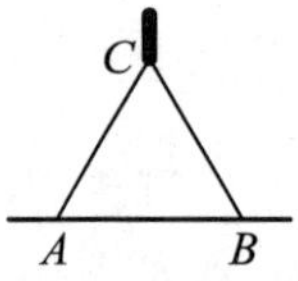

图1

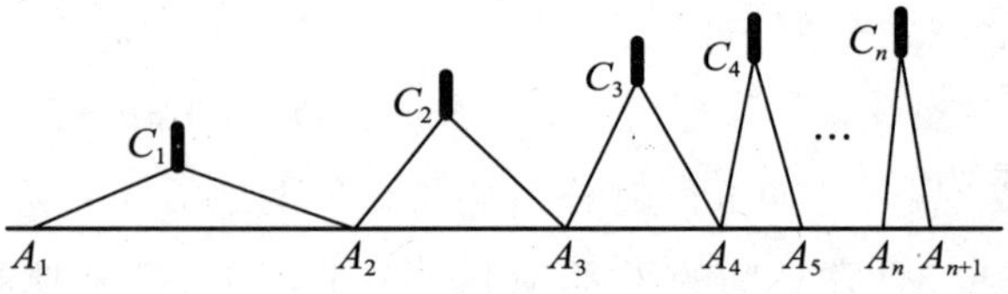

图2

四、解答题：（共 48 分）

1.（6 分）计算：$(-2014)^0+4\times\left(-\frac{1}{12}\right)+\sqrt{25}-3^{-2}$

2.（6 分）解方程：$\frac{2-x}{x-3}=1-\frac{1}{3-x}$

3.（7 分）化简求值：$\left(\frac{1}{x-y}+\frac{1}{x+y}\right)\div\frac{2x-y}{x^2-y^2}$，其中 x、y 满足 $|x-2|+(2x-y-3)^2=0$。

4.（7 分）如图，在△ABC 中，$AB=AC$，点 D 是 BA 延长线上的一点，点 E 是 AC 的中点。

（1）实践与操作：利用尺规按下列要求作图，并在图中标明相应字母（保留作图痕迹，不写作法）。

①作∠DAC 的平分线 AM。②连接 BE 并延长交 AM 于点 F。

（2）猜想与证明：试猜想 AF 与 BC 有怎样的位置关系和数量关系，并说明理由。

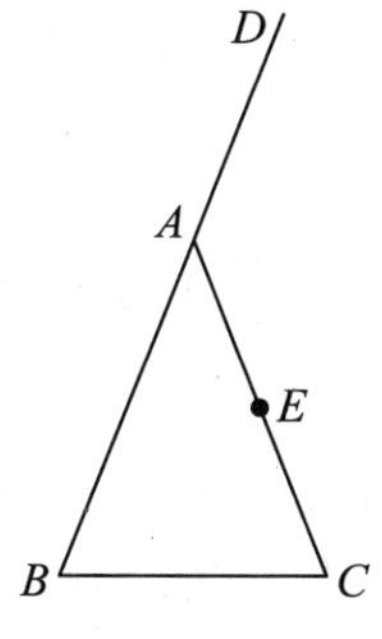

5.（7分）在$\triangle ABC$中，$AB=AC$，$BD=CD$，$AD=AE$，$\angle BAD=40^\circ$，求$\angle CDE$的度数。

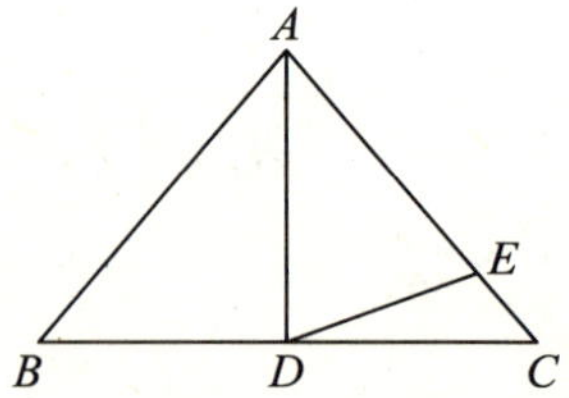

6.（7分）2013年4月20日，雅安发生7.0级地震，某地需550顶帐篷解决受灾群众临时住宿问题，现由甲、乙两个工厂来加工生产。已知甲工厂每天的加工生产能力是乙工厂每天加工生产能力的1.5倍，并且加工生产240顶帐篷甲工厂比乙工厂少用4天。

①求甲、乙两个工厂每天分别可加工生产多少顶帐篷？

②若甲工厂每天的加工生产成本为3万元，乙工厂每天的加工生产成本为2.4万元，要使这批救灾帐篷的加工生产总成本不高于60万元，至少应安排甲工厂加工生产多少天？

7.（8分）如图，在等腰$\triangle ABC$中，CH是底边上的高线，点P是线段CH上不与端点重合的任意一点，连接AP交BC于点E，连接BP交AC于点F。

（1）求证$\angle CAE=\angle CBF$；

（2）求证$AE=BF$；

（3）以线段AE、BF和AB为边构成一个新的三角形ABG（点E与点F重合于点G），记$\triangle ABC$和$\triangle ABG$的面积分别为$S_{\triangle ABC}$和$S_{\triangle ABG}$，如果存在点P，能使得$S_{\triangle ABC}=S_{\triangle ABG}$，求$\angle ACB$的取值范围。

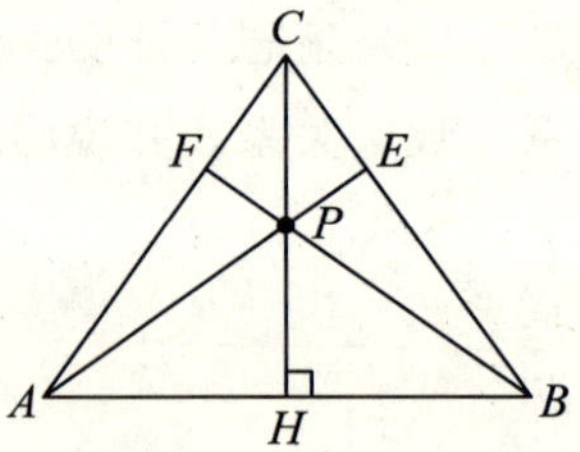

基础教育和民族教育

民族中小学校本课程资源开发中的文化选择研究

——以宁夏回族自治区为例

◉ 马志颖

摘　要：本研究主要运用文本分析法、调查法和观察法，以宁夏回族自治区自然地理环境、社会文化变迁、民族教育发展现状为现实背景，以宁夏民族中小学校本课程资源开发的文化选择为研究对象，对宁夏民族中小学已开发出的相关校本课程进行资料收集整理和文本分析，对相关人员进行实地调查。研究内容涉及宁夏民族中小学校本课程资源开发中文化选择的实然状态，包括教师、学生、学校管理者在内的民族中小学校本课程资源开发的文化选择主体在意识与行为、内容与结果方面的态度和现状，以及包括国家文化、地域文化和学校文化在内的民族中小学校本课程资源开发的对象在文化选择中的样态。研究发现，民族中小学校本课程资源开发中的文化选择成绩与问题并存。在实践中，应提升文化选择主体的意识与行为能力、避免文化选择对象的两极化倾向出现、挖掘文化选择内容的地域特色和优势、发挥文化选择在学校文化建设中的作用、加强对文化选择实践过程的理论指导。

关键词：民族中小学；校本课程资源开发；文化选择

基金项目：2012年度宁夏科学研究项目“文化多样性与宁夏民族中小学校本课程开发研究”，主持人：马志颖；宁夏教育科学“十二五”规划2011年度项目“宁夏回族中小学民族文化校本课程研究”（NXJKG11－184），主持人：马志颖。

作者简介

马志颖，宁夏大学教育学院副教授，教育学博士，主要研究领域为课程与教学论，电子邮箱：maliuy@126.com。

A Study of the Cultural Choices in School-based Curriculum Resource Development in Ethnic Primary and Secondary Schools
—In the Ningxia Hui Autonomous Region

Ma Zhiying

Abstract: This research took the natural geographical environment, social cultural change and current situation of development in ethnic education as background. The theoretical basis is educational sociology, educational culturology, educational philosophy and psychology. Focusing on cultural choices in school-based curriculum resource development in Ningxia ethnic primary and secondary schools, the research used text-analysis, investigation and observation as major research methods for data collection, sortation and text analysis of related materials and for the survey of related personnel. The following three aspects were illustrated in the study: actual situation of cultural choices in school-based curriculum resource development in Ningxia ethnic primary and secondary schools; attitude and actuality of subjects including teachers, students, school managers in the curriculum reform; and status quo of developing objects with national culture, regional culture and school culture involved. The study found that the main problems of cultural choices in school-based curriculum resource development in ethnic primary and secondary schools are: the consciousness and ability of the subjects is weak, the results of cultural choices present a "national culture" and "regional culture" polarization tendencies, the content of cultural choice lack of mining the features and advantages of regional culture, the cultural selection role play in the school characteristic culture system construction , the process of concrete practice cultural choice is lack of theoretical guidance.

Key Words: ethnic primary and secondary schools; the resource of school-based curriculum development; cultural choices

Authors:

Ma Zhiying, educational Ph. D., associate professor of College of Education of Ningxia University, the main research area is curriculum and pedagogy, e-mail: maliuy@126. com.

对民族地区校本课程资源开发中的文化选择问题进行研究，是希望把课程置于更加广泛的政治、经济、文化、民族等背景下加以展开。本研究的意义和价值在于：第一，以民族中小学校本课程资源开发为对象，对学界研究尚不够细致、完整的校本课程资源开发从文化选择的视角进行整体性和系统性研究，为推进校本课程促进少数民族地区经济社会发展、学生个体成长、民族文化传承提供了有意义的视角和线索。第二，研究在考察民族地区社会历史文化变迁与转向、民族中小学校本课程资源开发的现实样态的基础上，分析了民族中小学校本课程资源开发中文化选择的影响因素、价值追求、关系定位和过程策略。研究一方面有助于完善校本课程理论体系的建设，另一方面为不同文化进入课程给予了客观公平的理解与认识。第三，研究以探讨宁夏民族中小学校本课程资源开发中的文化选择为案例，寄希望于为我国基础教育课程改革中民族地区校本课程资源的开发与建设从理论上提供一定的指导和借鉴，丰富民族地区校本课程开发与建设的相关理论。第四，对于民族中小学校本课程资源开发中文化选择问题的研究，一方面依据民族地区自身文化所具有的多样性特点，考察实然少数民族、地域文化的传承与发展；另一方面从以少数民族师生为主的文化选择主体的需要出发，探寻民族教育实现教育本体功能的最大化和促进师生成长的应然路径。最终希望实现的是促进不同民族、不同地域学生之间的沟通和理解，从而在实践中能够正确处理多元文化与现代化的关系，促进社会的和谐发展及文化传承。

一、研究的思路和方法

（一）文本分析法

主要收集如下资料进行文本分析、解读：

- 国家及宁夏教育行政部门颁布的与校本课程开发相关的政策文本；
- 反映宁夏社会发展与历史文化变迁的相关文献；
- 直接反映宁夏民族中小学现状的地方性文献；

• 直接反映宁夏民族中小学课程文化建设的文献资料；

• 宁夏民族中小学已开发出的校本教材文本；

• 研究对象所在地及有代表性学校的背景资料、规定性文件、图片等。

（二）调查法（问卷、访谈）

• 调查表：校本课程资源开发中文化选择的校长意向调查表

a. 调查对象：宁夏全区各市、县（区）民族中小学校长或学校管理者

b. 调查方法：在 2012 年 9 月宁夏回族自治区教育厅召开的推进全区民族中小学内涵发展现场会上发放、填写、回收调查表

• 调查问卷：民族中小学校本课程资源开发中的文化选择情况（教师用）

民族中小学校本课程资源开发中的文化选择情况（学生用）

a. 研究目的：调查文化选择主体的基本情况（A）以及基于文化选择主体的文化选择意识与行为（B/C）、内容与结果的现状（D/E）

b. 问卷结构（见表 1、表 2）：

表 1　教师问卷基本结构

问卷名称	问卷结构及内容	题号（共 40 道题）
民族中小学校本课程资源开发中的文化选择情况（教师用）	A. 基本信息	A01—A07
	B. 校本课程开发中文化选择的意识	B08—B17
	C. 校本课程开发中文化选择的行为	C18—C23
	D. 校本课程开发中文化选择的内容	D24—D30
	E. 校本课程开发中文化选择的结果	E31—E36
	F. 开放问题	F37—F40

表 2 学生问卷基本结构

问卷名称	问卷结构及内容	题号（共 42 道题）
民族中小学校本课程资源开发中的文化选择情况（学生用）	A. 基本信息	A01—A04
	B. 校本课程开发中文化选择的意识	B05—B18
	C. 校本课程开发中文化选择的行为	C19—C23
	D. 校本课程开发中文化选择的内容	D24—D36
	E. 校本课程开发中文化选择的结果	E37—E42

c. 调查对象与统计：

本研究共发放教师问卷 500 份，回收问卷 498 份，有效问卷 487 份；发放学生问卷 1200 份，回收问卷 1071 份，有效问卷 1023 份。

• 访谈：民族中小学校本课程资源开发中文化选择的访谈

a. 访谈对象：学校领导、校本课程开发教师与学生

b. 抽样方法：目的性抽样（关键个案抽样）

（三）观察法

a. 观察内容：不同主体在校本课程资源开发中的文化选择意识与行为表现，不同主体在校本课程资源开发的文化选择中对内容与结果的认识

b. 观察手段：现场观察，填写观察记录表

c. 抽样方法：目的性抽样（典型案例抽样）

二、文化选择的背景考察

截至目前，宁夏回族自治区共有民族中小学 203 所，根据调查，其中 72 所民族中小学开发了较为完备的校本课程，占民族中小学的 35.5%。在这 72 所民族中小学当中，六年制小学 34 所，占 47.2%；九年一贯制学校 8 所，占 11.1%；完全中学 6 所，占 8.3%；初级中学 15 所，占 20.8%；高级中学 9 所，占 12.5%（见图 1）。由此可见，小学

阶段由于学业负担和升学压力较小，所以有较多学校开发建设了校本课程。

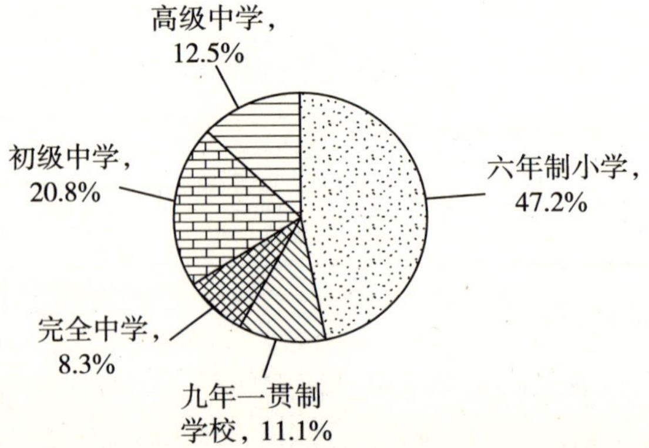

图 1　宁夏民族中小学中开发校本课程的比例

这 72 所民族中小学开发出的校本课程当中，有校本教材的共 57 所，占 79.2%；有校本课程专职教师的共 21 所，占 29.2%；有课程方案或教学大纲的共 32 所，占 44.4%。其中校本教材、专职教师、课程方案或教学大纲三者都具备的有 7 所学校，仅占总数的 9.7%（见图 2）。可见，在宁夏民族中小学中，校本课程开发的系统性、规范性还有待进一步改进与完善。

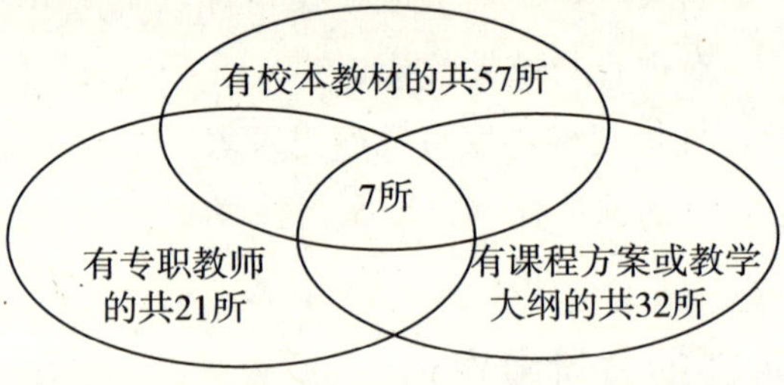

图 2　宁夏民族中小学校本课程开发情况

此外，根据对校本课程资源文化类型的划分，这 72 所民族中小学开发出的总计 193 门校本课程中，校本课程资源的文化选择类型与国家文化相关的有 109 门，占总数的 56.5%；与地域文化相关的 74 门，占总数的 38.3%；与学校文化相关的 10 门，占总数的 5.2%（见图 3）。

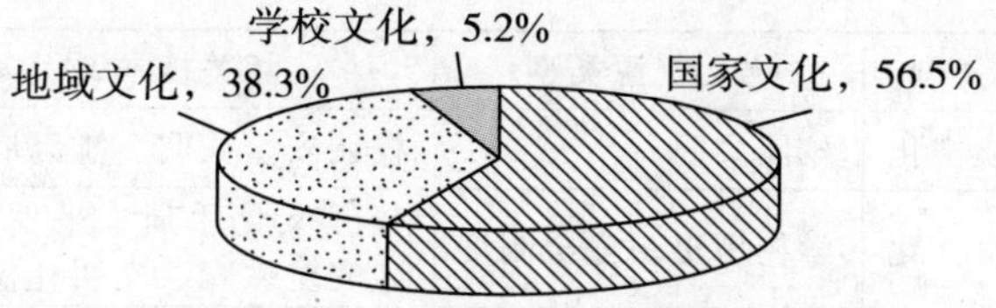

图 3 宁夏民族中小学不同文化类型校本课程比例

表 3 展示了在这些已经开发出的校本课程当中，校本课程资源开发的文化选择内容。

表 3 文化视域下宁夏民族中小学校本课程资源开发的类型与内容列举

主类型	亚类型	文化资源类型	相关校本课程内容列举
国家文化	传统文化	文学经典、传统艺术、道德礼仪、历史名人	美术与书法、古诗词欣赏、国学经典诵读、“三礼”教育、中华大家庭、书香校园、陶艺、茶艺、中国古代历史人物、《论语》讲读、《弟子规》诵读、日行一善、剪纸画
	现代文化	科学技术、生活方式、新兴观念、	电脑绘画、网络技术、环保教育、绿色教育摄影技法、创新教育、解读纪录片、法律讲堂、博客我来做、消费与维权
	国家课程中的文化知识	国家课程中的文化知识再开发	语文读本、研究性学习、突破高考英语、快乐识字、吴忠中学历史水平测试纲要、高考作文升格技巧
地域文化	“地方性”地域文化	地理环境、诗词歌赋、地域生态、特色资源	宁夏非物质文化遗产——杨化教门武术、黄河文化、特色宁夏、可爱的西吉、彭阳地理、灵州古诗词、悠悠六盘、硒砂瓜种植技术、我们的家乡——宁夏、唐徕灌区多学科综合考察、沙雕艺术、禁毒与防毒、隆德石刻艺术、西夏的历史
	“民族性”地域文化	服饰文化、饮食文化、建筑文化、出行文化、节日文化、人生礼仪、语言文字、信仰宗教、文学艺术、民族科技、民族体育	民族知识问答、回族风情、回族歌舞、回族剪纸、回族特色节日、泥哇呜——宁夏回族民间乐器、穆林扇、回乡民俗、回族花儿、脚踏舞——宁夏回族民间舞蹈、木球——宁夏回族传统体育项目、回族饮食文化、民族常识、民族团结、丝绸之路上走来的民族

续表

主类型	亚类型	文化资源类型	相关校本课程内容列举
学校文化	物质文化	校园文明	校园安全文明、雏鹰展翅竞文明
	制度文化	学校历史、安全制度	校园文化手册、平罗中学校史、学生安全教育、文明礼仪
	精神文化	身心健康、文明礼仪	心理健康教育、高中生一路走好、成长教育、责任与理想、让心灵快乐成长

三、文化选择的现状分析

（一）文化选择的意识与行为

笔者在 Y-TL 回小[①]的调研中发现，该校在校本课程资源开发的文化选择过程中，其主体就包括了教师、学生、校长、教导主任、年级组长、教研组长，且这些个人或集体在文化选择的不同阶段、不同环节发挥着不同的作用（见图 4）。

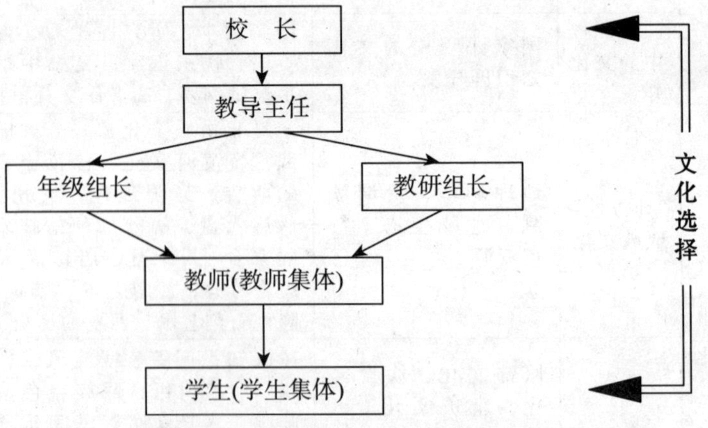

图 4 Y-TL 回小校本课程资源开发中文化选择主体构成

① 此处学校名称中的代码为所在城市代码加学校名称首字母大写。见下文中表 17 的注释。

这是一个学校全员参与校本课程资源开发中文化选择的典型案例。现实中，由于学校管理的需求，加上年级组长、教研组长本身也是教师集体的一部分，所以校本课程资源开发中文化选择的主体主要是由以校长为核心的学校管理人员、教师及教师集体、学生及学生集体这三方面构成。校本课程自身的特点与资源开发中的需要，决定了本研究中校本课程资源开发的文化选择所涉及的最直接的主体是教师、学生和学校管理者，以下内容也将主要围绕这三方面主体展开相关分析与讨论。

1. 教师

(1) 测试样本描述

表4 教师测试样本描述（$N=487$）

类别	项目	人数（人）	百分比（%）
A01 民族	A. 回族	128	26.3
	B. 汉族	359	73.7
	C. 其他	0	0.0
A02 性别	A. 男	196	40.2
	B. 女	291	59.8
A03 学历	A. 中专	5	1.0
	B. 大专	98	20.1
	C. 本科	380	78.1
	D. 本科以上	4	0.8
A04 年龄	A. 20—30 岁	15	3.1
	B. 31—40 岁	336	69.0
	C. 41—50 岁	126	25.9
	D. 50 岁以上	10	2.0
A05 教龄	A. 1—5 年	11	2.3
	B. 6—10 年	31	6.4
	C. 11—20 年	324	66.5
	D. 20 年以上	121	24.8
A06 职称	A. 小教	257	52.8
	B. 中教	208	42.7
	C. 尚未评定	22	4.5

续表

类别	项目	人数（人）	百分比（%）
A07 学校类型	A. 六年制小学	288	59.1
	B. 九年一贯制	40	8.2
	C. 完全中学	28	5.8
	D. 初级中学	118	24.2
	E. 高级中学	13	2.7

（2）差异性描述

由于本研究涉及宁夏民族中学和民族小学，所以研究中用独立样本 t 检验的统计方法分别检验民族中学和民族小学教师在意识与行为维度上是否存在差异、不同民族教师在意识与行为维度上的得分是否存在差异。

由表 5 可知，在校本课程资源开发的文化选择中，宁夏民族中学教师和民族小学教师在意识与行为维度上均不存在显著性差异。

表 5 宁夏民族中学教师和民族小学教师文化选择意识与行为维度 t 检验（$N=465$，其中 22 人职称未评定）

维度	中学（$N=208$）		小学（$N=257$）		t	p
	M	SD	M	SD		
意识	14.82	2.443	14.96	2.750	0.623	0.534
行为	14.02	2.391	13.82	2.622	0.901	0.368

（3）结果分析

本研究对教师在校本课程资源开发中的文化选择意识与行为现状的调查结果主要体现在以下方面。

①教师的文化选择主体意识明确，但主体行为薄弱

教师作为校本课程资源开发中最为重要的文化选择主体，其首先要具有文化选择的主体意识与行为。调查中问及教师："您认为校本课程资源开发的文化选择过程中教师处于什么样的地位？扮演着什么样的角色？"教师们的回答包括："新课程改革中，教师要发挥校本课程的作用，使自己成为文化的创新者、传承者，发挥自己的专业自主权，成为校本课程资源开发中文化选择的主人。""教师应由教转向学，由被动的教书

者向主动选择课程资源者转变，深入研究校本课程资源，挖掘有价值的文化。”“教师在文化选择的过程中应当成为一个文化的引领者。”“校本课程资源开发的文化选择要求教师从传统的课程执行者转变为课程资源文化选择的决策者。”等等。

那么，在上述对校本课程的理解、感受与认识的基础上，教师们认为校本课程资源开发应当由谁来完成？谁才是校本课程资源开发的主体呢？调查中在问及“您认为校本课程资源开发应该由谁来做?”的问题时，有 53.2%的教师认为应当由“教师和学生共同开发”，43.3%的教师认为应当由“教师集体合作开发”，而由“教师个人”或“学校领导”来开发的观点是几乎不被认可的（见图 5）。这说明，教师能够认识到自己是校本课程资源开发的主体，教师具备资源开发的主体意识。

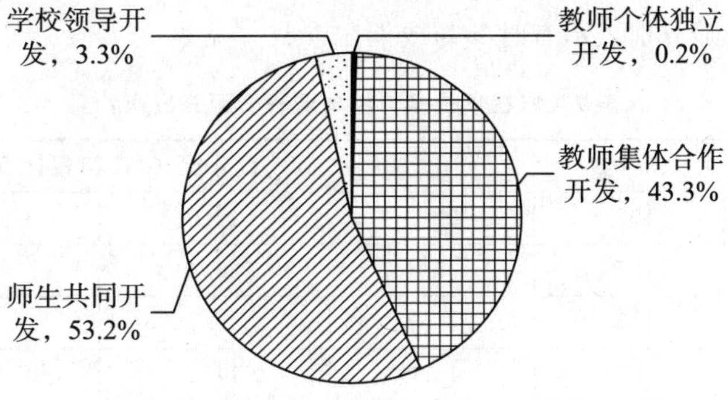

图 5　您认为校本课程资源开发应该由谁来做?

Y-TL 回小负责校本课程“走进少数民族”的 Z 老师在谈及校本课程资源开发中应该由谁来选择文化时说：“我们的校本课程里的这些资源都是由老师和学生一起选择的，教学中的那些很具体的资源也全是我们老师和学生们共同在课下收集、整理出来的。老师只是根据不同年级学生的学习和理解水平来帮助他们划分不同内容、设计不同内容的深度而已。”可见，教师在校本课程资源开发中文化选择的主体意识比较明确。

教师作为校本课程的开发者与实践者，从某种意义上说，教师本身就构成了课程资源开发中最具价值的课程资源之一。于是，调查中在问及教师是否同意“教师本身也是重要的课程资源”这一观点时，95.7%

的教师表示“非常同意”（见表 6）。

表 6 您同意“教师本身也是重要的课程资源”的观点吗？

	频数	百分比（%）	有效百分比（%）	累计百分比（%）
非常同意	466	95.7	95.7	95.7
比较同意	6	1.2	1.2	96.9
不太同意	13	2.7	2.7	99.6
不同意	2	0.4	0.4	100.0
总计	487	100.0	100.0	

那么现实中是不是大多数教师都参与到了校本课程开发呢？调查中在问及教师“在学校参与校本课程资源开发吗？”的问题时，22.0%的教师表示经常参与，而有 14.0%的教师表示从不参与，还有 38.4%和 25.7%的教师分别表示有时参与或偶尔参与（见表 7）。

表 7 您在学校参与校本课程资源开发吗？

	频数	百分比（%）	有效百分比（%）	累计百分比（%）
经常	107	22.0	22.0	22.0
有时	187	38.4	38.4	60.4
偶尔	125	25.7	25.7	86.0
从不	68	14.0	14.0	100.0
总计	487	100.0	100.0	

可见，教师在校本课程资源开发中的参与度一般，甚至较低，大部分教师还没有在行动中走进校本课程资源开发。

②教师认同并希望向学生传递家乡文化和回族文化

一个地区、一个民族拥有的文化属于生长、生活于其中的人们。调查中当问及教师“您希望自己能够了解，并向学生传递回族文化吗？”和“您希望自己能够了解，并向学生传递家乡文化吗？”两个问题时，分别有 77.4%和 94.5%的教师表示“非常希望”（见表 8、表 9）。

表 8　您希望自己能够了解，并向学生传递回族文化吗？

	频数	百分比（%）	有效百分比（%）	累计百分比（%）
非常希望	377	77.4	77.4	77.4
不希望	15	3.1	3.1	80.5
无所谓	95	19.5	19.5	100.0
总计	487	100.0	100.0	

表 9　您希望自己能够了解，并向学生传递家乡文化吗？

	频数	百分比（%）	有效百分比（%）	累计百分比（%）
非常希望	460	94.5	94.5	94.5
不希望	4	0.8	0.8	95.3
无所谓	23	4.7	4.7	100.0
总计	487	100.0	100.0	

比如，Y-XHY 小学负责校本课程“绽放的花儿”的 Y 老师就说：“‘花儿’是我们宁夏南部山区、六盘山区人民非常喜欢的一种音乐形式，它是我们宁夏的一种民族特色，我们作为教师同时又是民族音乐的传承者，我们特别希望我们的学生也能够有机会学习这些能代表我们宁夏文化的内容，所以我们学校选择这样的内容作为校本课程开发的对象，我们老师都很有积极性。而且我们特别重视每一个向外界展示我们学习成果的机会。”还有 Y-L 回中负责校本课程“马氏口弦”开发的 M 老师说：“课程要能够看到并且传承学校所在地区的文化，比如我们这里是马氏口弦的发源地，我们就不应该只让这些文化在民间流传，而是要让青少年学生们都有可能去了解它。”

③教师认可不同文化进入课程的价值，但课程提供的时空有限

实践中，教师是否能够主动思考并意识到不同的文化对于学生的发展有价值呢？调查中在问到教师“您认为让学生学习回族文化有好处吗?”的问题时，有 56.5%的老师认为“非常有好处”，有 40.9%的老师认为“比较有好处”(见表 10)。

表 10　您认为让学生学习回族文化有好处吗？

	频数	百分比（%）	有效百分比（%）	累计百分比（%）
非常有好处	275	56.5	56.5	56.5
比较有好处	199	40.9	40.9	97.3
不太有好处	8	1.6	1.6	99.0
没有好处	5	1.0	1.0	100.0
总计	487	100.0	100.0	

在问及“您认为让学生学习家乡和回族的文化对今后的学习和生活有用吗?”的问题时，26.1%的教师认为“非常有用”，66.9%的教师认为“比较有用”（见表 11）。

表 11　您认为让学生学习家乡和回族的文化对今后的学习和生活有用吗？

	频数	百分比（%）	有效百分比（%）	累计百分比（%）
非常有用	127	26.1	26.1	26.1
比较有用	326	66.9	66.9	93.0
不太有用	34	7.0	7.0	100.0
总计	487	100.0	100.0	

由此可见，现实中教师普遍能够意识到并认可家乡文化和少数民族文化在学生成长中所具有的价值。但是由于诸种原因，在教师看来学校并不重视开设传承此类文化的课程，学校课程中传统的学科课程依旧最受重视，学生能否顺利升学依旧是教师最为关心的问题。

④教师注重教学中的文化选择，但课程尚未成为文化传承的主要渠道

本研究尝试将教师的文化选择行为与意识置于更广泛的“课程文化选择”视域内加以考察和探究。调查中在问及教师“您在所教科目的教学中能主动开发一些课程资源吗?”的问题时，53.1%的教师表示“有时能”，而 23.0%的教师表示“偶尔能”（见表 12）。

表 12 您在所教科目的教学中能主动开发一些课程资源吗？

	频数	百分比（%）	有效百分比（%）	累计百分比（%）
经常能	106	21.8	21.8	21.8
有时能	250	51.3	51.3	73.1
偶尔能	112	23.0	23.0	96.1
从不	19	3.9	3.9	100.0
总计	487	100.0	100.0	

在问及教师“您在所教科目的教学中能主动渗透宁夏和回族文化吗?”的问题时，46.6%的教师认为自己“有时能”这样做，35.1%的教师认为自己“偶尔能”如此（见表 13）。

表 13 您在所教科目的教学中能主动渗透宁夏和回族文化吗？

	频数	百分比（%）	有效百分比（%）	累计百分比（%）
经常能	66	13.6	13.6	13.6
有时能	227	46.6	46.6	60.2
偶尔能	171	35.1	35.1	95.3
从不	23	4.7	4.7	100.0
总计	487	100.0	100.0	

在问及教师“您在教学中注重民族文化和地方文化的讲授吗?”的问题时，60.0%的教师认为自己“比较注重”，而 25.9%的教师认为自己“不太注重”（见表 14）。

表 14 您在教学中注重民族文化和地方文化的讲授吗？

	频数	百分比（%）	有效百分比（%）	累计百分比（%）
非常注重	62	12.7	12.7	12.7
比较注重	292	60.0	60.0	72.7
不太注重	126	25.9	25.9	98.6
从不注重	7	1.4	1.4	100.0
总计	487	100.0	100.0	

在问及教师“您上课分析问题或举例时会有意识结合本地区、本民族文化吗?”的问题时，48.0%的教师认为自己“有时会”这样做，23.8%的教师认为自己“偶尔会”这样做（见表15)。

表15　您上课分析问题或举例时会有意识结合本地区、本民族文化吗?

	频数	百分比（%）	有效百分比（%）	累计百分比（%）
经常会	130	26.7	26.7	26.7
有时会	234	48.0	48.0	74.7
偶尔会	116	23.8	23.8	98.6
从不	7	1.4	1.4	100.0
总计	487	100.0	100.0	

由此可见，大部分教师在课程实施中具备有意识的文化选择行为。比如：Y-TL回小的Z老师在“走进少数民族”校本课程的课堂上介绍完羌族服饰的鲜明特点时，会问：“同学们，与羌族服饰相比，我们宁夏的回族服饰最大的特点是什么呢？有谁知道?”当全体学生在课堂上听着羌族民歌《吹起羌笛跳锅庄》，跳起羌族的锅庄舞时，Z老师会问：“同学们，每个民族都有每个民族的艺术，你们想想我们回族歌舞艺术的代表是什么？你了解吗?”课堂上教师的这种提问还有不少，可见教师在文化选择的实践中还是能够意识到自己和学生群体所处地域的文化价值，并将其有意识地渗透到课程中。

但也有相当一部分教师不太能够在实践中积极主动地采取相应的文化选择行为，有些教师认为：“教学任务本来就繁重，课堂上原本要求的内容有时都讲不完，练不完，根本没有时间再去准备其他的内容。”还有一些教师不关心其所教学科知识在社会实践中的运用，不关心学科课程之外的课程文化资源。事实上，这些教师并没有意识到文化选择无处不在。

那么，在课堂之外的校园中，教师是否能够意识到文化的存在呢？在问及教师“您的校园里关于家乡文化和回族文化的介绍多吗?”的问题时，45.0%的教师认为“比较多”，而33.5%的教师认为“不太多”（见表16)。

表 16　您的校园里关于家乡文化和回族文化的介绍多吗?

	频数	百分比（%）	有效百分比（%）	累计百分比（%）
非常多	79	16.2	16.2	16.2
比较多	219	45.0	45.0	61.2
不太多	163	33.5	33.5	94.7
根本没有	26	5.3	5.3	100.0
总计	487	100.0	100.0	

对于教师自身来说，要想在课程资源开发中选择不同的适合于课程的文化，首先自己要对身边的文化有所了解。那么教师自己通常是从哪些途径获取有关家乡和回族的文化的呢？在问及教师“您通常获得与家乡、回族有关的课程资源的最主要途径是什么?”的问题时，有 49.7%的教师依靠的是自身“经验与日常生活所见”，仅有 10.9%的教师是通过“从已有课程内容出发”来获得的（见图 6)。

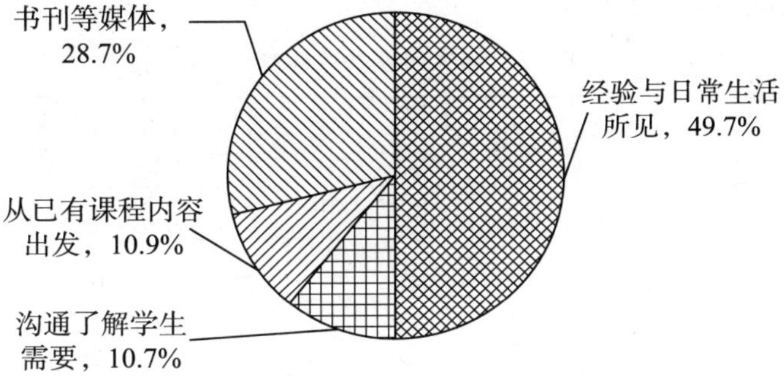

图 6　您通常获得与家乡、回族有关的课程资源的最主要途径是什么?

在上述诸多途径中，在问及教师“您认为学校通过哪种途径能最有效地传承家乡文化和少数民族文化？”的问题时，有 32.1%的教师认为是通过“组织弘扬、传承家乡文化和少数民族文化的主题活动”，25.1%的教师认为是通过“校园环境的布置”，22.2%的教师认为是通过“开发相关课程”，20.6%的教师认为是通过“带领学生参观”名胜古迹（见图 7)。

由此可见，从教师角度看，学校中已有的课程并没有成为文化传承的主要途径。难怪有的教师就说：“学校课程太多，教学任务又重，别说

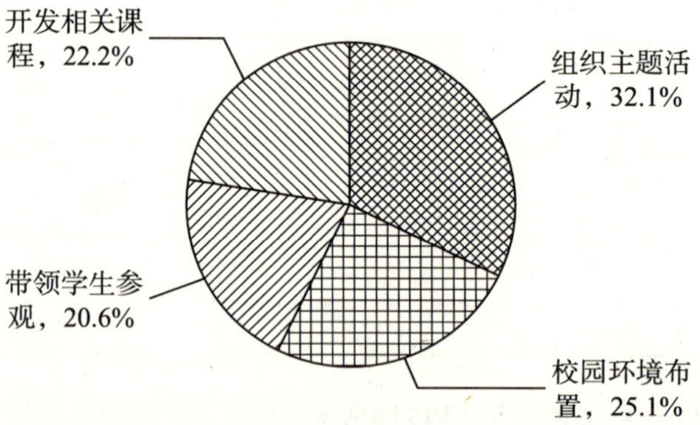

图 7　您认为学校通过哪种途径能最有效地传承家乡文化和少数民族文化？

给学生专门介绍家乡文化和我们回族的文化了，我们很多老师这方面的文化普及依靠的也还是生活中学到的，比如旅游呀、看电视呀这些，我们也没有系统专门地学习这些的条件。”

2. 学生

（1）测试样本描述

表 17　学生问卷发放样本分布

序号	所在城市（代码）	学校名称	学校类型	发放数量（份）	回收数量（份）	有效数量（份）
1	银川市（Y）	Y-TL 回中	完全中学（高中部）	250	245	238
		Y-TL 回小	六年制小学	50	50	49
		Y-JM 回小	六年制小学	50	50	41
2	吴忠市（W）	W-MLQ 中学	初级中学	100	100	93
		W-LSY 小学	六年制小学	100	100	94
3	石嘴山市（S）	S-H 回民学校	九年一贯制	150	142	141
4	中卫市（Z）	Z-SYX 中学	初级中学	200	193	182
5	固原市（G）	G-JY 中学	初级中学	100	95	91
		G-YZ 中学	初级中学	100	96	94
总计	5 市	9 所		1100	1071	1023

注：城市代码为城市名称第一个字的首字母大写，学校名称中的代码为所在城市代码加学校名称首字母大写，后同。

表 18　中学生测试样本描述（$N=1023$）

类别	项目	人数（人）	百分比（%）
A01 民族	A. 回族	535	52.3
	B. 汉族	474	46.3
	C. 其他	14	1.4
A02 性别	A. 男	494	48.3
	B. 女	529	51.7
A03 年级	A. 小学 1—6 年级	325	31.8
	B. 初中 7—9 年级	460	45.0
	C. 高中 10—12 年级	238	23.2
A04 学校所在地	A. 银川	345	33.7
	B. 石嘴山	139	13.6
	C. 吴忠	197	19.2
	D. 固原	184	19.0
	E. 中卫	148	14.5

（2）差异性描述

本研究中的民族中小学学生分别来自宁夏回族自治区银川市、石嘴山市、吴忠市、固原市和中卫市这五个市。由于这五个市所处的地理位置及经济社会发展水平存在差异，五市民族中小学学生在校本课程资源开发中文化选择的意识维度与行为维度方面也存在差异。

由表 19 得知，五市民族中小学学生在校本课程资源开发中文化选择的意识与行为维度上的差异极其显著。且在这两个维度上，银川市民族中小学学生得分均为最高，石嘴山市民族中小学学生得分均为最低。

表 19　宁夏五市民族中小学学生文化选择意识与行为维度 f 检验（$N=1023$）

维　度		意识	行为
银川市（$N=345$）	M	14.48	11.50
	SD	4.22	8.81
石嘴山市（$N=139$）	M	10.38	6.98
	SD	2.02	1.80

续表

维　度		意识	行为
吴忠市（$N=197$）	M	12.91	8.38
	SD	10.10	2.08
固原市（$N=194$）	M	12.39	8.44
	SD	3.10	2.30
中卫市（$N=148$）	M	12.90	8.68
	SD	5.48	2.41
	F	13.78	28.83
	p	0.000***	0.000***

*** $p<0.001$

此外，就民族中学和民族小学而言，民族中学学生和民族小学学生在校本课程资源开发中文化选择的意识与行为维度也存在差异。

由表20得知，民族中学学生和民族小学学生在校本课程资源开发中文化选择的意识与行为维度上的差异极其显著。且在这两个维度上，民族中学学生的得分均值均高于民族小学学生。

表20　宁夏民族中学学生和小学学生文化选择意识与行为维度 t 检验（$N=1023$）

维度	中学（$N=698$）		小学（$N=325$）		t	p
	M	SD	M	SD		
意识	13.49	5.84	11.68	5.59	4.48	0.000***
行为	9.17	4.36	7.65	2.08	5.39	0.000***

*** $p<0.001$

（3）结果分析

①地域发展水平制约文化选择主体的文化选择意识与行为水平

在宁夏民族中小学校本课程资源开发的文化选择中，银川市、中卫市、固原市、吴忠市、石嘴山市这五个市的民族中小学生作为文化选择主体，其文化选择在意识与行为维度上存在显著的差异。其中，意识与行为维度的得分均呈现出银川市得分最高，石嘴山市得分最低的状况。

经过分析，产生这种状况的原因主要是：银川市是宁夏的首府城市，是宁夏政治、经济、文化的中心，在这种社会环境下的民族中小学学生相比其他地区的民族中小学学生而言，他们接触的文化从类型到机会都相对丰富和多元，他们的文化意识自然较强，进而在各种文化交汇中的文化选择意识也就强于其他四市的学生。而石嘴山市位于宁夏北部，总面积 5310 平方千米，总人口 745482 人（2012 年），回族人口占总人口的 20.3%，是宁夏面积最小、总人口最少、回族人口最少的一个以工业为主导产业的城市，因此，相对其他各市而言，石嘴山市的政治、经济、文化发展水平相对较低，这种社会环境下的民族中小学学生在校本课程资源开发中的文化选择意识与行为相对最为薄弱。

②民族中学学生文化选择意识与行为维度的水平均高于民族小学学生

通过上述差异性分析，可以看出宁夏民族中学学生和民族小学学生在校本课程资源开发中文化选择的意识与行为维度上存在极其显著的差异。按照个体身心发展的规律，中学生由于其身心发展各方面的水平相对于小学生而言更为成熟，其个体意识的发展也较小学生更为全面和系统，因此在文化选择中中学生在文化选择意识方面的发展水平高于小学生。与此同时，在意识水平的影响下，中学生的文化选择行为水平也高于小学生。这样的现状是与个体身心发展阶段的基本规律相符合的。

③学生的文化选择主体意识与行为相对淡薄

学生作为校本课程资源开发中文化选择的重要主体之一，应该能够具有文化选择的主体意识，并有参与文化选择的主体行为出现。但在现实中，当问及学生“你认为自己是学校校本课程资源的开发者吗?”的问题时，有高达 76.6%的学生回答“不知道”，12.5%的学生回答“不是”，10.9%的学生回答“是”（见表 21）。

表 21　你认为自己是学校校本课程资源的开发者吗?

	频数	百分比（%）	有效百分比（%）	累计百分比（%）
是	111	10.9	10.9	10.9

续表

	频数	百分比（%）	有效百分比（%）	累计百分比（%）
不是	128	12.5	12.5	23.4
不知道	784	76.6	76.6	100.0
总计	1023	100.0	100.0	

那么在学生看来，校本课程里的那些内容是由谁来选择的呢？当问及学生“你觉得学校的校本课程里的那些内容通常是由谁来决定的?”的问题时，64.4%的学生回答“由上这门课的老师决定”，28.0%的学生回答“由老师们一起决定”，仅有 2.7%的学生回答“由我们自己决定”，4.9%的学生回答“由老师和我们一起决定”（见表 22）。

表 22 你觉得学校的校本课程里的那些内容通常是由谁来决定的?

	频数	百分比（%）	有效百分比（%）	累计百分比（%）
由上这门课的老师决定	659	64.4	64.4	64.4
由我们自己决定	28	2.7	2.7	67.1
由老师和我们一起决定	50	4.9	4.9	72
由老师们一起决定	286	28.0	28.0	100.0
总计	1023	100.0	100.0	

由此可见，学生在实际中并没有意识到自己也是校本课程资源开发中文化选择的主体。

④学生对家乡、民族、学校文化持有高度认同的态度

在校本课程资源开发的文化选择中，学生对“生于斯，长于斯”的宁夏及其文化都表现出高度的认同，大部分学生表示渴望了解和认识家乡及其文化。调查中在问及学生“你喜欢你的家乡吗?”的问题时，70.7%的学生表示“非常喜欢”，仅有 2.2%和 1.0%的学生表示“不太喜欢”和“很不喜欢”。在问及学生“你希望别人知道你的家乡是哪里吗?”的问题时，33.4%的学生表示“非常希望”，53.2%的学生表示“希望”，而仅有 1.3%的学生表示“很不希望”（见图 8、图 9）。可见学生对家乡的认同感很强。

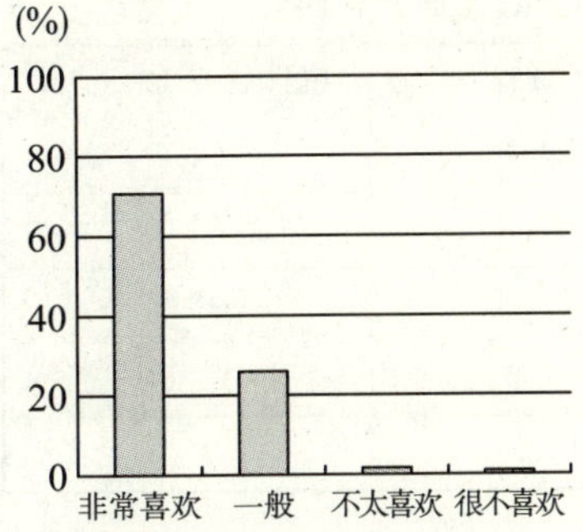

图 8　你喜欢你的家乡吗？

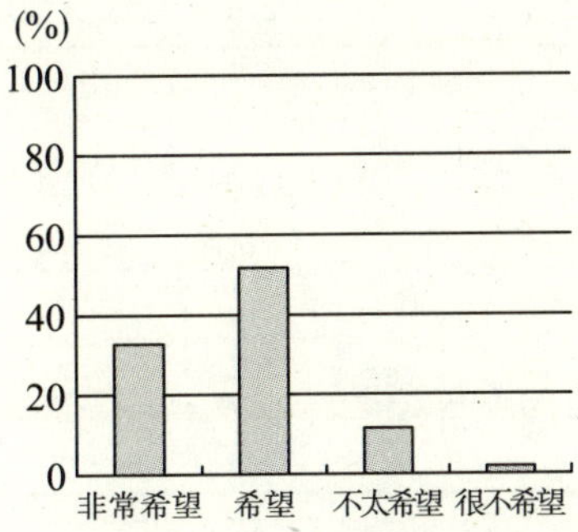

图 9　你希望别人知道你的家乡是哪里吗？

调查中发现，宁夏民族中小学学生大多表现出爱家乡、爱民族、爱学校的积极态度，这为文化的传承提供了必要的前提。

⑤学生主体对认识不同文化的需求迫切，但认识不足

调查中在问及学生“你希望了解和学习回族文化吗?”的问题时，76.4%的学生表示“希望”，仅有7.6%的学生表示“不希望”，还有16.0%的学生表示“无所谓”。同样在问及“你希望了解和学习家乡文化吗?”的问题时，83.9%的学生表示“希望”，仅有4.2%的学生表示“不希望”，还有11.9%的学生表示“无所谓”（见图10、图11）。可见学生们还是很渴望了解和学习回族及家乡文化的。

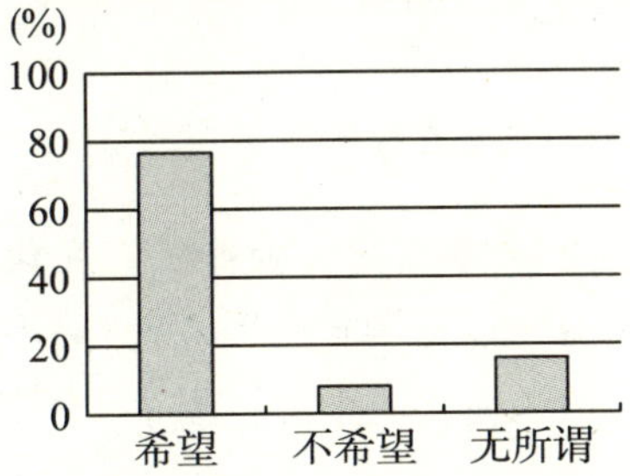

图 10　你希望了解和学习回族文化吗？

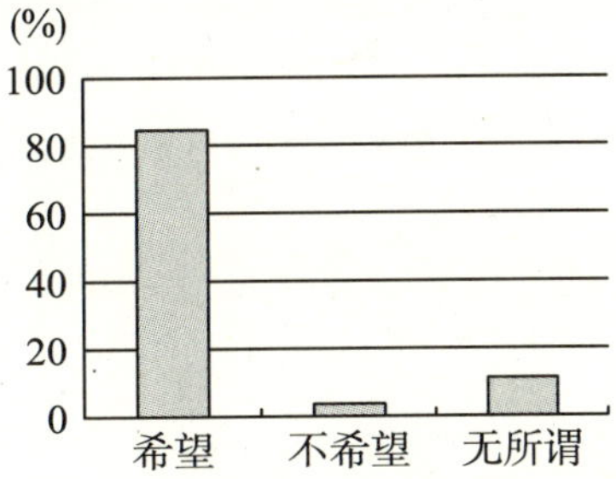

图 11　你希望了解和学习家乡文化吗？

而在关于“你经常会有意识地学习家乡和少数民族文化吗?”的回答当中，有21.8%的学生认为自己“经常”会有意识地学习这些文化，而有47.3%的学生认为自己“有时”会这样做，还有23.6%的学生认为自己“偶尔”为之，7.3%的学生“从不”这么做（见表23）。

表 23　你经常会有意识地学习家乡和少数民族文化吗？

	频数	百分比（%）	有效百分比（%）	累计百分比（%）
经常	223	21.8	21.8	21.8
有时	484	47.3	47.3	69.1
偶尔	241	23.6	23.6	92.7
从不	75	7.3	7.3	100.0
总计	1023	100.0	100.0	

调查中还发现，被调查学生对本民族文化持有很高的好奇程度，当问及学生“当你看到回族的特殊风俗习惯时你会怎么样？”的问题时，79.8%的学生表示会“感到好奇”，而仅有 10.1%的学生表示对此“不感兴趣”（见图 12）。

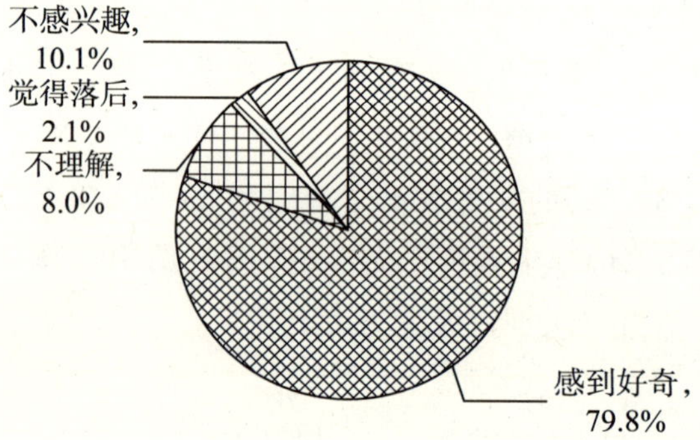

图 12　当你看到回族的特殊风俗习惯时你会怎么样？

调查中当问及学生“你觉得中华传统文化、家乡文化、少数民族文化被遗忘了吗？”的问题时，有 43.6%的学生认为“没有遗忘”，49.5%的学生认为“部分遗忘”，仅有 1.2%的学生认为“完全遗忘”了（见表 24）。

表 24　你觉得中华传统文化、家乡文化、少数民族文化被遗忘了吗？

	频数	百分比（%）	有效百分比（%）	累计百分比（%）
没有遗忘	446	43.6	43.6	43.6
部分遗忘	506	49.5	49.5	93.1
几乎遗忘	58	5.7	5.7	98.8

续表

	频数	百分比（%）	有效百分比（%）	累计百分比（%）
完全遗忘	13	1.2	1.2	100.0
总计	1023	100.0	100.0	

由此可见，不论是对于中华传统文化、地域文化，还是对于少数民族文化，学生们都有了解、认识的迫切需求，他们对这些文化有兴趣，希望自己能了解这些文化，并成为这些文化的负载者；同时，大部分学生坚信这些文化是不会被完全遗忘的。

⑥学生认可不同文化进入课程的价值，并意识到身边的文化选择行为

调查中，在问到“你觉得你的学校重视开设什么课?”的问题时，83.2%的学生认为学校更重视开设一些学科课程（见图 13）。

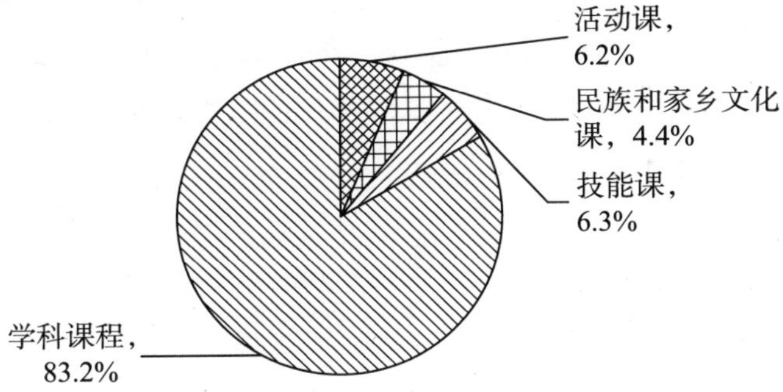

图 13　你觉得你的学校重视开设什么课？

而问及学生“你认为学校开设一些关于家乡文化和少数民族文化的课程好吗?”的问题时，分别有 41.3%和 49.4%的学生认为“非常好”和“好”，仅有 2.7%的学生认为“不好”（见表 25）。可见，学生还是能够意识到这些文化所具有的价值和意义，对于学校课程中开设关于这样一些内容的课程持有肯定的态度。

表 25　你认为学校开设一些关于家乡文化和少数民族文化的课程好吗？

	频数	百分比（%）	有效百分比（%）	累计百分比（%）
非常好	423	41.3	41.3	41.3

续表

	频数	百分比（%）	有效百分比（%）	累计百分比（%）
好	505	49.4	49.4	90.7
不太好	68	6.6	6.6	97.3
不好	27	2.7	2.7	100.0
总计	1023	100.0	100.0	

那么，当教师在教学实践中有意识地进行文化传承时，学生是否能够意识到教师的这些行为是在进行文化的选择与传递呢？当学校在进行校园文化建设中有意识地选择一些文化并向学生传递时，学生能否意识到这些文化及其选择呢？调查中，当问及学生“你认为老师在教学中注重民族文化和地方文化的讲授吗？”的问题时，23.0%的学生认为“非常注重”，而有 22.7%的学生认为“不太注重”。当问及学生“老师们上课分析问题或举例时会经常结合本地区、本民族生活实际吗？”的问题时，27.8%的学生表示老师“经常会”结合，而 21.6%的学生表示老师“偶尔会”结合（见图 14、图 15）。

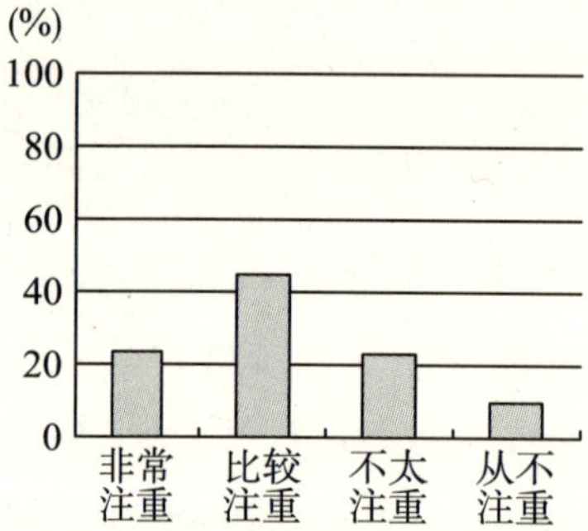

图 14　你认为老师在教学中注重民族文化和地方文化的讲授吗？

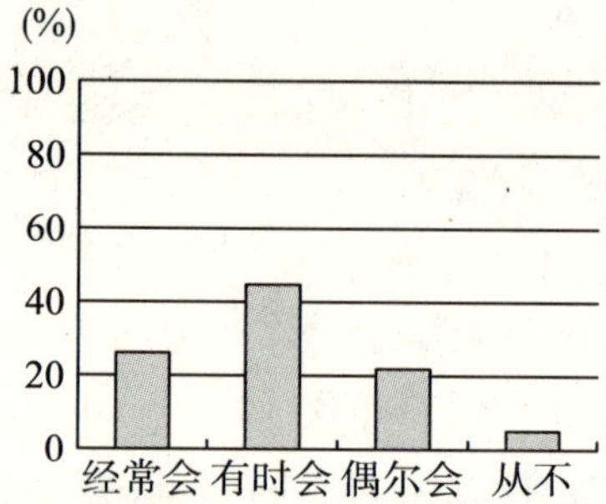

图 15　老师们上课分析问题或举例时会经常结合本地区、本民族生活实际吗？

当问及学生“你的校园里关于家乡和回族文化的介绍多吗？”的问题时，分别有 34.5%和 50.0%的学生认为“很多”和“一般”，仅有 4.1%的学生认为根本“没有”（见表 26）。

表 26　你的校园里关于家乡和回族文化的介绍多吗?

	频数	百分比（%）	有效百分比（%）	累计百分比（%）
很多	353	34.5	34.5	34.5
一般	512	50.0	50.0	84.5
很少	116	11.4	11.4	95.9
没有	42	4.1	4.1	100.0
总计	1023	100.0	100.0	

由此可见，学生还是能够对教师在教学过程中的文化选择行为有所意识，并且对校园文化建设中的文化选择与传承有所意识。

⑦学生认识中学校课程尚未成为家乡、民族文化传承的主渠道

访谈中问及学生："你一般都是从哪里了解关于咱们宁夏、回族的文化知识的?"学生们的回答包括："有的时候是看电视上有这些介绍，有的时候是听家里父母说的，还有的时候是学校老师上课时会提到一些。""从朋友和同学那里听说的。""在课堂上老师讲某个问题时会联系到一些，或者就是有时自己想知道就跟亲戚或朋友问一问。"在问卷调查中，当问及学生"你通常主要是从哪里获得关于家乡、回族的文化知识?"的问题时，32.9%的学生回答是从与包括长辈、朋友等在内的"周围人的交流"中获得的，31.7%的学生回答是从"图书等媒体"上获得的，19.3%的学生回答是从"老师各自课程教学的内容"中获得的，16.1%的学生回答是从"学校专门开设的课程"中获得的（见图 16）。

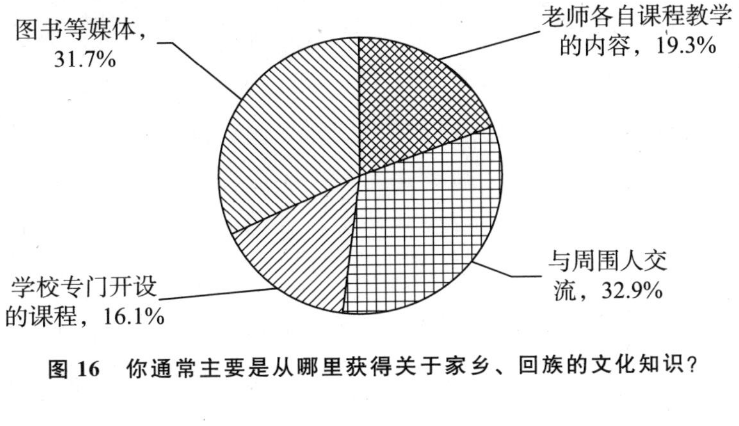

图 16　你通常主要是从哪里获得关于家乡、回族的文化知识?

那么在多种途径中，学生最希望通过什么途径去获得这些文化呢？当问及学生“你最希望通过什么方式学习关于家乡和少数民族的文化？”的问题时，33.7%的学生希望“学校开设专门课程”，27.2%的学生希望“自己看书、上网去学习”，25.0%的学生希望“长辈在生活中讲给我们”，还有 14.1%的学生希望“老师在讲课中选择相关内容”讲给我们（见图 17）。

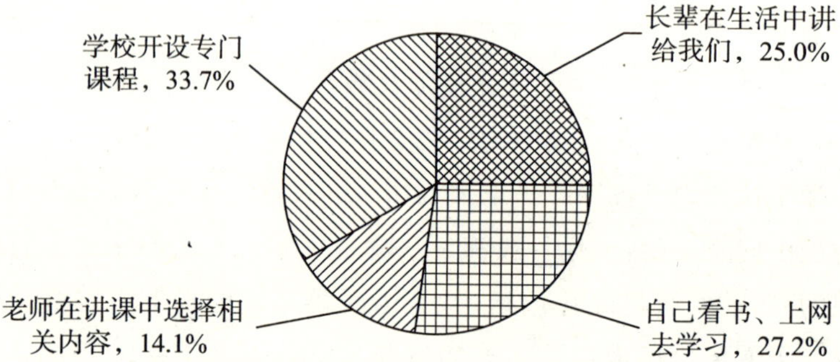

图 17　你最希望通过什么方式学习关于家乡和少数民族的文化？

由此可见，在目前，我们民族中小学的学校课程在文化的传承中是缺位的，学校课程并没有发挥其应有的作用，成为各种文化选择与传承的主要渠道。

3. 学校管理者

（1）调查样本描述

在 2012 年 9 月 27 日宁夏回族自治区教育厅民族教育处组织和召开的“推进全区民族中小学内涵发展现场会”上，本研究以全区民族中小学校长（或学校其他管理者）为调查对象，对民族中小学学校管理者在校本课程资源开发中的相关问题进行了摸底。本次会议共有 134 位民族中小学校长及管理者参加，摸底调查共面向 134 所民族中小学校长及管理者发放校本课程资源开发中文化选择的校长意向调查表 134 份，回收调查表 121 份，其中有效调查表 116 份。

经过摸底调查后，笔者还从中选择了个别有典型性的民族中小学学校管理者进行了个别访谈。访谈主要采用开放式访谈，即围绕调查主题与被访问者进行自由开放的交谈。

访谈对象分别是Y-XHS小学的J主任、Y-TL回小的Y校长、Y-JM回小的S大队辅导员、Y-TL回中的L副校长、W-CY小学的L主任、W-MLQ中学的W校长（见表27）。访谈地点是在各个学校的领导办公地。

表27　访谈对象：学校管理者基本情况

序号	校长代码	民族	性别	职务	学校类型	学校所属市
1	J	回	女	教导主任	六年制小学	银川市
2	Y	汉	女	校长	六年制小学	银川市
3	S	汉	女	大队辅导员	六年制小学	银川市
4	L	汉	女	副校长	完全中学	银川市
5	L	回	女	教导主任	六年制小学	吴忠市
6	W	汉	男	校长	初级中学	吴忠市

注：校长代码为校长姓氏首字母大写。

（2）结果分析

在对宁夏民族中小学的调研中，笔者看到很多学校正是在校长独特的教育思想引领下，通过学校管理者团队的努力，加上全校师生的认同，从而具有了独特的教育哲学理念（见图18）。这些理念都是在达到国家对于学校培养目标基本要求的基础上，充分考虑本校所处地域独特的文化资源现状，结合学生的发展需要，从校长自身的教育哲学观出发而构建的。这种理念形成后成为学校教育活动的指导思想，其中，校本课程开发与建设就成为这种理念得以体现的最好载体。

图18　宁夏部分民族中小学学校理念

经过调研分析后发现，在宁夏民族中小学校本课程资源开发中，以校长为核心的学校管理者的文化选择意识与行为现状在有些方面是积极的、值得肯定的，但在有些方面仍然存在问题和不足，有待改进。主要体现在以下几方面。

①学校管理者文化选择的角色意识与行为不符

学校管理者在校本课程资源开发的文化选择中应该担当“引领者”、“支持者”、“保障者”、“激励者”的角色。比如在摸底调查中，当问及学校管理者“您认为校本课程资源开发中选择哪些文化进入课程应该由谁来选？”的问题时，53.3％的学校管理者认为应该是由“学校领导和相关教师集体”共同参与选择。可见，大部分学校管理者能够意识到教师和学校管理者应共同协商决定选择哪些资源进入校本课程，认为学校管理者应该是校本课程资源开发中文化选择的主体之一，学校管理者在校本课程资源开发的文化选择中的角色意识较为明确。

但在实践中，很多学校的校本课程实际上还是由教师个人依据自己的爱好或能力来确定文化主题，并在进一步选择后加以开发的，学校管理者在行动上因为种种现实原因，有将校本课程资源开发的文化选择问题完全推给教师的倾向。比如，访谈中Y-TL回小的Y校长就提到：“教师是课程开发、实施的主要力量，校本课程开发中必须由教师依据自己的特长或者文化的喜好来进行校本课程的开发。现在学校的实际情况就是学校老师和学生面对的文化种类非常繁多，但是我们的课时量是非常有限的，如果我们想要完全按照学生的意愿去选择开发什么文化内容的课程的话，学校真的是没有足够时间和精力去保障完成的。”在Y校长看来，“学生在现阶段的兴趣爱好大都不稳定，今天喜欢这个，很有可能过两天又对那个产生兴趣了。而学校的课时是很有限的，加上老师的精力和能力不足等这样一些现实的问题，使我们在确定或者说选择哪些文化可以进入校本课程资源开发的范围内的时候，往往就是只能完全以教师特长或能力水平出发，来确定一个文化主题，围绕着这个主题再来开设校本课程，然后实践中尽可能地在一定程度上结合一下学生的具体情况”。

②学校管理者认可文化选择的价值，但认识不全面

校本课程资源开发中的文化选择有其重要的价值或意义，作为一所学校的管理者应当能够自觉主动地意识到这种价值的存在，肯定校本课程资源开发中文化选择的意义。比如，访谈中 Y-XHS 小学的 J 主任说道："我们的学校、学生们生活的环境里的文化各式各样，非常丰富，有很多和文化有关的事情或者现象都能给人留下很深刻的印象，这些东西对学生而言有很好的陶冶作用"；"我们课程的最终目标就是要让学生对各种文化有所了解、有所认识，往更远了说就是要发挥这些文化的功能，要让它们对学生今后的生活、工作有实际的影响。学校现在的这些学科课程给学生更多的是传授学科的知识，但是今后在实际生活中对学生最有用的应该还是和他们的生活密切相关的那些内容，比如说他的民族文化、他生活环境中的文化、他生长的家乡的文化、中国的传统文化等等"。可见，宁夏民族中小学的管理者普遍能够意识到让学生学习学科知识以外的文化对他们更有价值。

那么在学校管理者看来，这些价值主要体现在哪些方面呢？他们对此的认识程度如何呢？在调查中当问及"您认为校本课程资源开发中所选择的内容应该有哪些价值或作用？"的问题时，学校管理者说法不一，大致集中在以下几种认识上："有利于形成学校特色、明确学校定位"；"有利于扩大、补充课堂知识容量，弥补现有教学和教材中的不足"；"有助于实现知识结构的多元化，拓宽学生知识面"；"可以促进学生的全面发展，为地方经济发展培养人才"；"可以为地方文化和回族文化的继承培养人才"；"可以弘扬民族精神，传承中华优良传统"；"能推动地方文化和民族文化的传承"。可见，学校管理者对校本课程资源开发中文化选择的价值都有各自的一些认识，但是能够将这种价值与学生成长、教师发展、学校进步、文化传承全面地联系起来的学校管理者几乎没有，其对于校本课程资源开发中文化选择的价值的认识还较为模糊，不够全面准确。

③学校管理者的个人文化影响文化选择的方向性

现实中，一个学校校长的兴趣是什么、关注什么、倡导什么，在师

生眼中这些统统都表达着一个学校管理者的价值观。在 W-CY 小学调研时，当问及“你们学校为什么会选择‘国学经典’来作为校本课程开发的文化资源?”的问题时，该校负责校本课程开发的 L 主任说：“我们学校之所以在校本课程资源开发中选择国学经典这样一个内容，主要是受到我们校长的影响。你们不知道，我们学校的校长自己就是一个特别喜欢读书、喜欢文学、喜欢练字的人。我们校长觉得这是一个很好的资源，读书练字也是对学生的一种很好的文化熏陶方式。所以校长一到我们学校后，他的这种爱好和想法对我们开发校本课程就产生了很大的影响。这些年我们就把学校发展的特色定位在培养老师、学生热爱读书上了，我们不仅让学生爱读书、读好书，我们老师每天也有一定时间诵读国学经典，我们的校本课程也就以这个为内容开发和建设了。”此外，在 Y-XHS 小学调研时，该校的 J 主任也提及了这个问题，J 主任说：“我们校长是一个对中国传统文化特别有感情的人，像什么茶艺呀、京剧呀、园艺呀这些她都喜欢，你看我们校园里的墙上给学生做的那些中国象棋盘、中国跳棋盘、中国剪纸，还有我们的校徽设计，从这些你都能看出来我们学校的文化取向。我们学校现在开设的‘茶艺’校本课程，还有以前开过的‘书法’、‘京剧’校本课程，实际上在一定程度上都是受到了我们校长的理念的影响的。”

由此可见，学校管理者自身的文化素养与价值观影响着校本课程资源开发的文化选择方向，往往一个校长的关注点或兴趣爱好都会成为校本课程资源开发中文化选择的对象。

④学校管理者意识到文化选择是文化传承的重要途径

在学校管理者看来，文化的传承途径可以是多种多样的。在调查中当问及“您认为宁夏的地方文化和回族文化传承有哪些好的途径和方法?我们的学校为此可以做些什么?”的问题时，学校管理者的认识主要有：“通过各种文化交流合作项目”；“编制各种文化读本或校本教材”；“进行文艺表演或组织实地观摩”；“与当地文化部门合作组织文化实践活动”；“作为课程资源进入学校”；等等。在访谈中，Y-TL 回中的 L 副校长说：“校本课程资源开发可以说是为地方文化和民族文化的传承提供了一个很好的平台，原先我们在学校里对于这些文化的传承无从做起，感觉没有抓手，老师也只能在自己所教的学科课上遇到这样的问题时顺带着讲一讲，有时候由于学校教学任务重，学生升学压力大，好多老师连完成自己教学任务的时间都不够用，就几乎没有可能在课堂上再去涉及自己课程以外的一些东西了。可是新课程改革以来，我们现在有了校本课程，也有对校本课程实施的要求，我们就可以借助这个途径来向学生传递一些他们有兴趣的，对他们今后有用的文化内容了。”

的确，在学校课程中加入可以自主开发、自主选择的内容不仅是学生成长的迫切需求，也是优秀文化传承的迫切需求。比如：在宁夏有一种回族人民代代相传下来的传统民族体育活动“打木球”，W-MLQ 中学所在地正好是宁夏回族木球项目的发源地，所以该校就以木球文化为对象开设了“木球运动概述”这样一门校本课程。该校 W 校长在访谈中说：“我们这里是宁夏回族木球项目的发源地，过去民间很多人都会这个项目，有很多孩子和大人茶余饭后都会在一起打木球，一方面是娱乐，另一方面还能锻炼身体。可是这些年大家的生活都发生了变化，木球项目越来越不受重视，会打的人也越来越少。为了发挥我们这个木球项目发源地的优势，保护这个项目不要消亡，所以我们就想通过开设木球项目的校本课程把这种传统文化传承下去，不要让它消失了。”那么在开设校本课程后，木球项目传承的情况如何呢？W 校长说：“我们这个地区现在只有我们学校开设木球课，就这么一支木球队，所以也没有比赛的机会，也没有对手，这个项目的传承还是不广泛。”这样的现状一方面反映了校本课程资源开发中文化选择对少数民族文化传承所具有的价值和作用，另一方面也反映了校本课程资源开发中文化选择的时空局限性问题。

⑤学校管理者在文化选择对象和可操作性的认识上本末倒置

现实中，校本课程资源开发中选择的内容能够实现文化传承吗？Y-XHS 小学的 J 主任在访谈中说：“学校现在的课程设置已经很满了，老师和学生觉得各个学科课程里知识的教学已经够多了，对于学校自身而言，校本课程资源开发时，学校更愿意或者说也只能就是选择一些与学校有关的，相对简单容易的、浅显的内容进入课程。”也就是说，学校在进行校本课程资源开发的文化选择时，首先考虑的不是文化选择，而是看选择什么样的内容易于操作和实现，这样的选择程序是一种本末倒置的做法。J 主任还说：“校本课程是要实实在在地开展，但有时会因为选择的内容有难度，选择的文化过于深层，范围包含得过大，就往往无从下手。比如说我们学校之前本来打算以‘水文化’为资源开发校本课程的，结果就是因为这个内容涉及的范围太广，学科太多，实在是不好实现，也不好操作，所以后来就放弃了。”那么，校本课程资源开发中的文化选择到底是应该首先考虑选择什么样的文化，还是应该首先考虑怎么选择呢？有些学校管理者对这个问题的认识混乱严重影响了校本课程资源开发中的文化选择的实效性。

“泥哇呜”是一种流行于宁夏回族自治区，尤以海原县一带最为盛行的回族乐器，其作为非物质文化遗产负载着宁夏回族发展过程中重要的历史与文化，而在现实中熟知和掌握其渊源、制作工艺、演奏技法的人少之又少。也正因为如此，“泥哇呜”作为一种宁夏回族文化遗产面临失传和难以传承的两难困境：一方面掌握并能传承这种文化的人很少，另一方面这种文化如果不加以传承就会面临失传的境域。如果我们的学校管理者或课程资源开发者，过分看重这种文化遗产在传承过程中的难度，而不关注这种文化所具有的传承价值的话，“泥哇呜”这一宁夏特有的回族文化就无法进入学校课程，也就无法通过学校课程这一便捷高效的途径为更多的宁夏学生所了解。面对这样的现实，Y-JM 回小的大队辅导员 S 老师在访谈中介绍道：“我们学校开设的‘西夏的历史’校本课程里有关于‘泥哇呜’的相关内容，学生对这部分内容很感兴趣，可我们老师又却对这方面的内容知道得很少。后来学校领导就想办法请来了‘泥哇呜’的传承艺人杨达吾德，定期邀请他为我们的学生介绍关于‘泥哇呜’的相关文化内容。这种做法既满足了学生的求知欲望，实现了对这种文化遗产的传承，又解决了教师能力上的不足，是一种两全其美的办法。”（见图 19）

⑥学校管理者在文化选择意识与行为方面存在一些问题和困惑

学校管理者在校本课程资源开发的文化选择意识与行为方面也存在一些问题和困惑。在调查中当问及“您认为目前宁夏中小学校本课程资

图 19 杨达吾德在课堂上吹奏和介绍“泥哇呜”

源开发的文化选择过程中存在哪些问题和困难?”的问题时，学校管理者的看法基本集中在以下几点。

首先，课程的时数太少，没有给校本课程实施留有足够空间，所以校本课程资源开发本身就不受重视，文化选择也就更无从谈起。

摸底调查的全区 203 所民族中小学中开设有校本课程的占 35.5%，其中有校本教材的占 79.2%，有课程方案或教学大纲的占 44.4%。可见，校本课程本身在学校就不受重视，那么何谈校本课程资源开发中的文化选择呢? Y-TL 回小的 Y 校长在访谈中就提到:“我们和学生面对的文化种类这么多，但是学校课时量又非常有限，怎么才能在这有限的课时量里选择那些学生成长需要的文化呢? 这的确是一个不好解决的现实问题。”

其次，教师队伍从数量到能力都无法满足校本课程资源开发的文化选择需求。

校本课程开发不仅需要一支敬业爱岗的教师队伍，更需要教师具有课程开发的专业知识和基本技能。而校本课程资源开发中的文化选择更需要学校管理者和教师有文化的自觉性，有文化的敏感度，有对文化的热爱与了解。对于早已定型为以教学为主要职责和角色的传统教师而言，一下子要转入集课程开发、课程资源选择、课程实施、课程评价于一身的现代教师角色，确实很难，尤其是农村教师更难。面对这样一支教师队伍，学校管理者要如何协同教师共同实现校本课程资源开发的文化选择呢? 这对于学校管理者来说是一个不小的挑战。

再次，学校管理者将校本课程资源开发中文化选择的“权力”完全转嫁给教师。

现实中，学校管理者在行为上表现出把校本课程资源开发的“权力”全部转嫁给老师，自己作为观望者，给教师施加压力。学校管理者要么由于自身新课程素养的欠缺，很少过问校本课程建设及其资源开发，对老师提出的关于文化选择的合理需求或不予理睬，或拖怠延滞，要么在对校本课程资源开发的实际状况不甚了解的情况下，不定时、毫无系统地或随意发布指令进行干涉，或轻率对校本课程资源开发中文化选择的结果做不恰当的评价。

最后，考试评价制度影响学校管理者对校本课程资源开发中文化选择的内容和方向的把握。

在校本课程资源开发上，“应试”制约了学校管理者的组织决策和自主利用当地社会、社区、学校的文化资源开发校本课程的需求；“应试”剥夺了学校管理者应有的课程自主权，使得学校与课堂几乎没有文化发展的自由空间，校长课程权力搁浅在应试选拔的边缘。

Y-TL 回中的 L 副校长在谈到“校本课程资源开发的文化选择过程中遇到的最大困难”时说：“现在的新课程改革虽然倡导很多积极的、先进的理念，在校本课程资源开发这方面也强调校本课程资源开发中要选择那些对学生成长真正有密切关系的文化内容进入课程，但是现实中我们学校又无法摆脱现有的考试评价现状，于是，文化选择往往流于形式或过于随意。这也是为什么校本课程资源开发中一些小学的文化选择更生动、更充实的原因，因为小学的升学压力相对较小。”这也是很多学校管理者在校本课程资源开发的文化选择中的无奈。现实中，一方面上级教育行政部门对学校有开发校本课程的要求，另一方面升学的客观问题摆在面前，于是有些学校就干脆把开发的校本课程定位在国家课程的补充层面。这样一来可以应付上级的要求，二来不会影响学校的升学率，所以，国家课程中的知识成为校本课程资源开发中文化选择的重要对象。

（二）文化选择的内容与结果

本研究对校本课程资源开发中文化选择的内容与结果现状的探讨，综合来说就是对以校本教材、教师、学生、校园环境为载体所承载的国家文化、地域文化和学校文化的具体内容、形式与功能的展示与分析。校本课程资源开发中文化选择的内容与结果可以通过图 20 给予较为直观的展示。

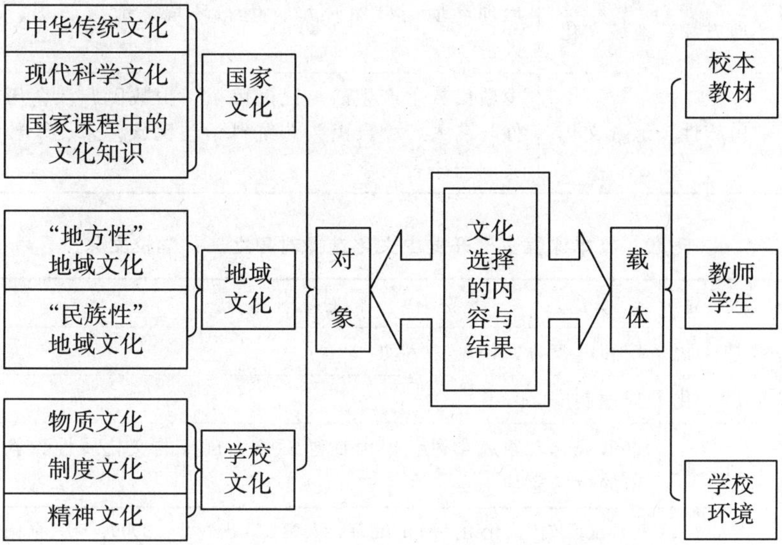

图 20　校本课程资源开发中文化选择的内容与结果

其中，文化选择的对象国家文化、地域文化和学校文化各自所承载的主要内容如表 28、表 29、表 30 所示。

表 28　校本课程资源开发中文化选择对象之一：国家文化

	子类型	主要内容
国家文化	中华传统文化	道德礼仪、文学典籍、诸子百家、琴棋书画、诗词歌赋、传统节日、戏曲歌舞、天文地理、医药养生、民俗服饰、饮食健康、建筑雕刻、宗教文化、爱国主义
	以现代科学技术为核心的现代文化	自然科学、社会科学、数学科学、系统科学、思维科学、人体科学、地理科学、军事科学、行为科学、建筑工程、文艺理论*
	国家课程文化（知识）	对国家课程内容的校本化资源再开发

* 此部分参见黄顺基，钱学森．现代科学技术体系的创建及其意义［J］．中国人民大学学报，2008（5）．

表 29　校本课程资源开发中文化选择对象之二：地域文化

<table>
<tr><td rowspan="3">地域文化</td><td>子类型</td><td>主要内容</td></tr>
<tr><td>“地方性”地域文化</td><td>地理环境、自然环境、生态环境、地域历史、风土人情</td></tr>
<tr><td>“民族性”地域文化</td><td>少数民族生产生活与民风民俗、少数民族社会历史事件与名人、少数民族传统科学与民族艺术、少数民族文学与语言文字</td></tr>
</table>

表 30　校本课程资源开发中文化选择对象之三：学校文化

<table>
<tr><td rowspan="4">学校文化</td><td>子类型</td><td>主要内容</td></tr>
<tr><td>物质文化</td><td>校园、校舍、设施、活动</td></tr>
<tr><td>制度文化</td><td>规章制度</td></tr>
<tr><td>精神文化</td><td>价值观念、教风学风、审美情趣、师生自身的文化属性、教与学中的行为意识等</td></tr>
</table>

注：该表改编自王邦虎. 校园文化论［M］. 北京：人民教育出版社，2000：65；俞国良，王卫东，刘黎明. 学校文化新论［M］. 长沙：湖南教育出版社，1999：31.

文化选择的内容与结果最终总是要借助一定的外在表现形式和内在发展变化呈现出来，校本课程资源开发是在学校内部展开的文化选择过程，这一过程中所选择的文化内容主要通过校本教材、教师与学生、校园环境这三个最主要、最直接的载体来呈现。

1. 校本教材

调研中收集到的校本教材当中，公开发行的校本教材的文化选择对象主要集中于中华传统文化，相对比较具有局限性，如由宁夏人民教育出版社出版的《中华古诗文诵读》(2012)、《论语》(2009)、《弟子规》(2009)、《中国古代历史人物（双语版）》(2009)、《孟子》(2010)、《千字文》(2010)。而以其他文化为内容的公开发行的校本教材就极为个别，如宁夏人民出版社出版的《绽放的花儿》(2012)、《宁夏平罗中学校史》(2006)。下面，笔者从收集整理的宁夏民族中小学已开发出的校本教材中，分别选取部分针对国家文化、地域文化、学校文化开发的相对完整的校本教材作为文本资料进行介绍分析。

(1) 国家文化类校本教材

如前所述，本研究中的“国家文化”主要涉及“中华传统文化”、“现代科学文化”和“国家课程中的文化知识”三类子文化。

①中华传统文化类

• Y-TL 回中《中华古诗文读本》

目 录

诗词部分

第一类 赠友送别诗词

第二类 边塞征战诗词

第三类 羁旅思乡诗词

第四类 咏史怀古诗词

第五类 山水田园诗词

第六类 咏物言志诗词

古文部分

名人类

逸事类

论说类

书牍类

词赋类

图 21 《中华古诗文读本》校本教材

该校开发的校本教材《中华古诗文读本》已由宁夏人民教育出版社出版发行（2012 年 10 月）。该校本教材的开发以中华古诗文为文化选择对象，以期让学生通过中华古诗文的诵读与学习从小扎根于中华民族优秀的传统文化中，在接受中华古诗文的文学滋养和传统文化熏陶的同时，实现对传统文化中健康向上的道德精神和人生理念给予必要的继承与发扬。

②现代科学文化类

• Y-XS 中学《机器人教材》

目　录

第一课　机器人硬件器材：齿轮
第二课　齿轮功能和多级齿轮连接
第三课　机器人硬件器材：砖和梁
第四课　机器人硬件器材：平板和轴
第五课　机器人硬件器材：连接件
第六课　PCX、传感器与输出设备连接线
第七课　马达与灯泡
第八课　机器人的端口
第九课　机器人的能量
第十课　马达的反转与启动输出端口图标
第十一课　随机转向马达的应用
第十二课　马达另外三项应用
第十三课　机器人时间图标的应用
第十四课　触动传感器
第十五课　光电传感器
第十六课　角度传感器

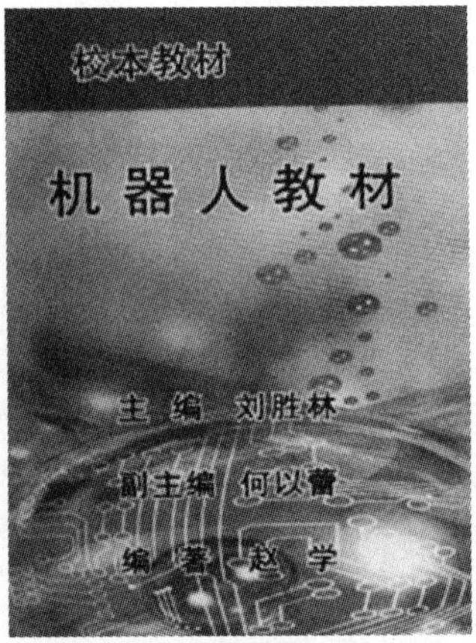

图 22　《机器人教材》校本教材

该校自 2003 年承担了宁夏回族自治区教育厅中小学机器人课程的研发课题，以此为契机，学校编制了校本教材《机器人教材》。该课程和教材的开发及编制旨在让机器人教学走进课堂，使更多学生有机会了解机器人，开发出机器人文化的教育功能、发掘智能机器人的教育价值，从而提高学生的创新能力和实践能力，进而使自身成为推进素质教育的良好途径。

③国家课程中的文化知识

这类校本课程资源开发所选择的对象包括：一类是针对已有的国家课程中的相关文化主题与内容结合本校实际和学生需求进行的再选择与再开发，另一类是针对新课程改革所倡导的课程理念结合师生的教与学而开发的指导性的课程文化资源。这些内容由于它们也是在国家课程基础上结合学校师生的实际需求与能力进行的校本课程资源的再度开发，也要经历文化选择的过程，所以本研究中也将其列入了校本课程资源开发的文化选择对象当中。

• Y-JM 回小《语文读本》

该校本教材分一至六年级，以下以三年级和六年级为例。

目录（三年级）

第一课　读书篇——名人名言（中）
第二课　读书篇——名人名言（外）
第三课　弟子规（读书篇）
第四课　弟子规（敬孝篇）
第五课　礼仪天下（一）
第六课　礼仪天下（二）
第七课　孝说古今（一）
第八课　孝说古今（二）
第九课　悬梁刺股

目录（六年级）

第一课　个人修养
第二课　自我批评
第三课　为人处事
第四课　学习态度
第五课　知的态度
第六课　反省自己
第七课　孝为先
第八课　仁德
第九课　修身做人（一）
第十课　修身做人（二）

该校开发的这套《语文读本》校本教材其内容选择主要是结合一至六年级语文课程教学的内容与学生学习的实际需求，选择与小学语文课程内容相关的优秀文化、与中华传统文化经典相关的内容进入该读本。这样的文化选择一方面可以实现对国家课程资源的补充，另一方面可以实现对优秀文化的进一步深入挖掘与传承。

• Y-TL 回中《研究性学习》

目　录

第一章　“研究性学习”及其目标
第二章　如何开始研究性学习
第三章　怎样实施课题研究
第四章　如何撰写结题报告
第五章　研究性学习成果案例

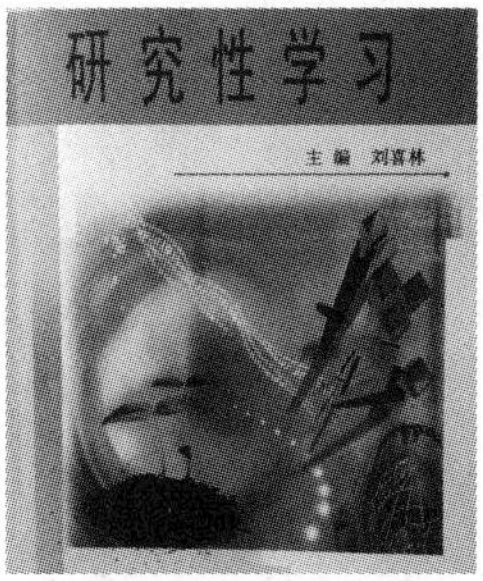

图 23　《研究性学习》校本教材

该校编制这一校本教材所选择的就是关于新课程改革中转变学习方式的内容。教材要求学生在老师的指导下，自行选择一个自己感兴趣的问题，并把它变成有价值的课题，然后围绕这个课题，像科学研究者一样，通过检索相关文献资料、开展社会调查、访问专家、做实验、统计数据等多种手段进行研究，最后在分析、比较、研究的基础上解决所提出的问题。这种形式的课程资源开发一方面要向学生介绍研究性学习的相关基本知识与技能，另一方面要让学生在实际的课题研究中走完研究性学习的整个过程，最终掌握研究性学习的方法。

（2）地域文化类校本教材

就校本教材内容中所反映的文化选择而言，本研究中的地域文化包括两类：第一类是学校所处“地方性”地域中的文化，如地方民风、民俗文化，地方历史，地域地理特征所形成的文化等；第二类是学校所处“民族性”地域中的文化，如少数民族艺术、体育、发展史、风俗习惯、饮食起居等。

①“地方性”地域文化类

• Y-TL 回中《唐徕渠灌区多学科综合科学考察》

引领篇

唐徕渠灌区多学科综合科学考察的实践与思考

实施篇

考察实施方案

考察路线及内容设计

野外科学考察具体安排

区况篇

中国科学院沙坡头沙漠研究站概况

唐徕渠灌区地理概况

唐徕渠灌区生物概况及考察方法简介

报告篇

唐徕渠灌区多学科考察地理考察报告

唐徕渠灌区多学科考察生物考察报告

唐徕渠灌区多学科考察历史考察报告

唐徕渠灌区多学科考察经济考察报告

分享篇

学生考察日记摘选

学生考察报告摘选

图 24 《唐徕渠灌区多学科综合科学考察》校本教材

《唐徕渠灌区多学科综合科学考察》校本教材的文化选择是以唐徕渠灌区作为背景，力求涵括灌区的各种生态类型、环境类型、社会文化类型、经济类型等。教材内容融合多个学科，如历史、地理、生物、化学、物理等，综合考察该地区包括语言、风俗、宗教、历史、政治、经济、工农业发展等在内的文化，旨在训练学生基本社会实践能力、科学考察能力、自我管理能力等，从多文化角度将学生带入科学发现和创造的领域。

• Y-JM 回小《西夏的历史》

目录（四年级）

第一课	西夏的建立	第五课	西夏壁画
第二课	辽、西夏与北宋的并立	第六课	西夏文字的起源（一）
第三课	西夏人物之——李元昊（一）	第七课	西夏王陵（一）
第四课	西夏人物之——李元昊（二）	第八课	西夏王陵（二）

目录（五年级）

第一课	西夏的壮大	第五课	西夏服饰
第二课	好水川之战	第六课	西夏文字（二）
第三课	西夏人物之——李继迁（一）	第七课	拜寺口双塔（一）
第四课	西夏人物之——李德明（二）	第八课	拜寺口双塔（二）

目录（六年级）

第一课	西夏的灭亡	第五课	西夏雕塑
第二课	灵州保卫战	第六课	西夏文字（三）
第三课	西夏人物之——野利仁荣	第七课	西夏石窟遗址
第四课	西夏人物之——李德旺	第八课	佛塔遗址

该校自 2001 年起就以"昊文"少年西夏考古研究活动为学校的特色活动，并编写了一套校本教材《西夏的历史》。该教材分上、中、下三册，以西夏的建立、西夏的兴盛、西夏的灭亡为内容，分别提供给四、五、六年级学生使用。编写这套教材的目的，在于通过教师的讲解与展示、学生的阅读与实践，使学生能够基本了解西夏历史、人物、政治、经济、文化等内容，让学生在继承与弘扬优秀的地域传统文化的同时，培养学生热爱家乡、热爱祖国、热爱历史的优良品德，帮助学生树立自

强不息、不屈不挠的人生态度。

②“民族性”地域文化类

• W-MLQ 中学《木球运动概述》

目　录

第一章　木球运动概述
第二章　木球技术战术理论
第三章　木球技术与教学训练
第四章　场地及器材
第五章　比赛队
第六章　比赛总则
第七章　比赛时间

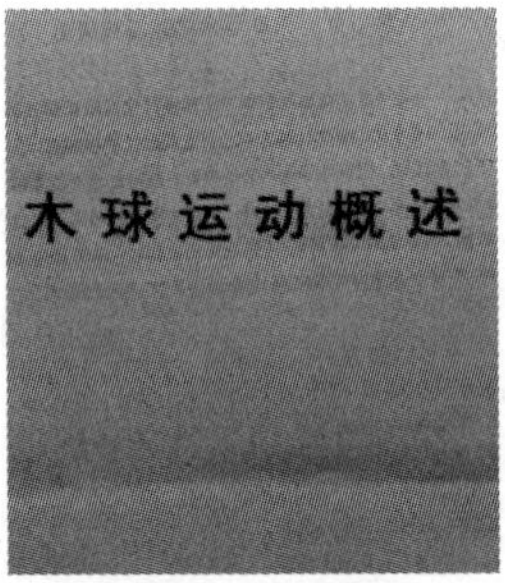

图 25　《本球运动概述》校本教材

该校本教材将回族传统生活娱乐中的木球项目引进学校，使这项具有民族特色的体育文化进入课堂，丰富了回族体育运动的内涵，也激发了学生运动的兴趣和创新运动的激情。但该教材只是从体育运动的角度来开发相关资源，对回族木球的发源地、发展历程、在回族文化中的地位、对回族群众的作用没有体现，局限性较大。作为回族学生占比达85%的回民学校更应从多方面向学生介绍回族文化，所以其校本课程资源开发的文化选择还有待改进和完善。

• Y-XHY 小学《绽放的花儿》

目　录

第一单元　可爱的家乡
第二单元　花儿漫上来
第三单元　回族儿童心中的歌
第四单元　生活多美好
第五单元　黄河流水到山乡
第六单元　勤劳的穆斯林
第七单元　四季花
第八单元　在祖国的怀抱里

图 26　《绽放的花儿》校本教材

从内容上看，该校的校本教材按照人文主体分为八个单元，其内容分别涉及“花儿”的发源地、“花儿”的种类、宁夏“花儿”所描述的回族生活的不同场景与对象。每个单元里都包括唱歌、欣赏、选唱、知识窗、表演唱几个部分。内容强调音乐学科的人文属性，具有鲜明的时代感和民族特色。内容选材广泛，在注重引导学生主动参与音乐实践、突出民族教育新理念的同时，教材中的每一首歌曲后都有结合宁夏当地地理、历史、人物等文化内容的介绍，将民族文化与爱国、爱家乡的情感密切联系起来。

校本改编“花儿”节选：

你把网吧的大门少（者）进

2011 级毕业班 L 同学编词

小（哎）网虫，（哎）髦角儿绣成个雀雀儿窝。
你把网吧（者）的个大门（哎）少（者）进，（哎）
上坏了眼睛（者）玩儿坏了心。（金学林，孙伟，2012）[27]

绿苗苗

校音乐组改编

苗苗子发芽嫩着咧，
娃娃子壮壮地长呀啊。
阿哥的白牡丹呀，
日常行为要规范呀，
五讲四美记心中呀。（金学林，孙伟，2012）[40]

• Y-TL 回小《回族——从丝绸之路走来的民族》

目　录

回族——丝绸之路走来的民族
回族的基本信仰及伊斯兰教
富有特色的回族服饰
食林奇葩——回族清真美食
回族的婚礼
穆斯林的葬礼
喜庆的日子——回族的节日
独具特色的回族艺术
回族名人与伊斯兰文化
民族团结的大家庭——宁夏回族

图 27　《回族——从丝绸之路走来的民族》校本教材

（3）学校文化类校本教材

①学生身心健康类

• Y-ZZ 中学《健康教育》（七年级）

目　录

认识健康	实践行动
行为篇——规范行为　文明举止	实践篇——立足课堂　模拟实践
营养篇——健康保卫战	运动篇——时尚瑜伽　健康每一天
预防篇——关爱身体，健康成长	感受篇——医学瑰宝　博大精深
青春期——女生青春期生理卫生及保健	爱心篇——赠人玫瑰　手留余香
心理篇——理解感恩、勇敢面对	调研篇——调查统计　分析建议

《健康教育》是该校为了学生身心健康成长编写的一本教材，全书由认识健康、实践行动两个专题组成。从健康知识的学习到健康心态的建立、从营养常识的获得到身心锻炼的开展、从自我知识能力的提升到深入社区实践，该教材对提升学生的综合能力提供了可参照的学习内容。

②学校历史文化类

• S-PL 中学《宁夏平罗中学校史》

目　录

第一章　艰难创建（1946—1949）
第二章　获得新生（1949—1954）
第三章　改制为中学（1954—1966）
第四章　“文化大革命”十年（1966—1976）
第五章　励精图治（1976—1999）
第六章　走进新世纪（1999—2005）
第七章　党群组织工作
第八章　人物
第九章　回忆录
第十章　图表

图 28　《宁夏平罗中学校史》校本教材

该书是为纪念该校成立 60 年而组织编撰的校史，现被该校作为校本教材使用。全书真实记录了该校的成立、发展及学校取得的成就，是建校以来的发展总结。书中的内容以校内文化历史为内容，让师生通过书中的介绍了解自己学校的发展史、了解学校的文化，从而产生热爱自己学校的情感。

(4) 综合文化类校本教材

在已开发出的校本教材中，除了上述分别选择以某一种文化为内容的校本教材外，还有一种校本教材是按年级编写的，每个年级的每一本校本教材都将上述各种文化类型纳入其中，体现的是一种综合性的文化选择结果。

• W-CY 小学的综合文化校本教材

该校的综合文化类校本教材分一至六年级，各年级一册。下面以二年级、四年级、六年级为例展示其中的内容。

目录（二年级适用）	
第一单元	我和家庭
第二单元	我和学校
第三单元	我和社会
第四单元	生活小百科

目录（四年级适用）	
第一单元	美丽的家乡
第二单元	“回”味无穷
第三单元	回乡风情
第四单元	回族拳艺

目录（六年级适用）	
第一单元	宁夏风光
第二单元	回乡风情
第三单元	我与科学
第四单元	我们的生活

图 29　W-CY 小学综合文化校本教材

这套校本教材，依据不同年龄阶段学生的身心发展特点与需求选择不同文化进入课程。但是，由于文化选择面面俱到，其校本教材的特点不够鲜明，学校特色也不够突出。

2. 师生的认识与态度

(1) 研究对象描述与说明

本研究对文化选择主体在文化选择内容与结果方面的认识与态度现状的揭示主要借助问卷调查、访谈来获取相关信息与结论。

由表 31 可知，民族中学教师和民族小学教师在校本课程资源开发的文化选择结果维度存在显著性差异，民族中学教师在文化选择结果维度的得分均值要高于民族小学教师的得分均值。

表 31　宁夏民族中学教师和民族小学教师在文化选择内容与结果维度 t 检验（$N=465$，22 人职称未评定）

维度	中学（$N=208$）		小学（$N=257$）		t	p
	M	SD	M	SD		
内容	23.93	3.391	23.60	3.151	1.089	0.277
结果	25.50	4.012	24.74	4.232	2.007	0.045*

* $p<0.05$

由表 32 得知，民族中学学生和民族小学学生在校本课程资源开发的文化选择内容维度和结果维度分均存在显著性差异，民族中学学生的得分均值均高于民族小学学生的得分均值。

表 32　宁夏民族中学学生和民族小学学生在文化选择内容与结果维度 t 检验（$N=1023$）

维度	中学（$N=743$）		小学（$N=280$）		t	p
	M	SD	M	SD		
内容	33.00	15.62	30.75	9.52	2.14	0.032*
结果	8.35	3.59	6.31	2.18	7.94	0.000***

* $p<0.05$，*** $p<0.001$

（2）文化选择主体对文化选择内容和结果的认识与态度

①文化选择主体的身份背景影响对文化选择内容与结果的认识

宁夏民族中学教师在文化选择结果维度的认识水平要高于民族小学教师，究其原因主要有两方面：一方面，中学教师由于其所面对学生群体的身心发展阶段高于小学教师所面对的学生群体，学生的接受能力直接影响校本课程资源开发时文化选择结果的水平；另一方面，中学阶段由于教学活动本身对教师的要求更多、更高，所以教师在进行校本课程资源开发的文化选择时更看重文化选择的结果所具有的作用和价值。在校本课程资源开发的文化选择内容与结果维度上，宁夏民族中学学生的得分均值均高于民族小学学生的得分均值。如前所述，这也是与学生个体身心发展阶段的水平有直接关系。

②师生对学生“最想了解的文化内容”是什么的认识存在差异

调查中，当分别问及教师和学生“您认为学生最想了解的内容是什么?”和“以下内容中你最想了解的是什么?”的问题时，42.5%的教师认为学生最希望了解关于“家乡风土人情”方面的内容，而33.1%的学生实际最想了解的是“现代科学技术”方面的内容（见图30)。

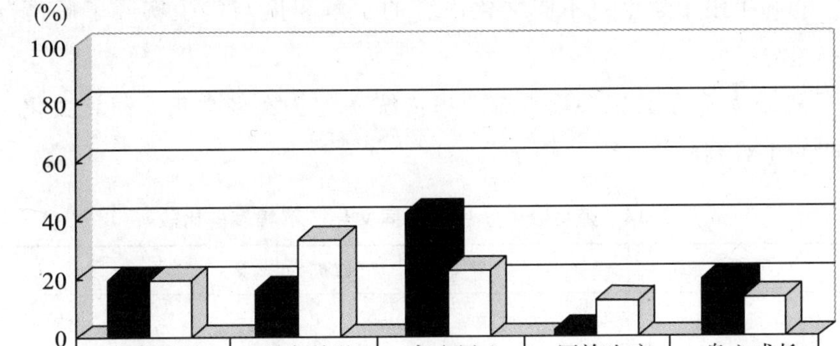

	中华传统文化	现代科学技术	家乡风土人情	回族生产生活	身心成长指导
■教师	19.1	16.7	42.5	1.4	20.3
□学生	19.5	33.1	22.3	12.1	13.0

图30 师生眼中学生最想了解的内容

与此同时，调查中当问及学生“你最希望在学校课程里学习哪些文化?”的问题时，33.8%的学生回答“现代科学技术”，居各选项之首(见表33)。很多民族中小学为了激发或适应学生对于现代科学技术的热爱和渴求，也开发了一些以现代科学技术为内容的校本课程，如Y-LDT中学的“一起学做机器人”、“航模制作”、“探索科学奥秘”，Y-JM回小的“机器人”，Y-XS中学的“机器人制作”等。

表33 你最希望在学校课程里学习哪些文化?

	频数	百分比（%）	有效百分比（%）	累计百分比（%）
少数民族文化	154	15.1	15.1	15.1
当地的文化	130	12.7	12.7	27.8

续表

	频数	百分比（%）	有效百分比（%）	累计百分比（%）
现代科学技术	346	33.8	33.8	61.6
中华传统文化	220	21.5	21.5	83.1
成长指导	173	16.9	16.9	100.0
总计	1023	100.0	100.0	

③师生眼中学生对不同文化内容的了解程度与学生实际了解情况之间有差异

表 34 显示了教师和学生对中华传统文化、家乡文化、回族文化了解程度的主观判断。

表 34　师生眼中学生对不同文化了解程度的比较

<table>
<tr><th>项目</th><th>数据及图表</th></tr>
<tr><td>师生眼中学生对中华传统文化的了解程度</td><td>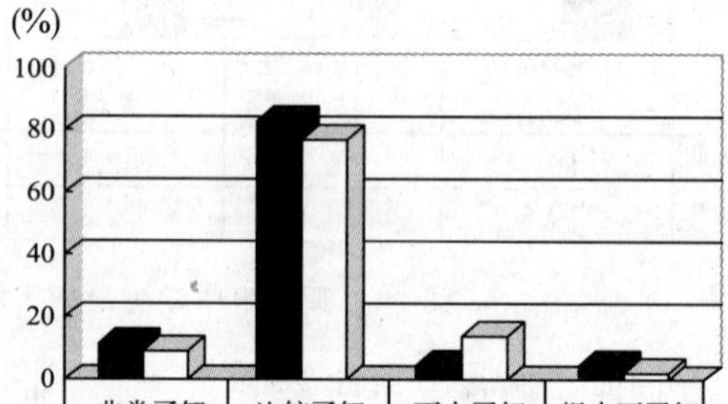

<table>
<tr><td></td><td>非常了解</td><td>比较了解</td><td>不太了解</td><td>根本不了解</td></tr>
<tr><td>■教师</td><td>10.7</td><td>82.1</td><td>3.1</td><td>4.1</td></tr>
<tr><td>□学生</td><td>8.3</td><td>76.1</td><td>13.2</td><td>2.4</td></tr>
</table></td></tr>
<tr><td>师生眼中学生对家乡文化的了解程度</td><td>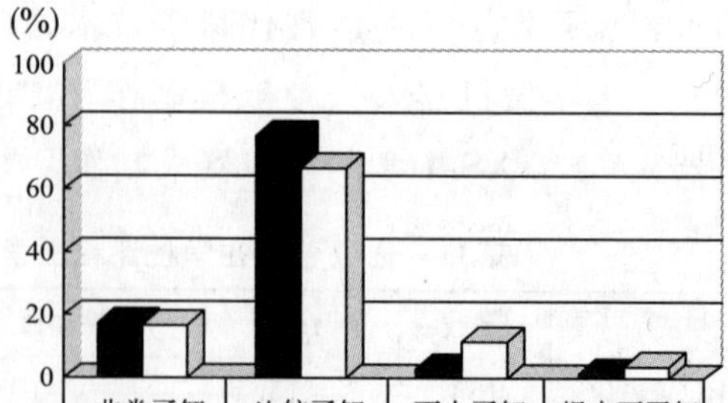

<table>
<tr><td></td><td>非常了解</td><td>比较了解</td><td>不太了解</td><td>根本不了解</td></tr>
<tr><td>■教师</td><td>17.7</td><td>77.8</td><td>3.9</td><td>0.6</td></tr>
<tr><td>□学生</td><td>17.4</td><td>67.4</td><td>12.2</td><td>3.0</td></tr>
</table></td></tr>
</table>

续表

项目	数据及图表
师生眼中学生对回族文化的了解程度	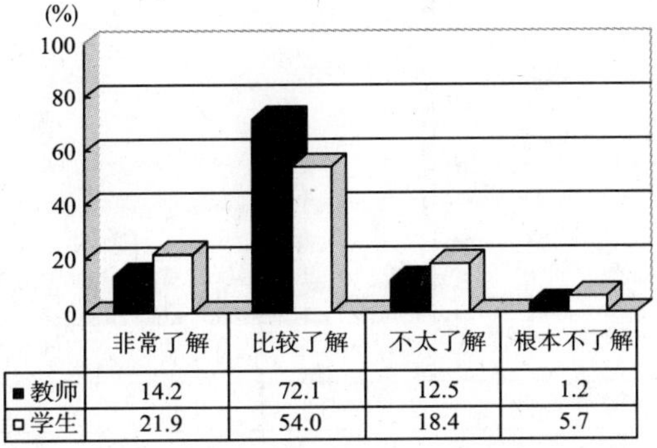

从横向上看，师生对上述三种文化的了解程度差距不是很大，且大部分学生认为自己对于上述三种文化达到“比较了解”的程度，那么学生实际上是否真正比较了解这些文化呢？调查中针对学生对于中华传统文化的了解程度，问及学生“你能列举出3—5个我国的传统戏曲种类吗?”“你能列举出3—5个我国的传统节日吗?”的问题时，有64.9%的学生能列举出3个或3个以上的中国传统戏曲种类，有82.5%的学生能列举出3个或3个以上的中国传统节日，可见学生对中华传统文化中的有关内容相对比较了解。调查中针对学生对于家乡文化的了解程度，问及学生“你能列举出3—5个宁夏特色旅游景点吗?”“你能列举出3—5种宁夏的特色食品吗?”的问题时，有76.9%的学生能列举出3个或3个以上的宁夏特色旅游景点，有69.7%的学生能列举出3种或3种以上的宁夏特色食品，可见学生的确对家乡文化中的有关内容是比较了解的。调查中针对学生对于回族文化的了解程度，问及学生“你能列举出3—5个回族的传统节日吗?”“你能列举出3—5个回族的传统体育项目吗?”的问题时，有44.6%的学生能列举出3个或3个以上的回族传统节日，有27.6%的学生能列举出3个或3个以上的回族传统体育项目，而有36.6%的学生无法列举出回族的传统体育项目，可见学生对于回族文化有关内容的了解是比较欠缺的（见图31）。

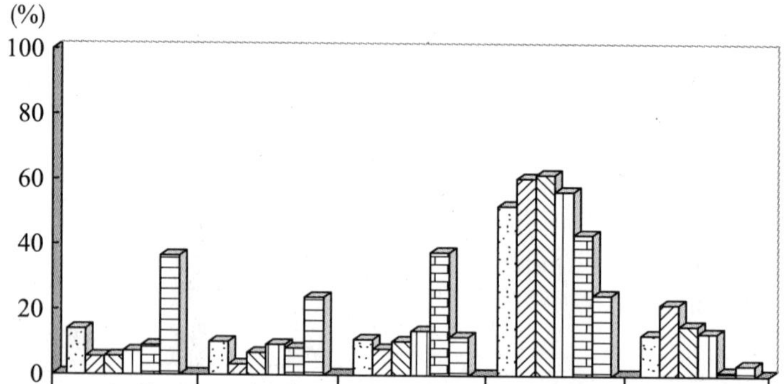

	0个(种)	1个(种)	2个(种)	3个(种)	3个(种)以上
中华传统戏曲	14.0	10.2	10.9	52.0	12.9
中华传统节日	5.7	3.6	8.2	60.5	22.0
宁夏特色景点	5.4	7.1	10.6	61.6	15.3
宁夏特色食品	7.2	9.3	13.8	56.7	13.0
回族传统节日	8.9	8.7	37.8	43.3	1.3
回族传统体育项目	36.6	23.9	11.9	24.5	3.1

图 31　学生对不同文化内容的了解现状

④师生对“学生最缺乏”的文化内容的认识有差异

	学科知识	家乡文化	少数民族文化	中华传统与现代文化
■教师	10.9	30.5	23.1	30.5
□学生	35.9	21.9	15.5	26.6

图 32　学生最缺乏的文化是什么？

问卷调查中，当问及教师“您认为学生现在最缺乏哪些方面的文化知识?”的问题时，30.5%的教师认为学生最缺乏的是“中华传统文化与现代文化”；但问及学生“你认为自己现在最缺乏哪些方面的文化知识?”的问题时，35.9%的学生认为自己最缺乏的是“学科知识”。此外，只有10.9%的教师认为学生最缺乏的是“学科知识”，15.5%的学生认为自己最缺乏的是“少数民族文化”（见图 32）。

⑤教师认为对学生“最有用”的文化与学生在课程中实际学到“最多”的文化有差异

问卷调查中，当问及教师“您认为以下内容对学生今后最有用的是哪些?”的问题时，55.4%的教师认为是“地方文化”，7.9%的教师认为是“少数民族文化”。而当问及学生“你觉得你在学校课程中学到的最多的是哪些文化知识?”的问题时，有40.8%的学生认为自己学到最多的还是“为升学打基础”的文化知识（见图 33）。

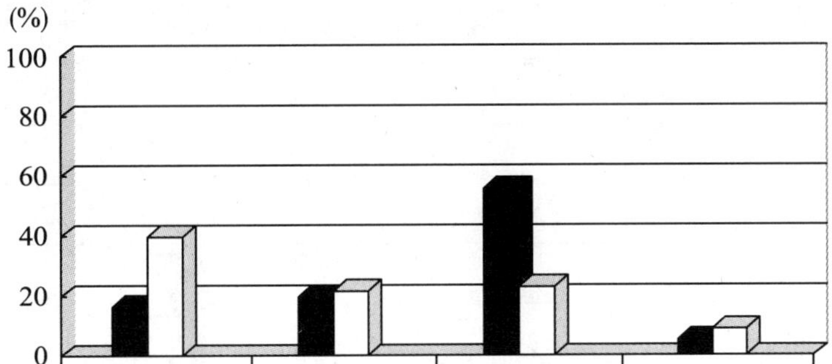

	为升学打基础	中华文化	地方文化	少数民族文化
■ 教师认为最有用的	16.4	20.3	55.4	7.9
□ 学生实际学到最多的	40.8	23.6	22.2	13.4

图 33　教师认为最有用的文化和学生学到最多的文化的比较

由此可见，在教师认识当中，今后与学生密切相关的是他们生长的地方的文化，这些文化对于学生日后的生活有重要作用。所以，当问及教师“您认为以下最适合被选择成为校本课程资源的是什么?”的问题时，43.2%的教师认为是“当地文化资源”（见表 35）。

表35 您认为以下最适合被选择成为校本课程资源的是什么？

	频数	百分比（%）	有效百分比（%）	累计百分比（%）
少数民族文化资源	44	9.0	9.0	9.0
当地文化资源	210	43.2	43.2	52.2
现代科学技术资源	40	8.2	8.2	60.4
中华传统文化资源	120	24.6	24.6	85.0
学生成长指导	73	15.0	15.0	100.0
总计	487	100.0	100.0	

⑥师生对文化选择的目的认识一致

校本课程资源开发中的文化选择应该着眼于谁的发展？问卷调查中当问及教师“您认为校本课程资源开发的文化选择中应最关注哪方面的发展？”的问题时，58.5%的教师认为最应关注“学生发展”。同样，当问及学生“你认为学校校本课程中选择不同内容进入课程最根本的目的是什么？”的问题时，54.1%的学生认为是促进“学生发展”（见图34）。

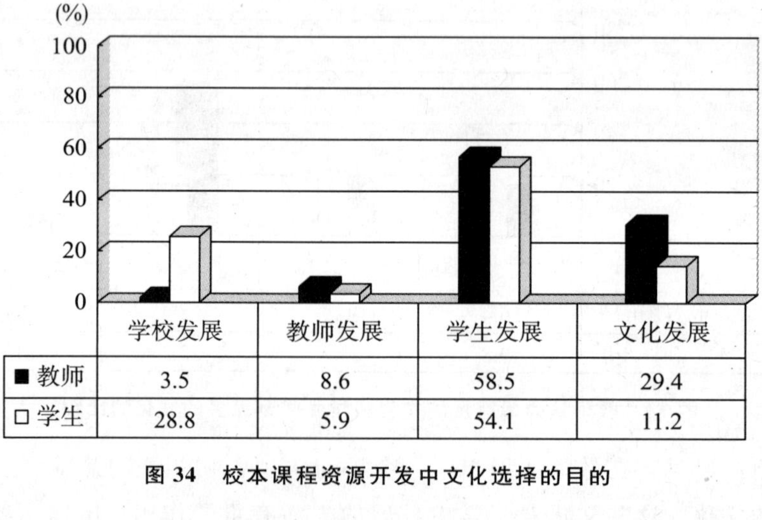

图34 校本课程资源开发中文化选择的目的

由此可见，文化选择的根本在于文化对人的成长所具有的价值和影响力。调研中看到Y-TL回中的教务处办公室摆放着学生为参加创新大赛准备的演示展板，该校的M老师说：“我们的‘唐徕渠灌区多学科综合科学考察'校本课程虽然是以唐徕渠地理文化为内容，但实际上这门课程所衍生出来的内容和作用非常丰富，就比如说这个学生创新大赛，我们的校本课程就为学生提供了很多的素材、想法。因为在这门课程的学习中学生对科研已经有了很大兴趣，而且他们的科学探究能力也得到了一定的培养。”可见，校本课程资源开发中的文化选择具有促进学生发展的重要功能，且这种功能不仅仅是在校本课程中实现，还可以辐射到学生的其他研究学习和日常生活中去。

⑦师生对地域文化是否具有价值认识一致

对于宁夏民族中小学的校本课程资源开发而言，地域特点和回族文化特色使得这里的文化资源特点鲜明。学生是否能够认识到这些文化所具有的价值呢？问卷调查中，当问及学生“你认为学习关于家乡和回族的文化对你的学习和生活有用吗？”的问题时，43.9％的学生认为“非常有用”，43.2％的学生认为“有用”，仅有2.7％的学生认为“根本没用”（见表36）。

表36 你认为学习关于家乡和回族的文化对你的学习和生活有用吗？

	频数	百分比（％）	有效百分比（％）	累计百分比（％）
非常有用	449	43.9	43.9	43.9
有用	442	43.2	43.2	87.1
用处不大	104	10.2	10.2	97.3
根本没用	28	2.7	2.7	100.0
总计	1023	100.0	100.0	

可见，学生还是能够认识到这些文化的价值的。那么教师又是如何看待这些文化的价值的呢？问卷调查中，当问及教师“您怎么看待所处地区的地方文化和少数民族文化资源？”的问题时，46.4％的教师认为这些文化资源“蕴含着丰富的教育价值，应该积极挖掘和利用到课程中来”，仅有6.0％的教师认为这些文化资源“有很多消极的内容，不应该引入到学校课程中来”（见图35）。

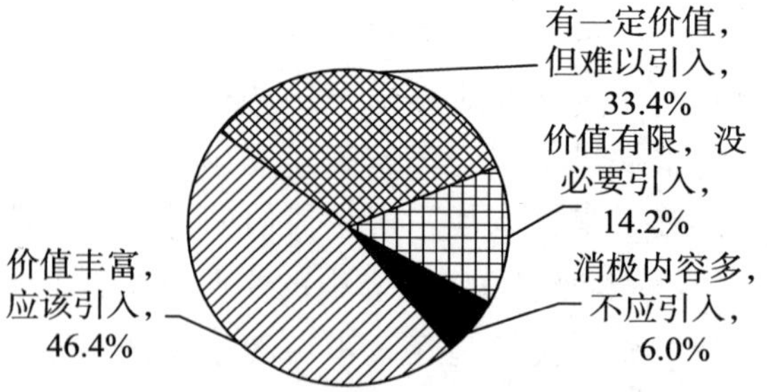

图 35　您怎么看待学校所处地区的地方文化和少数民族文化资源？

那么，学校应该如何面对所处地区的文化资源的差异性呢？有教师认为“学校应该专注地方、民族的特色，为学校的特色创建所用”；有教师认为“应该以‘价值’为本来对待差异”；有教师认为“要从学生实际出发，兼顾学生身心发展需要与地方民族文化特点，比如在培养学生实践能力过程中将当地民族文化及中国传统文化都考虑进来”；还有教师认为“学校应该以一校一特色为建设目标，把校本课程资源和创建校园文化结合起来，与地方经济建设和社会发展统一起来，达到学校课程使学生能够学以致用的目的”。

⑧师生对文化选择的内容与结果具有何种价值认识一致

既然师生都认可现有文化进入校本课程的价值，那么将这些文化引入课程有什么价值呢？问卷调查中问及教师“您认为地方文化和少数民族文化引入校本课程资源开发最主要的价值是什么？”教师的反馈中依次排在前三位的选项是：“促进文化的传承与创新”，“激发师生的爱乡、爱家、爱校的情感”，“增强学校的文化特色”（见图 36）。

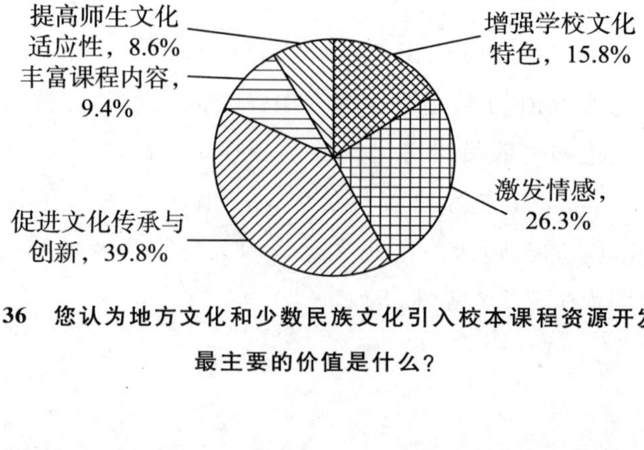

图 36　您认为地方文化和少数民族文化引入校本课程资源开发
最主要的价值是什么？

基于此，调查中进一步问教师“您认为校本课程资源开发中的文化选择在文化传承中最应该发挥什么作用?”的问题时，50.5%的教师认为这种作用在于“传承和创新优秀的文化”，29.0%的教师认为这种作用在于“培养文化的传承者”（见图 37）。

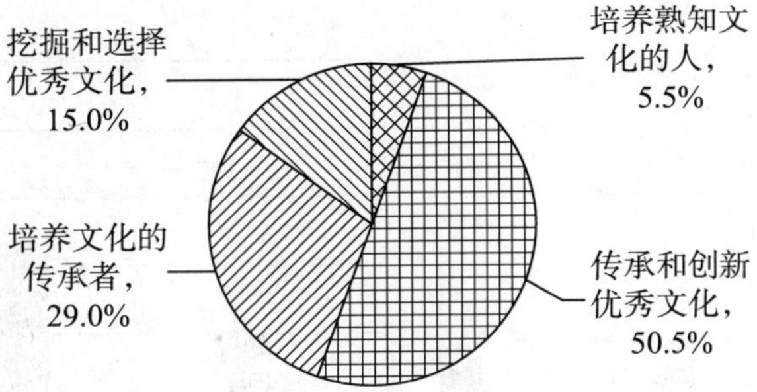

图 37　您认为校本课程资源开发中的文化选择在文化传承中最应该发挥什么作用?

那么，学生对教师的这种认识是否认同呢?问卷调查中，当问及学生“你认同‘在校本课程资源开发中选择家乡文化或少数民族文化的内容是为满足学生成长需要，促进文化传承，培养爱家乡、爱民族的情感’这种看法吗?”的问题时，59.5%的学生表示认同（见表 37）。

表 37　你认同“在校本课程资源开发中选择家乡文化或少数民族文化的内容是为满足学生成长需要，促进文化传承，培养爱家乡、爱民族的情感”这种看法吗?

	频数	百分比（%）	有效百分比（%）	累计百分比（%）
非常认同	141	13.8	13.8	13.8
比较认同	609	59.5	59.5	73.3
不大认同	241	23.6	23.6	96.9
不认同	32	3.1	2.7	99.6
总计	1023	100.0	99.6	

由此可见，师生不仅能够认识到不同文化所具有的多元价值，而且对这些价值表现出认同的态度。

⑨师生对影响文化选择内容与结果因素的认识存在差异

问卷调查中，当问及教师和学生“认为下列哪一项是影响校本课程资源开发中的文化选择的内容与结果的最主要因素?”的问题时，教师的回答从最重要的影响因素开始，选项依次是当地文化、学生特质、教师特质、学校特质，学生的回答从最重要的影响因素开始，选项依次是教师特质、学校特质、学生特质、当地文化（见图 38）。

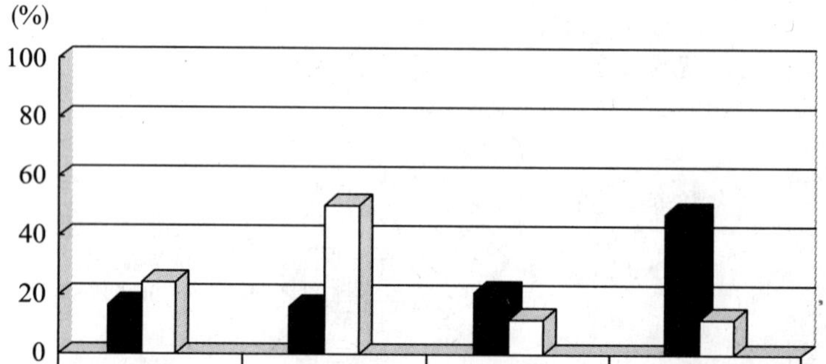

	学校特质	教师特质	学生特质	当地文化
■ 教师	14.8	15.4	21.8	48.0
□ 学生	26.3	50.8	12.3	10.6

图 38　影响校本课程资源开发中文化选择的内容与结果的主要因素

（3）学生的学习成果

①以书面文字形式展现的文化选择的内容与结果

• Y-LS 小学“孝道教育”学生成果展示

该校教师和学生将平时的校本课程学习成果集结成册，以文本形式呈现，其中包括：《爱国报国主题绘画册》、《爱国报国主题手抄报》、《爱国报国教育征文》、《孝亲敬亲广播稿》、《孝亲敬亲主题剪贴报》、《孝亲敬亲主题班会教案》、《孝亲敬亲实践活动记录》、《孝道教育演讲稿》、《孝道之星先进事迹》、《励志修身主题手抄报》、《励志修身教育征文》、《励志修身粘贴画》、《尊长友幼主题手抄报》、《尊长友幼主题班会教案》、《孝道好少年实践记录册》、《家乡特产广告词》、《赞美祝福家乡的话》等。这些内容以年级或班级的形式呈现并保留下来，见证着学生在孝道文化中的成长，见证着学校在孝道文化中的特色发展，见证着中华传统文化在校本课程中的传承。

孝道实践记录节选：

四年级（2）班H同学

2011年9月2日　晴

今天下午，我帮妈妈做家务活。我仔细地拖地，妈妈一回到家高兴极了！

2011年9月3日　阴

晚上，睡觉前，我已经睡下了，可妈妈还在洗漱，于是我把妈妈的睡衣弄热了，让妈妈睡了个安稳的好觉，妈妈开心极了！

2011年9月4日　多云

中午吃饭前，我帮助爸爸洗了一件衬衣，爸爸夸我是个好孩子。

孝亲敬亲广播稿节选：

三年级（3）班C同学

妈妈的微笑

我的妈妈性格直率，是个“重量级”的人物，1.75米的个子，有着一个超负荷的肚子。体重也够吓人的：70公斤！我和爸爸特别爱拿妈妈的体重开玩笑。终于有一天，妈妈用很豪迈的声音向我俩郑重地宣布：我要减肥！我听后差点儿“晕菜”，说：“妈，你要能减下来，我还真服了你!”妈妈对我眨了一下眼睛，自信地说：“你们等着吧，我的目标是65公斤。”

从此以后，妈妈便开始了减肥运动。

她给自己订了一个计划：每天早上6点钟绕C区跑四圈，下午去市体育馆健身。晚上睡觉时做30个俯卧撑，而且饮食上也注意合理搭配。

中午，爸爸给妈妈烧了许多可口的饭菜，但妈妈只吃了一碗米饭、清淡的蔬菜和少量的肉食，妈妈说：“减肥要节食的!”我还真有点不相信自己的眼睛，这是不是我平时见到的妈妈吃饭的样子呢？

下午3点钟，妈妈去体育馆健身，我看着妈妈那样真有点儿心疼，劝她别做了。妈妈却说：“减肥需要恒心和毅力的，你应该鼓励我才对，替我加油吧!”我说不出话来。

在一个普通的日子里，妈妈从体育馆回来满面春风地走进家门，就向我们宣布："我成功减到了 65 公斤，10 斤没有了，我减肥成功了！"妈妈爽朗地笑着，妈妈终于笑了，这是辛勤与汗水的笑声呀！

写给爸爸妈妈的一封信节选：

五年级（1）班 S 同学

给爸爸妈妈的一封信

亲爱的爸爸妈妈：

你们好！

你们为我付出的实在太多了。爸爸妈妈，你们给了我一双眼睛，让我去观察世界；你们给了我一双能干的手，让我去创造世界；你们给了我一双脚，让我去走遍世界。这就是我最大的幸福。你们给予我无微不至的爱，你们哺育我成长，花去了多少心血和汗水，编织了多少个日日夜夜，数也数不清；你们拼命地赚钱，供我上学读书，这样的事我说也说不尽。

当我跨入小学的大门后，我的成绩一直非常优异。这时我看到了你们那甜甜的微笑，这微笑是对我多大的鼓励啊！读三年级时，谁也不会想到，成绩一直优异的我数学期末考试只考了 70 多分。当我拿到试卷时，我那悔恨的眼泪情不自禁地流了下来。回到家里，我害怕看到爸爸那双严厉而又忧愁的眼睛。可是爸爸，当你知道后，只是长长地叹了一口气，烟一根又一根地接着抽。过了一会儿，你语重心长地对我说："莉莉，爸爸可是把所有的希望都寄托在你的身上了。别灰心，下次努力，加油吧！"看着您那凝重的神情，想到您那沉重的心情，我心里真不是滋味，真后悔自己在学习上骄傲了，放松了。那一天，我暗暗告诉自己一定要争气，不能再让爸爸妈妈失望了。

爸爸妈妈，你们那乌黑的头发中钻出了几根银发，那正是你们用自己的青春换来的对我这么多年的爱的见证啊！你们的手粗糙了，长满了老茧……

父母的爱是什么？我无法给出一个确切的定义。但我知道：当我在襁褓中啼哭时，它是温馨的怀抱；当我牙牙学语时，它是耐心的教导；当我熬夜备考时，它是暖暖的热茶；当我取得成绩时，它是激动的泪花；

当我生病时，它是布满血丝的双眼；当我不思进取时，它是苦口婆心的劝告。

爸爸妈妈，我向你们承诺：我将用我的行动来对你们表示感谢。从现在起，无论是一句问候、一杯热茶，还是一丝牵挂，都充满我对你们的感激之情。

时光飞逝，转眼我已经十三岁了，已经从一个不懂事的孩子成为一个懂事的孩子了。这一切都离不开你们的教导与培育。爸爸妈妈，我爱你们，我从心底里想对你们说："爸爸，妈妈，养育之恩，无以回报。此刻，我只能说，谢谢你们！你们辛苦了！我会以学习上的进步回报你们的。"

祝你们身体健康，天天开心！

你们的女儿：S

2012 年 12 月 23 日

家乡特产广告词节选：

三年级（5）班

家乡特产广告词

1. 中宁枸杞甲天下。
2. 每天喝一点，健康多一点。——枸杞酒
3. 天上王母蟠桃，人间灵武长枣。
4. 西北风寒滩羊皮挡。
5. 黄河大鲤鱼又嫩又香真好吃！
6. 甘草甘草，止咳真有效！
7. 宁夏珍珠米，又香又甜真好吃！
8. 硒砂瓜甜又沙，人人吃了还想吃！
9. 发菜发菜，吃了发财。

• Y-TL 回中"唐徕渠灌区多学科综合科学考察"学生成果展示

"唐徕渠灌区多学科综合科学考察"是 Y-TL 回中的一门社会实践性校本课程，实践过程中，学生通过课程学习获得诸多关于唐徕渠灌区的文化知识，并形成了包括考察日记、考察报告、考察设计在内的以各种

文本形式呈现的学生学习成果。

考察日记节选：

高一（3）班 L 同学

2012 年 7 月 14 日　晴

今天，是我们社会实践的第三天，也是我们最累的一天——我们走进了沙漠。

“大漠孤烟直，长河落日圆。”这是唐代诗人王维对沙漠的描写。印象中沙漠总是一望无际，一片“黄海”。来到这里却没有想象中的那般荒凉，来往的游客把这里装点得热热闹闹。金黄色的沙海，在风的拂动下欲动欲静，让人惊叹不已却不知怎样形容。沙丘连绵不断，一座接着一座，连着天边，浩瀚无垠，壮阔至极。在这片神秘的“黄海”中，我发现它有一种特别的美，蕴含着说不尽的奥妙。偶尔能发现一簇孤零零的沙生植物在这片广阔的“黄海”中努力寻找着同伴，敬佩之感油然而生。

回头望望走过的路，一串串脚印依稀清楚，点缀着沙丘，让其似乎有一种生气。“沙漠”，一个看似可怕的名词，却因我们的亲身经历变得亲切。一路上走走停停，说说笑笑，旅途很快结束了，虽然在这期间有些同学身体不适，但是我们都以坚定的意志坚持了下来，大家都是好样的！

在这次磨炼意志，培养团结协作精神的活动中，我们学到了许多书本上没有的知识，受益匪浅！

考察报告节选：

草方格治沙原理及功能初探

成员：××　×××　×××

单位：2007 级高一年级科学考察队第七组

指导教师：Z 老师

关键词：草方格　原理　功能

概况：

第七组同学在学习制草方格的过程中用心探究草方格的治沙原理，主要是从草方格的形状、大小、材料，草方格设计成形的原因以及草方格草入沙深度这些方面进行探究。本组同学还特别针对草方格在治沙过程中起到的作用、草方格的应用以及草方格的缺陷这些问题进行了探究。

本组同学在此次探究中，主要通过亲手实践、采访专业人士、调查文献资料、小组成员讨论等方法来培养组员团结协作的能力，学习科学的探究过程及方法。

引言：

此次活动中，学校安排学生在宁夏中卫市沙坡头亲自扎草方格、亲自体验治沙的活动。第七组成员通过各种方法了解到草方格治沙的原理及功能，并最终将其确定为小组的探究课题。草方格对于治沙防沙的意义重大，而宁夏中卫沙坡头是应用草方格进行治沙最典型的地区，并且是应用草方格治沙效果最显著、最成功的地区。草方格的发展历史悠久……第七组成员有感于这一方法的优势及治沙人员艰苦卓绝的努力，应用各种探究方法详细地研究了草方格与治沙方方面面的问题，然后通过小组成员分工合作，完成了这篇报告。

探究过程：(略)

探究收获：

1. 草方格的形状和大小

2. 草方格的材料

3. 草方格的设计原理

4. 草方格分布位置及其所在位置的重要作用（功能）

探究感言：(略)（刘喜林，2010）[189]

②以学生作品形式展现的文化选择的内容与结果

• Y-JM 回小“西夏的历史”

该校本课程在介绍展示西夏历史文化的基础上，发动学生共同动手制作了诸如西夏王陵沙盘、西夏文字牌、西夏泥塑等作品（见图 39），并将作品陈列在西夏活动室内。这样的文化选择，一方面让学生学习了西夏历史与文化的相关知识，另一方面调动了学生的参与性、能动性，激发了爱家乡的情感。

图 39 “西夏的历史”学生作品

• Y-LDT 中学“科技制作”

Y-LDT 中学以普及科学知识，激发科学兴趣，培养科学创新能力为目标，围绕天文、地理、生物、机械、物理等学科领域中的文化知识开发了这一科普文化类校本课程。课程实践中，学生们通过理论学习，自己动手制作了诸如陶艺中国地图、生物物种标本、电力机车、飞机航模等作品（见图 40）。

图 40 “科技制作”学生作品

③以学生活动或展演形式展现的文化选择的内容与结果

• Y-TL 回小“国学经典诵读”展演

Y-TL 回小的校本课程“国学经典诵读”将中华古诗文中所蕴含的中华传统文化作为文化选择的对象，学校希望在六年的时间里，通过师生共同积极参与到国学经典诵读当中，来促进个体及中华传统文化的共同发展成长。

该校 M 主任介绍说："我们让学生按照不同年级背诵：一年级和二年级诵读《弟子规》、三年级和四年级诵读《三字经》、五年级诵读与《中国古代历史人物》相关的内容、六年级诵读《论语》。并结合语文教学中的阅读、讲故事、写作、背诵、摘抄等方式，利用每周一次的校本课程时间，进行本周古诗文诵读任务的分配，并进行内容的理解。到目前为止，在我们学校里学生中背诵经典、传唱经典的热情很高，我们参加了多次展演活动，不仅拓宽了学生接触不同文化的渠道，也培养了学生的多种能力和素质。"

2013 年 5 月 22 日，Y-TL 回小受当地教育部门委托面向全区部分兄弟学校领导展示该校国学经典诵读成果（见图 41）。

图 41 "国学经典诵读"学生展演

• Y-XHY 小学"绽放的花儿"展演

Y-XHY 小学作为国家级"非物质文化遗产代表作名录项目传承保护基地（宁夏）"，主要以回族文化中的"花儿"艺术作为校本课程资源开发中文化选择的内容。而"花儿"作为一种音乐形式，师生在学习中除了介绍"花儿"的文化背景及相关内容外，主要采取的方式就是表演唱。实践中，从学校申报"非物质文化遗产"，到学校参加自治区的各项展演都能看到该校师生传承"花儿"文化的表演（见图 42）。

“花儿”课堂

“花儿”口弦教学

“花儿”演出

师生共唱“花儿”

图 42　“绽放的花儿”师生展演

为了让师生零距离感受“花儿”的魅力，学校聘请民间歌手教唱原汁原味“花儿”，通过“口弦”这另一种回族的非物质文化遗产形式教给老师们如何演奏“花儿”曲调，还组织师生到宁夏“花儿”的发源地进行实地采风。通过理论与实践的学习，师生不仅会唱“花儿”，还懂得“花儿”的历史与文化。

3. 学校环境

学校环境中的文化是指在校园特定范围内生活的每一个成员所共同拥有的校园价值观和这些价值观在物质与意识上的具体体现。学校环境文化的构成通过图 43 可直观地展示出来。

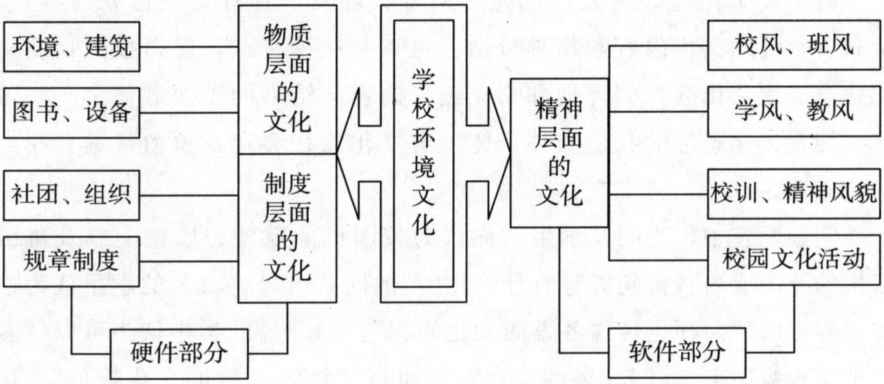

图 43　学校环境文化的内容构成

注：本图是在参考王邦虎《校园文化论》（人民教育出版社 2000 年版）第 64 页关于校园文化的内在结构图的基础上改编的。

相对于显性的校本课程资源开发中的文化选择而言，学校环境文化的选择除了以物质文化形态展现出来的文化选择内容与结果外，还有很重要的一部分内容选择具有潜在的价值，而这些内容也是校本课程资源开发中不可回避的文化选择的对象。

宁夏回族自治区《全区民族中小学校内涵发展建设五年行动计划（征求意见稿）》（2012 年）中明确提出：在全区民族中小学“实施民族中小学校特色发展计划。开展民族中小学校‘一校一特色’创建评选活动，鼓励各民族中小学校立足传统和优势，在传统文化、课程设置、体育与艺术、校园文化、民族经典等方面深入挖掘，明确目标，培育特色，打造品牌。到 2020 年，争取每所民族中小学都能培育一个或多个具有显著特色的教育品牌”。

有鉴于此，本研究将从物质层面文化、制度层面文化、精神层面文化分别对宁夏民族中小学校本课程资源开发中体现在学校环境中的文化选择的现实样态给予梳理和展示。

（1）物质文化层面

学校环境文化中的物质文化是指校园内具体文化活动的物质载体，也是构建校园文化的物质基础。作为一种客观的物质存在，学校环境文化中的物质文化能够为人们的感官所直接触及，具有直观形象的特点，负载着学校的文化内容和精神价值。也正是这种特点，使得校园物质文化建设成为文化选择的阵地和文化选择内容与结果的重要载体之一，这些积淀着文化观念的物质载体，体现着文化的社会存在价值，具有相当的持久性。

问卷调查中，当问及学生“你认为校园里的雕塑、墙壁上以及班级墙报的挂图或名言警句等等有什么用?”的问题时，40.1%的学生认为这些内容可以“向师生传递各方面文化知识”，24.5%的学生认为可以“激励师生积极向上”，24.0%的学生认为可以“体现学校的文化特色”，还有 11.5%的学生认为可以“让师生热爱自己的学校”（见图 44）。

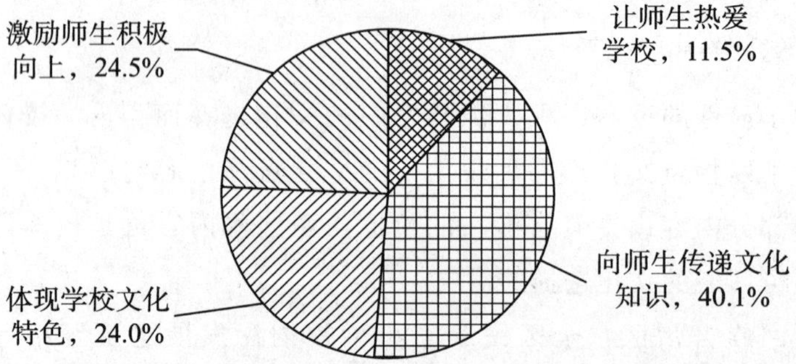

图 44　你认为校园里的雕塑、墙壁上以及班级墙报的挂图或名言警句等等有什么用?

可见，学生能够认同学校环境文化中的物质文化是具有一定价值的，并且认为这种价值主要体现在对文化的传递方面。

研究过程中，笔者在走入宁夏民族中小学的校园中时也的确看到了不同学校在创建学校物质文化环境中的文化选择的特色与差异。

• W-LSY 小学露天书法练习场

2013 年 6 月 20 日，W-LSY 小学的 J 校长在下雨天带笔者参观了该校的校园环境文化建设情况。参观中给人印象最为深刻的就是该校的“露天书法练习场”（见图 45）。J 校长介绍说：“为了丰富学生的课余生活，学校结合阅读、识字教学的需要，建了这个露天的书法练习场。这些书法练习台全部是石头打磨的光滑平面，课间学生只需要用笔沾上水就可以在这里练习书法，既简单又环保。以往学生一下课就在教学楼道里打闹，不知道玩些什么，现在我们不仅有寓教于乐的课间游戏场地，还有这个书法练习场地，学生课间可以玩的内容就丰富了，更有意义了。”该书法练习场共有练习平台 50 个，不仅可以满足学生课间活动的需要，还可以满足教师开展相关教学工作的需要，是一个不错的创新举措。

图 45　露天书法练习场

• Y-LS 小学孝道教育文化墙

调研中，在 Y-LS 小学的校园里看到，该校以孝道文化作为学校文化选择的主要对象，不仅开发相关文化资源进入课程教材，还在学校的校园环境建设中紧紧围绕这一文化主题，校园教学楼的墙体上、阳台的围栏上随处可见关于中华孝道文化的内容。其中包括孝道教育活动照片展、爱国报国标语、尊长友幼标语、“新二十四孝”解读、孝道之星展示等，整个校园环境中弥漫着孝道文化的气氛，使人进入学校很快就能感受到这所学校的文化特色（见图 46）。

图 46　孝道教育文化墙

• Y-XHS 小学特色校园

Y-XHS 小学的校园里处处都体现了学校的文化内涵与理念。由于学校的地理位置正好处于 Y 市兴庆区的唐徕渠畔，所以在该校的校园里可以看到学校以唐徕渠文化为主体风格构建的校园环境文化，其中包括学校校徽展示、各种标语、汉语和阿拉伯语的双语校训，此外，还有为学生课间活动准备的读书角、废品集结小超市、美德储存角、各种棋类文化介绍与操作等（见图 47）。

图 47　特色校园

（2）制度文化层面

学校环境文化中的制度文化是指学校中的各种规章制度，包括师生的价值观、行为理念在内的精神成果和学校管理思想、管理制度及管理模式的凝结形式。

在民族中小学校本课程资源开发中，体现在学校环境文化的制度文化层面的文化选择的内容与结果应该具有其特殊性。但在宁夏民族中小学校本课程资源开发的实地调研中，民族中小学在进行校本化建设与发展的过程中，对于学校环境文化中的制度文化的内容与结果的选择大致与其他中小学的制度文化相似，在很大程度上缺乏具有学校特色、民族特色的校园制度文化。在民族中小学校本课程资源开发的文化选择中，开发出的关于学校制度文化建设的资源就比较稀少。

• Y-TL 回中的《学生手册》

目　录

该手册中的内容包括该校针对学生的各项规章制度，内容较为全面而充实，但是，这样的学校制度文化似乎是任何学校都可以有的，其中对于民族学校的文化特色建设毫无体现。

（3）精神文化层面

学校环境文化中的精神文化是校园文化建设的重点，也是难点，对于民族中小学而言它也正好可以凸显出校本课程资源开发中文化选择在学校环境文化的精神文化方面的内容与结果。但是由于精神文化大多是隐性的、潜在的，所以对于这种文化内容的展示仅凭书面的文字介绍是不足以感受到的。本研究以校训为例，对宁夏民族中小学校本课程资源开发中体现在学校环境精神文化中的文化选择内容与结果的现状给予展示（见表38）。

表38 宁夏民族中小学校训列举

民族中小学	校训列举
Y-回中	诚实、勤勉、仁爱、致远
Y-Y中学	尚德、远志、求是、笃行
Y-LPS高级中学	尚德、励志、报国、创新
Y-NXYC中学	知识改变命运，勤奋成就梦想
Y-L回中	为一生做准备
Y-XS中学	勤勉博学、知行合一
Y-ZZ中学	诚、正、毅、恒
Y- TL回小	善良相伴、快乐同行、共同发展
Y-JM回小	健康、聪颖、诚信、快乐
W-回中	敬业乐群、博习通达
G-回中	不动摇、不敷衍、不懈怠、不放弃
W-TXXY小学	团结、进取、务实、创新
W-LSY小学	仁爱、诚信、博学、笃行

这些校训中的文化选择集中于这样几个方面的内容：第一，促进学生品德的发展与意志品质的养成；第二，着眼于对学生的人文关怀；第三，融入中华传统文化的内容；第四，以现代社会所倡导的积极价值观文化为内容。可见，校本课程资源开发中的文化选择，就学校环境文化而言，其对象不应该仅仅局限于校本课程的文本，而是针对整个学校，

形成对整个学校的文化辐射。

四、文化选择的反思与建议

通过对民族中小学校本课程资源开发中文化选择的现状调查与分析发现，实践中成绩与问题并存，而如何在对现有问题进行必要反思的基础上提出相应的建议对未来新的文化选择实践而言具有非常重要的意义。

（一）提升文化选择主体的意识与行为能力

民族地区由于其政治经济、社会教育等现实状况的相对落后，文化选择主体的自身能力与素质相对较低，文化选择中占有的各种资源也相对较少。基于这样的现实状况，笔者在研究中发现，作为文化选择主体的教师、学生和学校管理者，虽然能够意识到文化有差异性、不同文化具有不同价值，但是作为文化选择主体，他们的文化选择意识较为模糊和不稳定，文化选择的自觉程度总体较低。此外，校本课程资源开发中文化选择主体没有形成积极主动的文化选择行为能力。于是，文化选择主体在面临多元文化时对于那些优秀的内容虽然不排斥，但也无从合理选择，并发挥应有的行为能力加以有效传承。

所以，在民族中小学校本课程资源开发的文化选择中首先应加强对文化选择主体意识与行为能力的培养，在平时的实践中或相关的培训中通过各种途径提升主体的文化选择意识与行为能力，将文化选择主体的文化选择意识与行为变成一种文化自觉，融入到主体的文化选择实践中去。

（二）避免文化选择对象的两极化倾向出现

民族中小学文化选择面对的文化类型多样而丰富，调查中发现，民族中小学在校本课程资源开发的文化选择中存在两种倾向：一种是将国家文化视为文化选择的唯一对象，认为只有国家文化才是文化选择的对象，国家文化才是最有利于学生成长和发展需要的；另一种是将地域性文化作为文化选择的唯一对象，认为地域文化才是最能代表本地区、本民族文化特色的内容，才是学生最需要的文化。

在实践中，民族中小学校本课程资源开发的文化选择应当避免这种对文化的两极化选择，要尽可能地看到多方面的发展需求，在课程资源开发中既看到以国家文化为主体的文化的价值，又关注地方文化和少数民族文化，重视文化多样性和不同文化之间的交融、互补。这样做的结果既可增进本民族认同与民族感情，也能避免对他文化的忽视和排斥，将更有利于不同优秀文化在学校中的传承。

（三）挖掘文化选择内容的地域特色和优势

文化传承是人类赖以生存和维系的必要手段，是一种文化传递的社会现象。相对于普通的中小学而言，民族中小学所处地区除了有“地方性”的地域文化，还有“民族性”的地域文化。在调查中发现，文化选择主体对于地域文化特色和优势虽然有所认识，但是通过校本课程资源开发对其展开的挖掘和传承是远远不够的。

所以在今后的实践中，民族中小学要充分认识到学校所处地域的文化特色和优势，并通过课程资源开发中的文化选择在更广泛的范围内对这些资源加以开发，从而使更多优秀的、历史悠久的本地区、本民族文化被充分地挖掘出来，进而通过学校课程加以深入地传承。且这种文化选择与传承一定要注意避免流于浅层的形式，而是要真正使得校本课程资源开发中的文化选择成为地域文化特色和优势得以最大限度地发挥出来的重要途径和手段。

（四）发挥文化选择在学校文化建设中的作用

在现实中，有很多民族中小学并没有认识到校本课程资源开发在建设学校特色文化体系方面的重要价值，甚至有些学校根本没有意识到特色文化体系的建设对于一所学校发展的重要性，从而使得这些学校一方面苦于找不到自己学校的文化定位，另一方面却并没有意识到校本课程资源开发中的文化选择是一条建设学校特色文化的有效途径，从而也就更谈不上发挥校本课程资源开发中文化选择的作用来推进学校特色文化建设。

特色化是文化本身所固有的特征。对于建设有特色的民族中小学而言，民族中小学应当看到自己本身所拥有的丰硕地域文化与民族文化资源，在学校文化体系建设过程中将特色化建设与特色文化选择结合起来，将这些资源尽可能地、最大限度地在学校文化特色建设中加以选择，充分发挥其应有的作用。

（五）加强对文化选择实践过程的理论指导

现有的民族中小学校本课程资源开发中的文化选择都是由文化选择主体自发开展的，所以整个文化选择的过程呈现出一种较强的随意性和无目的性，于是在现实中一些看似有一定规划性的校本课程资源开发中的文化选择在实践中途就夭折了，这都是缺乏关于文化选择的必要、科学的指导的结果。

事实上，校本课程资源开发中的文化选择是一个多元主体共同参与的动态过程，这其中的每一个环节都应该是有计划的、有步骤的、有指导的。由于文化选择的对象丰富、文化选择主体的能力参差不齐，从而要求在文化选择的实践中要尽量避免随意性，对于选择什么文化、由谁来选择以及所选择的文化是不是对学生成长、学校发展、文化进步所需要的内容，都应放置于文化选择实践过程之内加以必要的理论指导，从而使文化选择有的放矢，有据可循。

参考文献

金学林，孙伟. 2012. 绽放的花儿［M］. 银川：宁夏人民出版社.

刘喜林. 2010. 唐徕渠灌区多学科综合科学考察校本教材［Z］.

黔东南州农村留守儿童调查报告

◉ 杨建忠

摘　要：本报告围绕农村留守儿童这一研究主题，将贵州省黔东南苗族侗族自治州作为个案研究对象，以人口流动规模大、少数民族人口众多的黔东南州农村的留守儿童的生活和学习现状为切入点，对父母外出打工后留守儿童的生活情形、教育状况、内心情感以及家庭与学校在关爱和教育留守儿童的沟通合作等方面进行了比较深入的研究，探讨了亲子分离而不能与父母共同生活对留守儿童教育带来的影响和发展困境，分析了留守儿童教育中家庭和学校缺乏共同责任意识，合作不密切、不得力而难以形成家校合作的教育合力等问题。通过在苗乡侗寨间的实地调查发现，由于民族地区经济社会落后，脱贫任务重，教育文化发展滞后，农民素质偏低，打工甚至成为农民的最主要的谋生手段，农村留守儿童数量更多，情况更加复杂，问题更加多样化。在生活上，亲子分离对农村留守儿童的生活影响很大，家务负担重，缺乏亲情关怀，内心孤苦无助，但家庭经济条件较好，生活更加自立，双亲都外出的在校寄宿比例高，特别渴望团聚和得到母亲监护；在学习上，多数留守儿童意识到父母的艰辛，学习目的明确，希望凭借教育这一工具离开农村，但留守生活对学业表现产生了一定的消极作用，对学习态度有影响，学习时因不能得到父母的督促和指导而成绩下降；在心理上，不能同时得到父母的关爱使留守儿童内心对家庭变化敏感，压力增加，生活兴趣有所降低，性格变化明显，孤独感和被遗弃感上升却不愿向他人倾诉，有部分留守儿童比较自信但感情冷漠。为缓解留守这一生活实际对留守儿童教育的影响，需要密切家校合作，但是调研中发现二者缺乏责任共担意识，合作浮于表面，交流互动少，方式单一，家长与教师关系疏离，相互支持度低，缺乏系统性，难以满足留守儿童教育与管护并重的需求，效果不尽如人意。为使留守儿童得到更好的关爱和教育，家庭和学校应该增强合作意识，采取多样化的合作形式，提高家长和教师素质，促进良好的家校合作，以减轻“留守”困境对留守儿童的影响。

关键词：民族地区；农村留守儿童；教育

基金项目：2012年度国家社会科学基金青年项目“民族地区农村留守儿童家校合作模式研究”（12CSH025），主持人：杨建忠。

作者简介

杨建忠，凯里学院副教授，主要研究领域为教育学原理和民族教育，电子邮箱：yangjianzh@sina.com。

Investigation of Left Behind Children in Qiandongnan Miao and Dong Autonomous Prefecture

Yang Jianzhong

Abstract: This report mainly focus on the topic of left behind children, using the Qiandongnan Miao and Dong Autonomous Prefecture, Guizhou Province as a case study. In this report, the author takes the left behind children's life and study in the area as an entry point because of its large population movements and the amount of national minority population. Through field investigation in it , and after a deep research of the left behind children's life, education condition, inner emotions and the communication and cooperation between homes and schools on the children's care and education, comparatively reflect the images of left behind children's education in this regions. Besides, the author also discussed the influence and dilemma of the separation between parents and their children and at last made an analysis and a conclusion on why families and schools lack of common responsibility, do not cooperate closely and effectively thus they cannot build a harmonious environment to give children more consideration and better education. Through field investigation in Miao and Dong Autonomous Prefecture, the author found that because of the lag behind in economy and education, the tough task of shaking off poverty, the lower quality of peasants, working far away from home even become their main way of earning their life. As a result, there are more left behind children, at the same time the situation is more complex and the problems are more diversified. In life, the parent-child separation had a great influence on children's daily life. On one hand, they should be responsible for the heavy housework and they often feel lonely and helpless owning to lack of care and consideration from their parents. On the other hand, when the family economic condition is better, the children become more independent and there's a higher proportion of boarding in school once their parents are working outside, however, they are eager to reunion and get custody from their mothers. In learning, most of the left behind children could understand their parents' hardness, and have a clear object on their learning. They hope to leave their hometown through education. But life in the village has a negative impact on their study. There would be poor grades because they cannot get supervise and guidance from their parents. These negative influences also show in their inner life. Some children become extremely sensitive to the changes of their families. They have higher pressure and lower interest to the surroundings and there is also a big change in their characteristics: they feel lonely and abandoned but they do not want to communicate with other person. There are also some students who are pretty confidence but emotional coldness. In order to relieve the negative influence, it is necessary to build a close cooperation between homes and schools. However, in this survey, the author found that due to a series of reasons such as lacking of a sense of common responsibility, the lower level of cooperation, less communication and staff like that, it is difficult to fulfill the requirements of education and management to the children. As a result, the effect is not satisfactory. In order to carry any well education and care for them, schools and homes jointly undertake the responsibility of left behind children's education and carry out positive parent-school cooperative action, to enhance the sense of cooperation, to take a variety of forms, and to improve the quality of parents and teachers is a effective way to reduce the plight of children left behind.

Key Words: ethnic minority rural areas; left behind children; education

Author:

Yang Jianzhong, associate professor of Kaili University, the main research areas are educational theory and ethnic pedagogy, e-mail: yangjianzh@sina. com.

一、研究背景与意义

20世纪80年代以来，中国进入社会转型时期，改革开放和工业化、城市化加快推进和发展，广大农民基于脱离贫困和追求更好发展的美好愿望，纷纷从农业转移出来，外出务工，形成了规模庞大的农民工群体。由于受到城乡分割的二元社会结构、偏低的收入水平和繁重的劳动负担等方面的限制，多数农民工外出后不得不将他们的子女留在家乡，因此，农村地区衍生出另一个数量庞大的特殊群体——留守儿童。农村留守儿童能接受到的农村教育质量普遍较差，又缺乏家长指导，在决定其未来发展的关键时刻处于不利地位。由于没有父母双方的监管，他们往往厌学、逃学、成绩低劣、生活习惯差，有的甚至走上违法犯罪道路，既严重影响其健康成长，又给社会发展带来隐患，影响到农村社会的稳定。同时，更是由于缺乏父母直接的生活照顾、教育看管和成长引导，这些留守儿童就像野草一样，在广阔的农村肆意疯长，自生自灭，呈现出一幅枯荣由天的悲凉画面。

贫困使农民不得不长期外出谋生，农民外出打工的现象将会在中国社会发展进程中长期存在。与他们的父母一样，留守儿童留守家乡现象将在一个相当长的时间内继续存在。进入21世纪后，留守儿童作为一个社会弱势群体，他们的生活和教育问题已经引起社会的广泛关注。从2010年起，教育部每年发布的教育事业发展统计公报都对农村进城务工人员的子女就学情况进行报告，并将义务教育阶段的农村留守儿童和进城务工人员随迁子女人数分别进行统计，体现出国家对留守儿童这一农村教育特殊群体的特别关注。与其他能与父母一起享受天伦之乐的农村儿童相比，由于缺乏父母双亲的监管，留守这一生活处境让他们出现了更多的学习问题、生活问题、心理问题，也面临更多的安全隐患和行为问题。对留守儿童问题的研究，是涉及育人为本，关心每一个学生的发展，保障他们的受教育权利，促进教育公平的重大问题，也是涉及未来农村人口的健康发展，建设社会主义和谐社会及充满活力的新农村的重大问题。

民族地区农村留守儿童教育问题亟待给予特别关注。民族地区农村由于经济社会发展更加滞后，贫困面更大，外出打工的农民工更多，留守儿童的比例也更大，不解决好这些留守儿童的教育问题，促进适龄儿童尽可能得到更好的发展，将影响到民族地区建设小康社会，社会的可持续发展也难以获得人才保障。留守儿童问题是民族地区农民工面临的最现实，也是对家庭影响最大的特殊困难和突出问题。导致留守儿童问题产生的根本原因是父母双方或一方外出打工，不能与孩子共同生活。其根本的解决办法是让儿童不再留守，但在目前城乡收入差距较大，不外出务工则无以解决家庭生活困难和不能为孩子学习提供经济支持的现实背景下，让父母双方一起和儿童长期生活在一起是不可能在全部留守儿童家庭中实现的。民族地区农村留守儿童是一个弱势群体，不对民族地区农村留守儿童问题进行深入的研究并采取积极措施以帮助留守儿童改善他们的生活处境与教育环境，提高他们的教育水平和质量，将直接影响到少数民族地区农村建设者的素质，这些地方的反贫困将永远是一个不可能完成的任务，也会影响到民族人才的培养、民族地区农村的可持续发展和民族地区稳定。

二、研究设计

（一）研究目标

本研究选取黔东南州这个典型的少数民族地区作为个案研究地点开展民族地区农村留守儿童问题微观的实证研究，以黔东南州农村留守儿童为研究对象，试图对黔东南州农村留守儿童的现状和问题进行比较深入而全面的探讨，呈现留守儿童的学习和生活图景，力图勾勒黔东南州农村留守儿童教育的全貌，探寻和揭示父母双方或一方外出务工后留守儿童的苦味生活及对他们成长和发展的影响，探讨当前留守儿童缺乏父母共同监护所面临的问题和困难，分析造成这种苦境的家庭教育原因和学校教育的不足之处。在此基础上，尝试提出加强和改进民族地区农村留守儿童教育的对策和建议，以保障民族地区农村留守儿童的受教育权利，促进少数民族地区农村留守儿童的平安健康成长，让每一个孩子都能成为有用之才，从而进一步促进民族教育事业快速发展和民族地区繁荣发展。

（二）研究内容

本研究的主要内容有五个方面：一是父母双方或一方外出务工后民族地区农村留守儿童生活与教育的现实状况；二是“留守”这种处境对农村留守儿童生活与教育造成了何种影响；三是农村留守儿童对“留守”的应对策略；四是外出务工的父母双方或一方和学校（主要是教师）对农村留守儿童生活和教育采取的相应支持措施；五是针对“留守”这一不利的生活处境，农村留守儿童家庭和学校的家校合作状况，探讨其是否已经通过一定程度的合作教育来帮助解决或者缓解留守儿童的教育问题和发展困境。

根据已经确定的研究内容，主要从以下两方面进行黔东南州农村留守儿童问题调查：一是对农村留守儿童进行问卷调查和访谈，了解黔东南州农村留守儿童的家庭的基本情况，包括家庭结构、父母职业、留守时间长短、家庭收入与生活状况、家长和教师对待留守儿童的教育等真实情况，从而获得相关数据和访谈资料，以便为本研究提供实证；二是通过深入留守儿童家庭和学校，参与观察并了解留守儿童生活与教育的具体情形。为此，研究者多次到黔东南州各县市进行实地调查，调查采用实地考察、访谈、座谈、问卷等方式进行，深入调研全面地、真实地了解留守儿童的情况，从而获得留守儿童的生活与受教育现状的直观感受，征询他们对家庭和学校的看法及期待。

（三）研究对象与调查地点选取

本研究所称的农村留守儿童，是指父母双方或一方外出务工六个月以上，本人不能随行和父母共同生活而留在家乡的农村义务教育阶段儿童。

本个案调查的地点是贵州省的黔东南苗族侗族自治州，2010 年第六次全国人口普查的总人口 402.41 万人，少数民族人口 328.31 万人，占总人口的 81.6%，其中苗族人口占 42.0%，侗族占 31.7%，是全国 30 个民族自治州中少数民族人口绝对数最多、苗侗民族人口最多的自治州，是全国苗族侗族人口最集中的地区。黔东南州地处高原，地势西高东低，境内沟壑纵横，山峦延绵，山中可耕种的土地少，有“九山半水半分田”之说，人均占有耕地低于全国平均水平。该州的原始生态保存完好，但社会发展总体水平不高，发展相对滞后，经济文化教育发展水平较低，属于欠发达、欠开发地区。全州 17 个县（市、区）中有 14 个是国家级扶贫开发工作重点县，是国家扶贫开发规划中的集中连片特殊困难地区，贫困对象规模大，贫困程度深，贫困发生率高，贫困农户抵御自然风险能力较弱，广大少数民族群众急于改变贫穷落后面貌和发家致富的愿望特别迫切。2012 年户籍人口 459.22 万人，年末常住人口 347.27 万人，户籍在本地但在省外居住半年以上的农村人口有 98.9 万人，绝大多数为长年离开家乡在外打工的农民。农村地区人们的收入水平不高，差距不断拉大，外出打工的工资成为少数民族地区农民主要收入来源，一旦由于某种原因不能出外务工，则家里的生活质量将受到明显的影响，因而农村留守儿童数量很多。

（四）调查过程

本研究可分为前期准备、摸底调查、实地调查、调查资料分析整理及报告撰写等阶段。

1. 调查准备与摸底调查

在研究的准备阶段，主要是查阅和梳理留守儿童相关文献，对已有的农村留守儿童研究的现状及其问题有了比较全面的把握，进一步确证本研究的价值及努力方向，确定研究的具体内容和方法，购置了必备的调查装备，并编制调查问卷和访谈提纲。

2012 年 1 月和 2 月，课题组对黄平县谷陇镇部分民族村寨的留守儿童的生活和教育状况进行了前期摸底调查，与一些学校的教师一起分析了开展研究工作的必要性、可行性和可能性。2012年6月底到8月初，课题组对麻江县景阳布依族乡中小学的农村留守儿童开展了半个月的参与观察，与景阳中学的高华方老师一起到景阳乡各村寨发放初一新生入学通知书，结识了更多的留守儿童及其家人，对教师的留守儿童家访活动开展更深入的观察，也对留守儿童及其监护人或临时监护人、村干部、教师进行了访谈。2012年11月底，课题组到台江县老屯乡和黄平县重兴乡走访了若干民族村寨，与部分留守儿童交谈，对民族地区乡村学校的学生营养餐工程和寄宿制进行了为期一周的实地考察，亲身体验了农村学校留守儿童的生活、学习场景，近距离地对留守儿童放学回家后的学习和生活进行了参与观察。2012年12月初，课题组用自制的调查问卷对黄平县谷陇镇滚水小学和麻江县景阳中学的部分学生发放300多份问卷进行测试。为检验问卷的信度和效度，试测后利用SPSS 19.0进行了问卷信度检验，得到问卷的Cronbach α 系数为0.713，表明问卷的内部一致性良好，信度比较高；为检验问卷的效度，之后进行的KMO检验及Bartlett球形检验，得到问卷的KMO值为0.823，Bartlett球形检验结果的显著性概率值 $p<0.001$，达到显著水平，说明问卷的效度好，适合进行因素分析。同时，根据问卷调查的结果，重新对调查问卷进行了适当的增删，使之通过修订后更加完善。

2. 实地调查与资料来源

2013年1—3月，课题组对黔东南州的部分农村学校三至九年级的留守儿童进行问卷调查和访谈，对十余位一、二年级留守儿童进行重点观察和访谈。调查问卷分个人基本信息、留守儿童的基本情况、家校合作的需求与实情等三个部分。留守儿童的基本情况调查问题计20道，涉及父母打工情形、留守情况及对留守处境的感受等方面；家校合作的情况设计有39个封闭性问题，从学习目的、学校生活、对学校的态度、父母对学校教育的反应与要求、教师与家长的联系方式与实情及对家校合作的期待等维度进行调查。问卷调查以班级为单位，分别在黔东南州17个县（市、区）中的黄平、雷山、麻江、台江、丹寨、黎平等六县随机选择初中和小学3所总计18所农村学校作为样本，考虑到民族地区小学一、二年级学生汉语理解能力有限，所以问卷调查对象是三至九年级学生。本调查共发放学生问卷7000份，回收6503份，回收率92.9%；剔除答案不完整问卷166份和不符合研究需要的非留守儿童问卷3280份，共获得有效的留守儿童问卷3057份，抽样样本占全州留守儿童总数的1.8%，所回收的调查问卷利用SPSS 19.0进行分析处理。在3057名样本留守儿童中，男1553人，女1504人；苗族1285人，侗族1168人，其他少数民族（如布依族、畲族、水族、土家族、仫佬族和瑶族）374人，少数民族儿童占样本留守儿童总数的92.5%。同时，在田野调查中对学校教师就留守儿童教育及其家校合作问题进行了大量访谈，了解到许多生动而多样的留守儿童教育实例。在调查过程中，还对留守儿童、监护人、家长及村寨里的村民进行了访谈，积累了比较丰富的访谈资料和调查图片，也收集到一些教育行政部门或学校的相关资料。特别值得一提的是，课题组成员在调查期间自愿担任岑邦教学点教师，既给一年级的苗族小学生上课，又在课后给全校20位学生洗菜、做饭。春节期间，课题组重回滚水苗寨及附近村寨对留守儿童家庭进行了二次调查，对返乡过年的留守儿童父母进行深度访谈，也访问了一些随父母到打工地就学的随迁子女家庭，并对这两类家庭的子女学习和生活状况进行了对比研究。

2013年6月和7月，课题组又到台江县老屯乡（苗族）、黄平县重兴乡（革家人）、麻江县景阳乡和杏山镇（畲族）的农村学校实地考察了学生营养改善计划和寄宿制实施情况，对留守儿童的在校与返家情况进行参与观察，亲身体会在校食宿对留守儿童的生活和学习带来的若干便利以及存在的问题和困难；还继续与高华方老师一起对景阳乡和谷硐镇的部分留守儿童进行了家访，了解促进家校合作的若干行动实施后引起的留守儿童的积极变化。7—8月，课题组成员积极利用担任黔东南州暑期农村学校教师和特岗教师素质提升培训班班主任的机会，就留守儿童教育问题多次召开教师座谈会，与教师交流留守儿童教育经验，分享他们关于留守儿童的教育管护体会，倾听他们的留守儿童教育困惑和呼声，共同商讨更加主动而有效的留守儿童家校合作措施。9月初，在前段时间调查的基础上，课题组重新到台江县、黄平县、黎平县、麻江县对农村留守儿童做了近一个月的田野调查，还到各县教育局和黔东南州教育局复印了大量有关留守儿童的档案材料，以弥补实地调查资料比较杂乱、零散的欠缺。

3. 资料分析和报告撰写

在对已有调查问卷资料进行分析统计的基础上，课题组还将访谈记录、档案材料、音像资料等进行了整理和分析，形成文字材料，撰写调查报告。

三、黔东南州农村留守儿童的调查结果与分析

（一）黔东南州农村留守儿童的人口学特征

本研究的焦点是农村父母外出务工对留守儿童生活和教育的影响，而了解这个群体的规模、分布、构成、家庭状况等人口学特征是进一步了解他们的真实的生活和教育情形的前提与基础。

1. 人数多，分布广，比例仍在上升

黔东南州教育局2011年底的统计数据表明，全州共有义务教育阶段学生578302人，其中农村留守儿童（以下简称留守儿童）179461人［在小学阶段学习的有119441人（女童49751人），在初中阶段学习的有60020人（女童25315人）］，占义务教育学生总数的31.0%。一年后的2012年底，全州共有义务教育阶段学生557833人，其中留守儿童177513人［在小学阶段学习的有118609人（女童48215人），在初中阶段学习的有58904人（女童25778人）］（详见表1），占义务教育学生总数的31.8%；父母双亲均外出务工的学生达114770人，占留守学生总数的64.7%，其中有71145人留守在村级学校就读。在黔东南州各县（市、区）都有数量众多的留守儿童存在，遍及各个村寨，在广阔的苗乡侗寨间行走随时都能见到他们的身影。

表 1 黔东南州留守儿童统计（截至 2012 年底）

县（市、区）	小学留守儿童在校生数（人）							初中留守儿童在校生数（人）			
	合计	一年级	二年级	三年级	四年级	五年级	六年级	合计	七年级	八年级	九年级
凯里市	6833	989	1080	1051	1146	1349	1218	3104	991	1117	996
开发区	66	8	13	10	16	9	10	27	9	12	6
黄平县	18312	2475	2802	2735	2943	3886	3471	9268	3213	3356	2699
施秉县	3476	621	560	543	540	629	583	1706	673	573	460
三穗县	5474	903	942	962	849	905	913	1807	664	586	557
镇远县	6236	910	989	911	1013	1242	1171	3227	1205	1092	930
岑巩县	8146	1209	1299	1368	1417	1354	1499	3983	1283	1346	1354
天柱县	8939	1508	1610	1473	1432	1413	1503	5089	1812	1706	1571
锦屏县	6913	1183	1113	1120	1089	1181	1227	4783	1364	1708	1711
剑河县	11706	1864	1770	1751	1829	2233	2259	3247	1264	1090	893
台江县	5008	792	915	750	857	872	822	1934	734	678	522
黎平县	6856	1040	1137	922	1035	1274	1448	6186	2545	2009	1632
榕江县	8732	1288	1239	1530	1546	1597	1532	3837	1456	1197	1184
从江县	7867	1143	1239	1478	1259	1371	1377	4155	1317	1272	1566
雷山县	3496	547	530	534	614	606	665	1266	461	413	392
麻江县	4733	688	596	680	808	905	1056	2701	934	878	889
丹寨县	5816	893	1001	960	935	938	1089	2584	970	930	684
合　计	118609	18061	18835	18778	19328	21764	21843	58904	20895	19963	18046

数据来源：黔东南州教育局。

从教育行政部门的统计数据看，表面上留守儿童总数下降，人数似乎在减少，但深入研究后却发现留守儿童占在校学生人数的比例在上升，规模依然庞大，其原因是黔东南州学生就学人口减少，总量下降。只要父母亲一日仍要外出打工谋生，则农村地区的儿童留守现象将会顽固地始终伴生。个案调查的结果也表明黔东南州在校生中留守儿童比例较高，而且还在增长当中。笔者 2012 年底在黄平县谷陇镇滚水苗寨的田野调查发现，全村五个组268户中就有187户有人外出打工，其中父母均在外面打工有118户；滚水小学现有学生487名，留守儿童就有386人，占学生总数的79.3%。2013年8月笔者再次到这里调查时发现，因为旱情严重，种植的水稻早宣告绝收，农民血本无归，又有20多户一直在家干活的夫妻外出打工去了，留下孩子们独自在家生活。总体来说，留守儿童人数仍在不断增长当中，留守儿童教育问题将在很长的一段时间内继续存在，他们的发展和教育难题仍然是摆在民族地区农村人们面前的一个棘手问题。

让子女留守家乡是农民工迫不得已的选择，越来越多的民族地区农民出于经济目的离家外出使其子女成为留守儿童。打工是民族地区农民对土地产出与务工收入进行对比后的理性选择，是居家与外出之间收益博弈的结果，并非像许多专家那样认为的“剩余”农村劳动的转移。众多农民宁可让家里土地抛荒、抛家弃子也要外出打工，他们非但不是剩余，而且常常是家中的顶梁柱，外出的根本原因是：打工收入要远远高于种地所得。由于少数民族地区地处偏远，土地贫瘠，山高谷深，交通不便，一年辛苦劳作的结果无非是能够勉强糊口；要是遇上年景不好，就连化肥钱都难以收回，更别说投入的劳力和为此所费的心思。农民工外出后，多数也曾考虑将子女带在身边，但生活费用高，上学无着落，城市学校要收费或者是无法升学等原因让他们不得不狠心将孩子留在农村，而自己却要像候鸟一样间歇地在城市和乡村之间停留。

每个留守儿童都是多样性、异质性的个体，留守儿童必然也是多样性的、充满异质性的群体。父母外出打工的直接动因就是为了改善家庭的经济状况，但各家原因也稍有不同，总结起来主要有三类：大部分家庭是为子女以后受教育积累资金，挣到目前在校的生活和教育费用；少部分家庭田地少，有的甚至于分家后基本没有土地，外出打工是其生活来源和唯一出路；还有一部分是为了改善家庭居住环境、提高生活质量，或者是家庭成员常年患病不得不外出寻求生活保障，同时也是为了多见世面。

2. 双亲长时间在省外务工占多数，家庭结构不完整

民族地区农民受教育程度普遍不高，多数人的学历都在初中毕业及以下，有的甚至还是文盲，也难有一技之长。虽然留在本地也有机会谋

职，但多数人都离家远赴外省务工，最主要的原因是入职条件低，收入远高于本地。问卷调查发现，大多数留守儿童的父母都在外省打工（72.0%），仅有少数选择在本县（市、区）或附近地区打工（11.9%），还有16.1%的留守儿童对父母的打工地表示“不知道在哪里”。在本次调查回收的6337份有效问卷中，有3057名学生的家里有父母在外面打工，占样本数的48.2%；家里没有人在外面打工而能与父母共同生活的有3280人，占样本数的51.8%。在3057份有效留守儿童问卷里，父亲和母亲都在外面打工的留守儿童为1768人，比例高达57.8%。有27.5%的留守儿童选择“父亲在外打工”，母亲单独外出打工的家庭的比例（14.7%）明显较父亲单独外出的低（见表2）。这就表明，父母双方一起外出的留守儿童人数最多，以跨省务工为主。

表2　留守儿童父母外出打工类别

你家有谁在外面打工吗？	人数（人）	百分比（%）	累计百分比（%）
父亲和母亲均外出打工	1768	57.8	57.8
父亲外出打工	840	27.5	85.3
母亲外出打工	449	14.7	100.0
合　计	3057	100.0	

在少数民族地区农村，农民工外出务工，无暇亲自照顾子女的生活，传统的由父母双方一起教养子女的双亲抚育模式发生变化，从而造成了事实上的家庭结构不完整，对留守儿童的发展和教育产生直接影响。贫困这一生活现实使得外出打工人员的比例比其他地区还高，收入水平普遍偏低使他们回家的机会也更少。本研究中的留守儿童与父母分离时间在六个月以上才真正称为“留守”。在黔东南的调查结果表明（见表3），留守儿童的父母常在过年时回家（62.3%），与汉族地方的民俗一样，少数民族地区的人们也重视将春节作为全家团聚和走亲访友的重要时机。也有的留守儿童父母回家时间不定（35.4%），其原因可能是春节期间交通费用较平时有些上涨，为了节约开支，于是这些父母有意避开春节回家高峰而另择他日。父母出外打工最基本的时长是一年（62.3%），中途

若非发生重大事件（如亲友故去、孩子升学等），一般不会回家，甚至有的留守儿童父母离家后从没回过家（2.3%），这主要是基于节省交通费用和为家庭积攒更多的财富的考虑。在摆脱家庭贫困的现实目标和进行子女养育的父母天职之间，留守儿童的父母们往往被迫选择了暂时将天职搁置一边而义无反顾地外出打工。父母打工地与家乡的距离无疑会在一定程度上影响父母回家与子女团聚、进行亲子交流的次数。同时，父母与留守儿童分离也使孩子不能与双亲共同生活而使家庭结构发生改变。留守儿童的父母双方或一方外出，使得稳定的由父、母、孩子组成的家庭三角结构出现解体。

表3　留守儿童父母外出务工与返家时间

父母多长时间回家一趟?	人数(人)	百分比（%）	父母什么时候回家?	人数（人）	百分比（%）
六个月至一年	1731	56.6	过　年	1906	62.3
一年到两年	1256	41.1	不固定	1081	35.4
两年以上	70	2.3	从没回来过	70	2.3
合　计	3057	100.0	合　计	3057	100.0

3. 与兄弟姐妹同留守，监护类型多样

少数民族地区虽然也实行计划生育政策，但在具体要求上要宽一些，很多少数民族家庭都生育有几个孩子。在田野调查中，几乎每个留守儿童家中都能见到多个孩子的身影。大多数留守儿童家庭人口在四人以上，常见的都是每个家庭里有两到三个孩子，少数家庭生育的子女数量多达四个。在参加问卷调查的6337名学生中，是独生子女但不是留守儿童的有314人，占非留守儿童样本总数的9.6%；是独生子女又是留守儿童的只有166人，占留守儿童样本总数的5.4%；相比之下，独生子女成为留守儿童的概率要大大低于多子女家庭。从表4中可以看出，94.6%的受访留守儿童都有至少一个兄（弟）姐（妹），他们与兄弟姐妹一起生活，这种与自己的兄弟姐妹共同留守的情况最为普遍。在父母为了生计而外出务工，无暇关心、照顾子女的日子里，靠着手足之情共同生活、相互扶持，共同留守在偏僻的苗侗山乡。

表 4　留守儿童兄弟姐妹数量

你有几个兄弟姐妹？	人数（人）	百分比（%）	累计百分比（%）
没有	166	5.4	5.4
一个	1068	34.9	40.4
二个	939	30.7	71.1
三个	550	18.0	89.1
四个及以上	334	10.9	100.0
合计	3057	100.0	

在黔东南州调查的日子里，常听说有极少数的幸运儿与父母一起搬到了城市并在那儿上学。这些幸运儿通常是一些留守儿童的弟弟妹妹，在与这些留守儿童的交谈中，笔者随时能够感知到被遗弃在家乡的他们对年幼的弟妹的羡慕、嫉妒，乃至于一点点的恨意。年幼的他们中的少数曾短暂进城市去“观光”或在电视里见到灯红酒绿的城市，对城市充满着美好的向往。他们并不知道，追随父母流动到城里生活或就读的他们的兄弟姐妹，专门术语叫“随迁子女”，因为出身和社会经济地位低下，尽管在留守儿童眼中是幸运儿，来到城里却是进农民工子弟学校，被城市主流社会歧视为“外地人”（熊易寒，2010）[70-74]。

留守儿童问题产生的根源是父母外出务工造成亲子分离，父母不能共同与孩子一起生活。在留守儿童成长与发展的关键时期，谁与孩子一起生活？究竟谁在担负起监管孩子的责任？这都会对他们的社会化产生明显的影响。对孩子的成长来说，在家庭中由夫妻共同抚育和照顾儿童是家庭的应有之义。但是，当父母由于某种原因不能由他们自己来共同监护孩子，由夫妻双方中的一方或交由其他人抚育就成为一种迫不得已的选择。不完整的家庭生活与未成年的孩子教育和生活管护之间于是产生了一个变动中的抚育问题，监护问题随之产生。调查发现（见表 5），有 41.7%的留守儿童是由爷爷奶奶抚育和监护；紧跟其后的是母亲的单亲抚育，占 23.6%；再次是由父亲单亲监护，比例有 10.7%；由外公外婆和其他亲戚抚育监护的分别占到 7.6%和 5.1%；与兄弟姐妹一起留守、相互照顾的占5.9%，有5.0%的留守儿童独自一个人生活，处于自我监护状态。另外，还有0.4%的留守儿童借住在邻居和其他人家里。从调查结果中可以看出，在父母都外出的情况下，留守儿童与祖辈的爷爷奶奶或外公外婆生活，接受隔代监护是最主要的模式。在接受笔者访谈的77名留守儿童中，当被问及“你现在和谁住在一起?”的问题时，有36名留守儿童表示自己目前与祖辈一起生活。可见，如果农民夫妻双方都出去打工，绝大多数人都将自己年幼的孩子交给父母抚育和监护。由父亲或母亲留在家里照顾孩子而采取单亲监护形式的留守儿童共有1047人，占总人数的34.2%。

表5 留守儿童监护情况

你现在和谁住在一起?	人数（人）	百分比（%）	累计百分比（%）
爸　爸	326	10.7	10.7
妈　妈	721	23.6	34.2
爷爷奶奶	1275	41.7	76.0
外公外婆	231	7.6	83.5
其他亲戚	155	5.1	88.6
兄弟姐妹	181	5.9	94.5
自己一个人生活	154	5.0	99.5
邻　居	10	0.3	99.9
其他人	4	0.1	100.0
合　计	3057	100.0	

在对留守儿童的访谈和田野调查中进一步发现，笔者所访谈的77名留守儿童中，有25人表示自己目前“与父（母）亲一起生活”，36人与爷爷奶奶或外公外婆生活，与亲戚（舅舅、舅妈）生活的有2人，5人与兄弟姐妹共同生活，9人表示“自己一个人住”。能够在家与父（母）亲共同生活，由父（母）亲亲自照顾的绝大多数都是小学生，特别是小学低年级学生；而自己一人生活的9人无一例外全是初中学生而且多是初中二、三年级学生。在小学阶段，由于孩子自理能力差，父亲或母亲留

在家中照顾孩子的饮食起居和学习相对较多；随着孩子年龄的增长，他们的生活能力和自我管理能力逐年提高，留守儿童的父母趋向于请他人特别是祖辈帮助抚育孩子，于是出现小学生大多由父母亲中的一方监护，而初中生更多地由祖辈监护的情形。也就是说，孩子越是年幼，留守儿童父母越趋向于自己抚养。而一旦孩子逐渐长大，父母需一起外出的时候，留守儿童由祖辈监护的比例逐步提高，爷爷奶奶往往是孩子的第一选择委托监护人，其次是外公外婆，将托付给其他亲戚朋友监护常是出于给留守儿童提供更好的教育和生活条件而不得已的选择。

（二）黔东南州农村留守儿童的生活

父母打工外出，家庭里找不到共享天伦、其乐融融的生活氛围，家中总是缺少一个或两个最熟悉的父母亲的身影，家庭残缺不全，生活孤苦无助，亲情难得抚慰成为摆在留守儿童面前的生活现实。

1. 留守时间一般为一年，对孩子影响大，亲子间主要通过电话联系，沟通频繁

对留守儿童来说，亲子分离无疑是一个极端重要的生活事实，亲子分离的时间长度（即持续留守的时间）、打工地与家乡的空间距离、分离后的亲子沟通方式与频率是影响留守儿童生活的重要维度。表 3 表明有 56.6%的留守儿童与父母连续分离六个月至一年，一年至两年的有 41.1%，2.3%的留守儿童与父母连续分离的时间在两年以上，从来没有和父母联系过。一般说来，民族地区留守儿童与父母分离的时间通常为一年，他们大多在过年时见到父母，和父母团聚。相对于漫长的留守时光，能够与父母共同生活和相处的时间毕竟太短，这十天半个月的快乐新年是他们一年中最幸福的时光，多数人表示“真希望把春节留住”，盼望与父母长期生活在一起。

留守这一生活现实无疑改变了未成年孩子本该与父母共同生活的正常家庭环境，难以面对面、近距离地从父母那里获得必要的支持、帮助和指导，对孩子的生活产生了直接的影响。留守对孩子的影响是每个留守儿童研究者都必须关注且予以讨论的问题，已有的研究大都认为留守

经历给留守儿童的成长带来了负面影响。在本次调查中，当问到“爸爸（妈妈）外出打工特别影响到你的哪方面？”的问题时，有39.6%的留守儿童认为是“心情”，32.1%的人认为是“生活”，13.7%的人认为是“学习”，仅有14.6%的人认为“没有感觉到”有影响（见表6）。可以说，留守家乡使留守儿童没有完整的家庭生活，不能及时得到其他孩子一样的来自大人的关心和帮助，生活受到直接影响，进而影响到他们的心理状况；长期的留守经历对孩子的成长和发展不利。

表6　留守生活对儿童的影响

爸爸（妈妈）外出打工特别影响到你的哪方面？	人数（人）	百分比（%）	累计百分比（%）
学　习	420	13.7	13.7
生　活	981	32.1	45.8
心　情	1210	39.6	85.4
没有感觉到	446	14.6	100.0
合　计	3057	100.0	

亲子沟通是密切分离中的亲子关系，减轻留守这一不利处境对留守儿童的负面影响的一个重要方式。在本次问卷调查中，有71.4%的留守儿童表示“很想念”在外面打工的父母，有23.0%的人表示“有点想念”，仅有5.6%的人表示“不太想念”或“没有感觉到”。基于家庭的贫困现状和能够继续学业的考虑，有12.1%的人仍然希望父母“打工多挣钱”，有31.4%的人渴望父母“打工，但要多联系”，而有56.0%的留守儿童表示最希望“一家人生活在一起”，这充分说明留守儿童对完整的家庭生活与家庭团聚的期待。留守儿童与外出父母进行日常联系的最常见方式就是打电话，特别是手机的普及让他们之间的联系更加频繁。调查还进一步表明（见表7），95.1%的留守儿童是通过电话与父母联系的，通过信件、网络聊天、他人转告或其他方式与父母联系的比例并不高，分别只有0.9%、0.9%和1.3%，但仍有50名（1.6%）留守儿童的父母从未与留守儿童联系。

表 7 留守儿童联系父母的方式

你主要通过什么方式与爸爸、妈妈联系？	人数（人）	百分比（%）	累计百分比（%）
打电话	2908	95.1	95.1
写 信	29	0.9	96.1
上 网	29	0.9	97.0
他人转告或其他方式	41	1.3	98.3
没有联系	50	1.6	100.0
合 计	3057	100.0	

随着农村里移动电话的普及，通过发送手机短信也成为留守儿童与父母日常沟通的重要方式。因为少数民族地区交通不便，农民文化水平低，加之收入很低，电脑价格较高，网络难以普及，一般是在学校、行政单位或网吧里才能上网，所以写信、上网、捎口信等联系方式并不是很普遍。在联系的频率上，表 8 的结果表明，约有 70%的留守儿童与父母的联系频率在一周之内，半个月联系一次的占 14.4%，分别有 6.5%和 6.8%的留守儿童表示父母与他联系的频率为“一个月”和“一个月以上”，仅有 2.5%的父母从未给自己的孩子打过电话。在田野调查时，笔者也经常听见父母打给孩子的电话响起，特别是到了晚上，寄宿制学校的学生宿舍中手机铃声此起彼伏，许多留守儿童都表示父母一般间隔两到三天会与他联系一次，每次通话时间大约在 10 分钟。从以上事实可以看出，虽然父母远在他乡打工，但是与留守儿童主要通过电话进行的亲子沟通依然比较频繁，父母对子女的关爱与想念是与生俱来的。

表 8 留守儿童与父母电话联系的频率

爸爸妈妈一般每隔多长时间给你打一次电话？	人数（人）	百分比（%）	累计百分比（%）
一个星期	2132	69.7	69.7
半个月	440	14.4	84.1
一个月	200	6.5	90.7
一个月以上	209	6.8	97.5

续表

爸爸妈妈一般每隔多长时间给你打一次电话？	人数（人）	百分比（%）	累计百分比（%）
没有打过电话	76	2.5	100.0
合　计	3057	100.0	

电话是密切留守儿童亲子联系的主要方式，他们通话的内容表现出互动的焦点及彼此之间的期望。由于父母亲常在过年时才回家且停留时间不长，因而难得进行深入的交流，部分家长因长年外出而对孩子有深深的负疚感，聚少离多使他们变成了“熟悉的陌生人”，彼此之间面对面的谈话有时甚至变成十分客气的套话，反倒在电话里的交流会更加自然。外出父母与留守儿童电话交流的内容（见表 9），学习自然是摆在第一位的，占 46.5%；第二是孩子的身体发育与健康状况，占 27.3%；第三是安全问题，占 16.8%；孩子的饮食状况与住宿情况也是父母比较关心的（3.2%），而其他家庭成员的身体状况、面临的困难、最近村寨里的各种杂事等也是他们经常交流的话题（6.1%）。在对留守儿童进行访谈时，几乎每个孩子都跟笔者提到，父母每次在电话中都会说上这么一句话：“你要听话，在学校里不要闹事，要尽量读好书，努力学习才有出息，考上大学才有出路。”以上事实说明，父母与留守儿童频繁的电话沟通的焦点是留守儿童的在校学习、健康、食宿、安全等现实问题，特别是对学习的高度关注反映出出门打工就是为孩子挣取足够的教育费用，让他们考上好学校，避免像父母一样的命运的“天下父母心”。在与孩子的通话中，父母限于较低的文化水平和极为薄弱的养育知识基础，很少与子女进行情感沟通和心灵交流，也忽视对孩子心理发展问题的关注。

表 9　留守儿童与父母电话联系的内容

爸爸妈妈给你打电话说得最多的是哪方面？	人数（人）	百分比（%）	累计百分比（%）
学习问题	1423	46.5	46.5
身体问题	834	27.3	73.8
安全问题	514	16.8	90.6

续表

爸爸妈妈给你打电话说得最多的是哪方面?	人数(人)	百分比(%)	累计百分比(%)
饮食、住宿问题	99	3.2	93.9
其他问题	187	6.1	100.0
合　计	3057	100.0	

2. 经济状况、衣着与交通条件较好但饮食照料相对差一些

目前，在黔东南乡村，多数人的温饱问题已经解决，生活已经有了保障，但仅靠务农收入，农民家庭就会仅限于温饱。打工收入虽然在城市稍低，但用于农村已经是比较高的收入。用当地农民工的话说，就是“在家辛苦一年，就只得吃的，让肚子不饿；打工虽然奔波，收入的是现钱，油水比较充足”。在苗乡侗寨里走动，就会发现村寨里盖新房的或者翻新了老房子的，基本都是有人外出打工的人家。国家为改善农村居民居住条件实施的“农村危房改造工程”给新建或翻建住宅的农户每户6000元至1.5万元不等的补助，但除了那些最危险、最困难的一级危房户、五保户和地质灾害危房户能够因全额补助而得到改造资金，其余得到补助的大多是父母均外出打工或有人出外打工的人家。因为危房改造的补助金都需要建房户自筹几万元甚至十几万元修建或翻修房屋后，凭改造好的房屋照片、村委会的证明才可以领取。但留在村里务农的农户很少有人能够拿出这笔数目较大的建房投入，于是配额给村里的危房改造补助金自然就落在这些因外出务工而先富起来的打工人家身上了。同时，由于出外打工，父母经济收入、卫生知识增长不少，村里第一批将竹席围圈、两块木板、一个便桶的“陋、脏、臭、险”旧式厕所改造为水冲式厕所的往往也是打工人家。

父母外出务工在给家庭带来收入的同时，也会在回乡时或者通过邮寄、托人带的方式给家里的孩子送来各式各样的新衣。从发达地区带回的衣物往往也比当地乡场上买到的款式更加新颖、做工更加精细，质量也更好一些，用孩子们的话说就是“比较流行，经穿”，因此留守儿童一般对自己的衣着比较满意。在初中校园里对学生穿鞋的品牌、样式和新

旧的观察也证实这一点。留守儿童穿的鞋基本上都是大超市里购买的品牌运动鞋（如安踏、361°、ERKE、德尔惠、回力等），样式新颖；非留守儿童能够穿上品牌的就相对少一些，大多穿的是农村里干活常见的解放鞋或者是乡场地摊上出售的杂牌运动鞋，样式老套，比较破旧。

乘坐交通工具次数是家庭经济条件的反映，放学和上学能够坐汽车的大多是留守儿童。黔东南州多数乡村已经开通了进村公路，有些虽然过于简陋，但仍有许多私家面包车不畏艰险每周末穿行于村寨和学校之间接初中生上下学，留守儿童坐着这些没有公路营运资质的车辆隐藏着较大的交通安全风险。

父母外出后留守儿童的饮食往往是研究者比较关心的问题。有研究者指出，由于家庭收入水平较高且父母对留守家乡的孩子有亏欠感，平时给孩子的钱较多，留守儿童吃到新鲜蔬菜和荤菜的数量及次数比非留守儿童较多，饮食营养状况整体好于非留守儿童（贾勇宏，2013）[280]。但是，黔东南州的生活水平低下，实施农村义务教育学校学生营养改善计划后，学生能够在校获得营养午餐，寄宿制农村学校学生得到就餐补助，在校学生基本上得到相同标准的饮食。但放学或周末回家的少数民族地区农村学生的饮食和生活照料发生了分化，因为有父母照顾，非留守儿童的就餐时间、食品种类、衣物洗理基本得到保障。由祖辈监护或自我监护的留守儿童则就餐时间和餐饮品类比较随意，属于粗放型的饮食结构，吃剩饭、剩菜或者敷衍了事地吃一顿是常有的事。黔东南州农村里所产菜品有限，大人们又喜欢吃用米酸汤加上白菜或野菜煮成的“酸汤菜”，于是跟着老人生活的留守儿童几乎是十天半个月吃的都是这种煮食简单、营养价值不高的“下饭菜”。小学生自理能力较差，家中的衣物随处堆放，脏衣服不能及时洗净，有时经常将脏衣物放置几天后又重新穿着去上学。笔者在台江县老屯乡岑邦教学点调查时，早晨上课前就看见这些匆匆赶到学校的孩子绝大多数明显地脸都没有洗，有的还穿着厚厚的冬衣，有的已经随着天气变暖换上了薄T恤，有的脚穿高筒雪地靴，有的却趿踏着拖鞋。学校的老师还讲了一个留守儿童的例子：一天上课时有个小孩因为与同学打闹，被人用水龙头淋湿了裤子。因为是冬季，老师见到他在哆嗦。于是让他提前回家去换，可第二天上课前发现他穿的仍是昨天被淋湿的那条，询问后才知道昨天回家后找不到干的裤子换，睡了一晚上后发现，裤子已经在被窝里焐干了。最让人担心的是当孩子生病时，监护人医药卫生知识欠缺或疏忽大意，家中又缺乏决断的人，会直接影响到病情或因急病不能得到及时救治而发生延误治疗以至意外死亡的情况。

由相对富裕的家庭经济条件带来的比较好的住房条件、生活条件，使留守儿童的衣着与上学交通总体情况比非留守儿童要好得多。但由于父母外出不能亲自安排孩子的生活，家庭饮食起居受到影响，留守儿童的生活照料显得不那么令人满意，有的甚至于让人心酸。

3. 有一定独立生活能力，多数人消费比较节俭、理性

许多研究者认为，留守儿童特别是小学高年级和初中阶段的学生具有一定的独立生活能力，已经逐渐成熟、懂事，具备一定的生活自理能力（叶敬忠，潘璐，2008）[22]。父母外出，留守儿童不得不提前成熟起来，学会自己打理个人或者家庭的生活，用他们稚嫩的肩膀挑起生活的重担。少数民族地区的留守儿童也体现出相类似的特征。

留守儿童的父母出门时总是要给家里人留下部分钱以备不时之需，平时也会给自己的孩子零花钱。在父母双方或一方外出的情况下，无疑给孩子对金钱的自由支配提供了机会，对零花钱的使用和管理也反映出他们的消费观念和管理能力。从表 10 可以看出，留守儿童的零花钱相比非留守儿童来说并没有数量上的优势，只是每周花 30 元以上的留守儿童的人数略比非留守儿童的人数多。可见，由于从家庭得到的零花钱数目大致相当，主要需求相同，在零花钱支配所反映出的消费观念和支出额度上，留守儿童与非留守儿童之间并没有区别。

表 10 留守儿童与非留守儿童零花钱数量比较

你每周花多少钱？	留守儿童			非留守儿童		
	人数（人）	百分比（%）	累计百分比（%）	人数（人）	百分比（%）	累计百分比（%）
10 元以下	883	28.9	28.9	1101	33.6	33.6

续表

你每周花多少钱？	留守儿童			非留守儿童		
	人数（人）	百分比（%）	累计百分比（%）	人数（人）	百分比（%）	累计百分比（%）
15—25元	1015	33.2	62.1	1109	33.8	67.4
30—50元	737	24.1	86.2	603	18.3	85.7
50元以上	124	4.1	90.3	120	3.6	89.4
没有算过	298	9.7	100.0	347	10.6	100.0
合　计	3057	100.0		3280	100.0	

从支出项目来看，对正在接受教育的未成年人来说，购买纸、笔等学习用品无疑是他们零花钱支出的大头，本次调查也充分证明了这一点（见表11）。在问卷调查中，留守儿童与非留守儿童在零花钱的用途上没有显著差异，同是接受义务教育阶段的学生，贪玩（买玩具、上网）、好吃（购买零食）是其儿童本性决定的，他们的消费具有高度的相似性，但在具体的花费数目上显示出细微差别。非留守儿童将零花钱用于购买零食的比例稍高于留守儿童，而留守儿童花在购买学习用品和上网的钱要比非留守儿童多，但这两类儿童将零花钱用于购买学习用品的比例都高出排在第二位的“买东西吃”20多个百分点。笔者在调查中进一步发现，留守儿童相对于非留守儿童来说，他们更加了解父母打工的辛苦，能够更加理性地使用零花钱，在访谈中都表示自己用钱比较节省，经常听到他们“先保证上课时有笔用，然后再考虑吃的问题”。当笔者询问他们“希望父母回家时带给什么礼物”时，绝大多数人都说“回来看我是最重要的，并不希望带礼物，不想父母浪费钱财”，这说明留守儿童普遍了解家庭的困难与父母打工的艰辛，对金钱和物质的缺乏有深切的体会，一般会比较妥善安排个人消费，花钱也比较理性，都倾向于将零花钱用在最重要、最急需的物品上。当然，在黔东南的调查中，也发现有的留守儿童零花钱数量大大高于非留守儿童、花钱大手大脚的情况，但毕竟不多。

表 11 留守儿童与非留守儿童每周零花钱用途比较

你花的钱主要用在什么方面？	留守儿童			非留守儿童		
	人数（人）	百分比（%）	累计百分比（%）	人数（人）	百分比（%）	累计百分比（%）
买东西吃	786	25.7	25.7	890	27.1	27.1
买学习用品	1518	49.7	75.4	1580	48.2	75.3
上网	46	1.5	76.9	36	1.1	76.4
买玩具	21	0.7	77.6	25	0.7	77.1
说不清	686	22.4	100.0	751	22.9	100.0
合计	3057	100.0		3280	100.0	

4. 课余生活丰富，但家务负担较重，双亲均外出的多在校寄宿

学生的课余生活时间由两部分构成：一是平时下课后的空闲时间；二是节假日。在问及“放学后，你经常干什么”时，留守儿童与非留守对各选项的排名顺序相同，依次为：做作业、玩、看课外书、干活、看电视、上网，但在具体的课余生活选项上有差异。留守儿童在课后玩、看课外书、上网、干活的比例比非留守儿童高，而非留守儿童做作业、看电视的比例则高于留守儿童（见表 12）。这说明，对正在接受义务教育的儿童来说，其生活世界比较简单，与学校生活直接相关的做作业和看课外书占据了课余生活的大部分时间，玩、看电视、干活和上网只是他们生活中的点缀和补充，这也从另一侧面反映当前农村学生与城市学生一样都面临于学业负担过重的问题。

表 12 留守儿童与非留守儿童课余时间支配比较

放学后，你经常干什么？	留守儿童			非留守儿童		
	人数（人）	百分比（%）	累计百分比（%）	人数（人）	百分比（%）	累计百分比（%）
做作业	1239	40.5	40.5	1386	42.2	42.2
看课外书	555	18.2	58.7	556	16.9	59.2
玩	570	18.6	77.3	585	17.8	77.0

续表

放学后，你经常干什么？	留守儿童			非留守儿童		
	人数（人）	百分比（%）	累计百分比（%）	人数（人）	百分比（%）	累计百分比（%）
上网	73	2.4	79.7	70	2.1	79.1
干活	417	13.6	93.4	415	12.6	91.7
看电视	203	6.6	100.0	268	8.2	100.0
合计	3057	100.0		3280	100.0	

留守儿童与非留守儿童课余时间的活动内容明显与是否得到大人良好监管和保护有关。留守儿童多进行与伙伴闲玩、看课外书等不需直接监控的活动，非留守儿童一般都在家看电视，大人也比较容易进行监管。在少数民族地区，电脑普及率低，绝大多数父母都不会上网，人们利用电脑的机会也不多，上网近似于一种奢侈和难得的生活享受，所以在校学生上网的比较少。在调查结果中，留守儿童上网比例（2.4%）稍高于非留守儿童（2.1%），许多留守儿童的课余时间是在网吧度过的，在问及对留守儿童的典型印象时，许多老师都表达出“他们喜欢上网，有时还经常旷课去上网，晚上还去网吧包夜”的看法。

在田野调查中，农村孩子不管父母在家与否，常常都会从事一些力所能及的家务活动，如扫地、洗碗、洗菜、洗衣；年龄较大的还要帮大人干农活，比如男孩砍柴，女孩打猪菜，农忙季节要插秧、种地、除草、收谷。从表12可以看出，留守儿童干活的比例要比非留守儿童高出一个百分点，在家中的壮年劳力出门的情况下，原本由大人承担的洗衣、挑水、砍柴、打猪菜等劳作自然就落在他们肩上。特别是父母均外出的年龄最大的留守女童俨然就是一个“家长”：她不仅要承担家里的所有餐饮准备工作，还成为全家人的洗衣工、种菜工、会计师，同时也要督促家里所有人的饮食起居，劳动负担可想而知。

是否在校住宿从另一角度反映出留守儿童的生活照料状况。由于在校住宿可以暂时脱离吃饭自己做、作业独立做、睡觉无人陪、孤灯只影的留守生活，留守儿童多数都选择住在学校宿舍里。国家实施农村义务教育学生营养改善计划和寄宿制学校建设工程后，在校学生可以获得国家提供的免费午餐和晚餐生活补助，还能得到国家的在校住宿补助。在校食宿，解决了农村学校交通不便，学生吃饭不易、住宿艰难等困难，少数民族地区农村学校学生全部在校进午餐，下午放学后仍在校食宿的人数大增。在对学生的问卷调查中发现，3057 名留守儿童中在校住宿的有 1989 人，占 65.1%，3280 名非留守儿童中在校住宿的有 1835 人，占 55.9%，留守儿童总体比非留守儿童的住宿率高（见表 13)。在黔东南的调查中，笔者发现，除非在学校附近住，或与临时监护人租房住，初中阶段留守儿童大都住校。为了解各类留守儿童的具体在校住宿情况，笔者还进行了父母外出打工情况与留守儿童的住宿选择交互分析。表 14 表明，父母均外出打工的在校住宿最多，占总数的 38.7%，其次是父亲一人外出打工的，占 18.2%，母亲一人外出打工的在校住宿最少，只有 8.1%。对之进行的卡方检验发现，留守儿童是否在校住宿与家庭里父母的外出打工情况存在显著正相关，即父母外出打工类型直接影响到留守儿童的住宿选择。父母都外出的留守儿童住宿最多，可能是他们对获得有效监护的愿望特别迫切，或者是父母要求他们必须住宿以得到学校的直接监护，让学校间接承担起父母都外出后出现的监护真空。有研究者指出，“在校住宿实际上是留守儿童家庭监护职责在学校的一种延伸，或者说是一种转嫁”（贾勇宏，2013）[122]。

表 13　留守儿童与非留守儿童在校住宿比较

你在校住宿吗？	留守儿童			非留守儿童		
	人数（人）	百分比（%）	累计百分比（%）	人数（人）	百分比（%）	累计百分比（%）
是	1989	65.1	65.1	1835	55.9	55.9
不　是	1068	34.9	100.0	1445	44.1	100.0
合　计	3057	100.0		3280	100.0	

表14 留守儿童双亲外出打工情形与住宿选择交互相关统计表

是否在校住宿	父母外出打工情形						合计
	父母均外出打工		父亲外出打工		母亲外出打工		
	人数（人）	百分比（%）	人数（人）	百分比（%）	人数（人）	百分比（%）	
在校住宿	1184	38.7	556	18.2	249	8.1	1989
不在校住宿	584	19.1	284	9.3	200	6.5	1068
合　计	1768	57.8	840	27.5	449	14.7	3057
$x^2=21.522$　$df=2$　$p=0.00<0.01$							

5. 与父母共同生活的愿望强烈，平静对待留守生活，渴望得到母亲监护

留守儿童大多自小就看着父母在家里与打工地之间来来往往，也看见父母打工给家庭带来的变化，对自己稍有残缺的家庭生活也有深切感受。但是，贫困的家庭生活让孩子们更加平实地看待父母的外出与自己的留守，他们知道，这也是一种迫不得已的选择。

每个人都会满怀梦想，对家庭充满期待。留守儿童对父母的打工决策怎样看待，他们对家庭生活又有着怎样的理想？前文提到，父母外出打工对孩子的心情影响最大，他们对待父母外出打工的态度是影响他们心情的一个重要方面。从表15可以看出，56.0%的留守儿童希望“一家人生活在一起”，19.3%的人希望父母“打工，但要多联系”，12.1%的人认为父母应该“打工多挣钱”，还有12.6%的人表示“说不清”。单纯从个人内心愿望上说，大部分留守儿童希望父母与自己一起在家乡生活，但少数民族地区更加恶劣的生活环境、更加贫穷的家庭现实使他们认识到，打工是一条改善家庭处境、提高经济收入的现实途径，孩子们对父母外出行为是理解的，也支持父母不得已让自己留守家乡的做法。父母外出后，家庭的冷清、生活的无助与过年时全家欢聚一堂的热闹形成了剧烈的反差，他们渴望父母能尽快回来，对圆满的家庭生活也有着美好的理想，也自知这只是美好的愿望。

表 15 留守儿童对父母的生活愿望

你最希望爸爸妈妈做什么？	人数（人）	百分比（%）	累计百分比（%）
打工多挣钱	370	12.1	12.1
打工，但要多联系	591	19.3	31.4
一家人生活在一起	1711	56.0	87.4
说不清	385	12.6	100.0
合　计	3057	100.0	

父母不得不外出谋生以改变家庭生活贫困面貌的现实需求，父母不可能与自己一起待在农村的生活事实，让留守儿童萌生出一种新的想法：与父母共同流动到打工地生活、求学。调查发现，父母如果在外从事专业性较强的工作，收入比较高且有便利的交通和入学条件，则想方设法将子女带到打工地与他们一起生活，彼此之间相互照应。在接受问卷调查的人中，有 26.5%的人表示愿意与父母一起到打工地去求学；29.4%的人认为父母收入不高，不具备一起外出的条件，无法成行；30.8%的人表示“不愿意”去；19.3%的人表示在哪里都一样，不想增加父母的负担（见表 16）。另外，留守儿童的父母大多在广东、福建、浙江、江苏等沿海地区打工，与家庭的距离远，父母来回的经济成本高，一般都是一年左右才返乡一次，因此留守儿童与父母团聚的愿望特别强烈。可能是因为考虑到家境困难，父母挣钱不易，经济条件不好，不可能与父母一起到沿海地区生活，因而问卷调查结果中表示期待与父母共同在打工地生活的比例没有预想中那么高。参加平寨九年制学校留守儿童座谈会的留守儿童中有一小部分是曾经与父母流动的所谓“回流儿童”，有位同学说：“我也羡慕能够长期与父母在一起的同学，但我爸妈是在东莞的一个毛纺厂工作，工资不高且经常加班，货多的时候连吃饭的时间都没有，我也没有得到他们的什么照看。我读的学校有 2000 多人，人数多，一个学年收费 6000 元左右。因为是民办学校，于是有很多老师在期末时给每个人都打比较高的分数，为的是留住学生，但是教学质量并不高。因为在那边不习惯，又怕继续浪费父母的钱，于是又回到这边来上学。”

表16 留守儿童对进城与父母生活的愿望

你愿意到爸爸或妈妈打工的地方和他们一起生活吗？	人数（人）	百分比（%）	累计百分比（%）
愿 意	809	26.5	26.5
没有条件，去不了	898	29.4	55.9
不愿意	942	30.8	86.7
无所谓	408	13.3	100.0
合 计	3057	100.0	

留守儿童的父母因为经济原因与子女分离，也常将自己留守家乡的孩子与亲友或村寨中父母都在家的孩子做对比，心中感到深深的无奈和心酸。他们也能体会到孩子的孤单、无助与寂寞，也想与孩子共享天伦之乐，孩子们的期盼也是他们心中真实的想法。但现实总要把美好的愿望化为泡影，只要可能，他们也会选择一种比较理想的方式来拯救孩子和家庭，比如等到家庭经济条件稍有改善，他们一般也会安排夫妻中的一人留在家里陪孩子。在问卷调查中，当留守儿童在回答"如果父母中的一人必须去打工，你希望谁留在家里和你在一起？"这个问题时，高达64.3%的人选择了母亲，12.7%的人希望与父亲留守，23.0%的人表示"无所谓"（见表17）。这说明，由于母亲具有天然的母爱，在对孩子的照料中更加细心、耐心，在对孩子的教育和管理上也更加负责和主动。同时，少数民族妇女受教育程度和汉语水平一般不高，男性农民工在人力资本和社会网络中比女性更有优势，男性通常会比女性获得更高的工资水平。因此，不论是从心理需求上考虑，还是从经济因素上考虑，留守儿童认为如果父母中有一人能够与自己在家中生活的话，他们希望与母亲共守家乡。

表17 留守儿童对父（母）外出打工的选择

如果父母中的一人必须去打工，你希望谁留在家里和你在一起？	人数（人）	百分比（%）	累计百分比（%）
父 亲	387	12.7	12.7

续表

如果父母中的一人必须去打工，你希望谁留在家里和你在一起？	人数（人）	百分比（%）	累计百分比（%）
母　亲	1966	64.3	77.0
无所谓	704	23.0	100.0
合　计	3057	100.0	

农村的父母外出务工直接导致了留守儿童问题的产生，外出的父母无法给予成长中的孩子以更加有效的监护。父母在家与出去务工将留守儿童的生活撕裂成为两个天壤之别的世界：在父母与他们一起生活的日子，他们是完整的人、快活的人、充实的人、安全的人；而在父母离开的日子，孩子们立马发现自己变成了被遗弃的人、多余的人、苦命的人、孤独的人，思念的想法时刻折磨着他们，与父母共同生活的向往充斥着他们的头脑。对父母来说，他们也深爱着自己的子女，不是他们狠心，而是他们很无奈；不是他们愿意出门，而是他们不能不远行；不是他们不用心去照顾，而是有心无力。虽然是苦日子，但生活还将继续。

（三）黔东南州农村留守儿童的教育

留守儿童是因缺乏父母有效监护出现了生活和学习问题首先被媒体关注进而走进研究者视野的，其中留守儿童在父母离家打工后的学习状况是研究者重点关注的内容之一。不利的生活和教育处境加剧了留守儿童所存在问题的严重性。几乎所有的父母都表示希望自己的外出打工能够为孩子提供更好的上学机会，使其能够接受到更好更高层次的教育，不曾想正是自己外出出现的管护缺陷而影响到孩子的学习、生活。教育是学习的种概念，学习是教育的基础，教育是从学习中分离出来由国家、社会及教育者引导和规范的学习，教育首先是一种学习（郝文武，2006）[163—166]。因此，留守儿童教育状况可以从对留守儿童学习的研究中勾画出来的。

1. 怀有通过教育改变命运，走出农村的学习目的

与非留守儿童相比，留守儿童的家庭不完整，在生活中他们体味了

更多的艰辛，对不能与父母亲共同生活的日子具有更加深刻的体会，这也在某种程度上坚定了他们通过教育改变命运的信心和决心。每个人受教育时都各怀自己的学习目的，而为了避免文字表述可能造成的理解障碍，笔者在设计问卷时使用了最通俗的“读书”，以代替“学习”。对少数民族地区乡村学校的孩子来说，大山的重重阻隔，“读书—上大学—工作”无疑是最有效的冲破这种限制的办法。正如表 18 的调查结果所表明的那样，不论是留守儿童还是非留守儿童，多数乡村学童的学习目的都是“考大学”，分别达到 74.7％和 75.0％。考大学是农村学生显性的学习目的，上大学的终极目标是通过大学实现离开乡村到城市工作。还有 8.4％的留守儿童和 8.2％的非留守儿童认为自己的学习是为了父母，是为父母争光，让父母过上好生活。可以看出，他们的学习目的是现实而具体的，他们希望通过认真学习，努力拼搏，找个好工作以减轻父母负担。让人感动的是，在黔东南的田野调查中，几乎每个留守儿童都有明确而美好的职业理想，都对目前父母的辛苦打工怀着一种负疚感，觉得因为家里穷，自己又要上学，家长自然不能与自己一起生活而背井离乡外出打工；他们在确立自己学习目的的同时也满怀对父母亲人的感恩和改变家庭窘境的责任感，多数人乐观地向笔者说明自己要努力赚钱来回报父母。

表 18　留守儿童与非留守儿童学习目的对比

你到学校读书的主要目的是什么？	留守儿童			非留守儿童		
	人数（人）	百分比（％）	累计百分比（％）	人数（人）	百分比（％）	累计百分比（％）
考大学	2284	74.7	74.7	2459	75.0	75.0
打　工	91	3.0	77.7	130	4.0	78.9
为了父母	257	8.4	86.1	270	8.2	87.2
不知道	210	6.9	93.0	206	6.3	93.4
其　他	215	7.0	100.0	215	6.6	100.0
合　计	3057	100.0		3280	100.0	

从表19可以看出，在对教育价值的看法上，98.5%的留守儿童和98.2%的非留守儿童认为读书“非常有用”或“有用”，这充分说明绝大多数农村孩子都充分意识到教育对个人成长与发展的意义和价值，并非“读书无用”。在对待到学校接受教育的目的上，留守儿童和非留守儿童的选择结果非常相似，都对教育的工具价值认识比较清晰，表达了他们急欲通过教育改变家庭和个人命运，改变自己目前不理想的生活现状的愿望。

表19　留守儿童与非留守儿童对教育的认识对比

你认为读书有用吗？	留守儿童			非留守儿童		
	人数（人）	百分比（%）	累计百分比（%）	人数（人）	百分比（%）	累计百分比（%）
非常有用	1936	63.3	63.3	2181	66.5	66.5
有　用	1074	35.1	98.5	1039	31.7	98.2
没有用	31	1.0	99.5	36	1.1	99.3
完全没有用	16	0.5	100.0	24	0.7	100.0
合　计	3057	100.0		3280	100.0	

城乡之间巨大的经济、收入、生活条件、发展机会等的差异无一不是留守儿童父母涌向城市的推动力量。打工回来的父母言谈举止中对城市生活的憧憬和向往，电视、网络、报纸等媒体对城市生活环境淋漓尽致的展示，无疑已经使城市对自小僻居山乡的儿童具有天然的吸引力。外出打工的父母也常常与孩子们提起在城里务工的艰难、挣钱的不易以及所受到的种种横亘在城乡之间的隔阂和鸿沟，于是留守家乡的孩子们心中便产生一个念头：到城里看看，然后回来努力读书，以后到城里去生活。在对读书目的的选择中，留守儿童选择“打工”的比例是3.0%，非留守儿童则是4.0%，二者之间有一个百分点的差距（见表18），这可以从留守儿童更能体会打工的艰辛和更加能够领会读书的好处中得到解释。

2. 留守生活对学习态度有一定影响

留守儿童对学习的情感主要从他们是否喜欢学习上体现出来。从表

20 来看，在 3057 名接受问卷调查的留守儿童当中，有 942 名“非常喜欢”读书，1710 名“喜欢”读书，二者所占的比例（86.8%）要远远高于对学习持消极态度或不置可否的学生，这表明留守儿童对接受教育的认同度较高，学习态度比较端正，大多对学习都比较积极，在学校里也表现得积极上进。但有 3.2%的留守儿童表示“不喜欢”学习，高于非留守儿童的 2.9%，这表明留守这一生活状况对部分学生的学习态度产生了消极影响。

表 20　留守儿童与非留守儿童学习态度对比

你喜欢读书吗？	留守儿童			非留守儿童		
	人数（人）	百分比（%）	累计百分比（%）	人数（人）	百分比（%）	累计百分比（%）
非常喜欢	942	30.8	30.8	1038	31.6	31.6
喜　欢	1710	55.9	86.8	1771	54.0	85.6
不喜欢	99	3.2	90.0	96	2.9	88.6
很不喜欢	33	1.1	91.1	35	1.1	89.6
说不清	273	8.9	100.0	340	10.4	100.0
合　计	3057	100.0		3280	100.0	

前文曾提到绝大多数留守儿童认为读书“非常有用”或“有用”，都充分意识到学习对改变个人命运的价值，这说明留守儿童对学习的认知是到位的，真正认识到学习的作用，他们的学习态度是积极向上的。学习态度含有行为意向成分，这与指向目标的预期行为有关，学习态度的意向因素可以通过学习者的自我学习目的及要求体现出来。在回答“你对自己学习的要求是什么？”的问题时（见表 21），留守儿童中有 29.7%的人对自己学习的要求是“力争优秀”，64.1%的人表示要在学习中“尽力学好”，3.3%的人在学习中“得过且过”，2.9%的人对学习持消极的态度“不得不学”。在对自己学习的积极的较高要求（力争优秀和尽力学好）上，留守儿童的累积百分比为 93.9%，略低于非留守儿童的 94.4%；而在对学习报以顺其自然或厌学态度的合计比例是 6.2%，高出非留守儿

童对自我学习态度选择“得过且过”、“不想学，又不得不学”的合计比例5.6%。这表明在对自我学习的期待值及所欲取得的成绩方面，留守儿童对自己的学习要求不如非留守儿童高，留守儿童在学习兴趣和学习动机上与非留守儿童略有差距。

表21 留守儿童与非留守儿童的自我学习要求对比

你对自己学习的要求是什么?	留守儿童			非留守儿童		
	人数（人）	百分比（%）	累计百分比（%）	人数（人）	百分比（%）	累计百分比（%）
力争优秀	909	29.7	29.7	1042	31.8	31.8
尽力学好	1960	64.1	93.9	2053	62.6	94.4
得过且过	100	3.3	97.1	106	3.2	97.6
不想学，又不得不学	88	2.9	100.0	79	2.4	100.0
合　计	3057	100.0		3280	100.0	

在田野调查中常看到部分学生都是在上课铃声响过后才匆匆忙忙地赶到学校，甚至于个别学生在铃响后仍不慌不忙地在校外溜达或假装上厕所而逃课。在对教师访谈时了解到，迟到的或者逃课的学生中，留守儿童占了绝大多数，做作业也不认真。部分留守儿童由于不在校寄宿，早晨无人催促或在路上玩耍忘记上课时间从而造成上学迟到。由于撤点并校的影响，有的小学生上学要走三四公里的山路或田间的泥路，路不好走，路程较远，上学迟到便难以避免；有的初中生觉得寄宿受管制，不如回家比较逍遥自在而选择走读，睡过头而迟到的也不在少数。总体来说，虽然留守儿童缺乏父母共同监护，但他们与同龄孩子一样都渴求知识，多数孩子学习比较刻苦，也懂得遵守学校纪律。在问及他们对上课迟到的感受时，留守儿童中34.1%的人表示“很难过”，59.4%的人“感到不好意思”，仅6.5%的人表示“无所谓”，对自己的迟到行为采取漫不经心的态度（见表22）。

表 22 留守儿童与非留守儿童对上课迟到的态度对比

上课迟到了，你的感觉是	留守儿童			非留守儿童		
	人数（人）	百分比（%）	累计百分比（%）	人数（人）	百分比（%）	累计百分比（%）
很难过	1042	34.1	34.1	1054	32.1	32.1
感到不好意思	1817	59.4	93.5	2016	61.5	93.6
无所谓	198	6.5	100.0	210	6.4	100.0
合　计	3057	100.0		3280	100.0	

以上的调查结果表明，总体上留守儿童对待迟到的态度与非留守儿童并没有显著差异，但二者在日常教育生活中的表现还是有一点区别，即少数留守儿童对自己迟到满不在乎，放松了对自己的纪律要求。对他们在学校的表现，教师应该是最有发言权的，对学生的学习态度也最为了解。调查中就有不少教师反映，学校里经常迟到、早退、旷课的，调皮捣蛋、打架斗殴比较严重的，留守儿童要占到很大的比例，特别是偷盗、厌学、撒谎的比较多。

3. 学习缺乏指导，成绩有所下降

父母对子女学习进行指导和督促非常重要，但调查发现（见表 23），在留守儿童做作业或温习功课时，高达 42.6%的人没有得到任何指导，仅 17.3%的人得到父亲或母亲一方的指导，有 14.2%的人得到父母外的家庭成员的指导，还有 25.9%的人得到老师的指导。

表 23 留守儿童的学习指导情况

你做作业或温习功课时，得到谁的指导？	人数（人）	百分比（%）	累计百分比（%）
爸　爸	310	10.1	10.1
妈　妈	219	7.2	17.3
父母外的家庭成员	435	14.2	31.5
老　师	791	25.9	57.4
没有人	1302	42.6	100.0
合　计	3057	100.0	

在进一步的研究中发现，能够得到父母指导的“幸运儿”除去少数是与父亲或母亲生活的外，大多是“远程教育”（指由父亲或母亲在电话里提示或督促的教育），亲子沟通的时间和内容极其有限；得到老师指导做作业或辅导功课的主要是寄宿学生，由于农村学校担心学生出现事故，于是常常在晚间都组织学生上自习并规定老师必须到现场指导，如果是走读的学生，得到老师指导的机会很少；那部分认为自己得到父母外家庭成员指导的学生，其所说的“指导”不外乎就是祖辈或哥哥姐姐经常问到“作业做完没有”、“快做完作业好吃饭”、“不懂了就说出来”等。前文提到（见表5），在父母都外出的情况下，留守儿童大多是隔代监护，老人们都是在无奈中接受了这个任务，教育对他们显然是力不从心：“隔代教育只是作为外出父母的一个良好的愿望而存在着，生活照顾勉强为之，太多的老人根本负担不起教育这副重担。”（阮梅，2007）可以说，不可能得到指导或者指导的质量不高，使留守儿童的学习受到不同程度的影响。在对他们及其亲人的田野调查中也了解到，由于少数民族地区村民的文化程度普遍低下，多数根本不懂义务教育阶段的教材内容，特别是英语无异于天书，给孩子辅导功课或作业在他们眼里是最困难的监护任务，留守儿童也不得不坦然面对没有人辅导自己学习的现实。

留守儿童父母外出打工对他们的成绩产生了消极影响，引起留守儿童学习成绩下降。从表24可以明显看出，有10.2%的留守儿童认为父母外出对自己的学习成绩“影响很大”，42.2%的人认为“有一些影响”；同时有23.5%的人认为“影响不大”，24.1%的人认为“没有影响”。通过对留守儿童和非留守儿童对学习成绩进行自我评价的调查发现（见表25），留守儿童与非留守儿童的学习成绩呈现出一定的差异。2.6%的留守儿童学习成绩为上等，而非留守儿童的比例则为3.3%；在中等或中上等成绩的学生中，留守儿童和非留守儿童的差距还要大一些，前者有59.6%的人属于这一成绩档，而后者则有62.0%的人属于这一成绩档；在学习成绩属于下等的学生中，留守儿童的比例要比非留守儿童的比例高，前者为10.5%，而后者只有8.4%。

表 24　父母外出对留守儿童学习成绩的影响

爸爸妈妈去外面打工对你的学习成绩有影响吗？	人数（人）	百分比（%）	累计百分比（%）
影响很大	311	10.2	10.2
有一些影响	1289	42.2	52.3
影响不大	719	23.5	75.9
没有影响	738	24.1	100.0
合　计	3057	100.0	

表 25　留守儿童与非留守儿童对自我学习成绩的评价

你的学习成绩如何？	留守儿童			非留守儿童		
	人数（人）	百分比（%）	累计百分比（%）	人数（人）	百分比（%）	累计百分比（%）
上　等	79	2.6	2.6	107	3.3	3.3
中上等	541	17.7	20.3	615	18.8	22.0
中　等	1280	41.9	62.2	1418	43.2	65.2
中下等	589	19.3	81.4	632	19.3	84.5
下　等	321	10.5	91.9	274	8.4	92.9
不知道	247	8.1	100.0	234	7.1	100.0
合　计	3057	100.0		3280	100.0	

在留守儿童与非留守儿童的作业情况对比中（见表 26），在问及“你每天的作业情况怎样”时，52.0%的留守儿童表示“按时完成”，这一比例比非留守儿童按时完成作业的比例（54.9%）要低；而表示“有时不完成”、“不会做”、“从来不交”作业的留守儿童的比例分别为 42.0%、2.6%、0.7%，这些比例都要高于非留守儿童的 40.0%、2.0%和 0.5%。这一调查结果说明留守儿童对待作业的态度与完成作业的质量相对于非留守儿童来说要差一些。

表 26　留守儿童与非留守儿童作业情况对比

你每天的作业情况怎样？	留守儿童			非留守儿童		
	人数（人）	百分比（%）	累计百分比（%）	人数（人）	百分比（%）	累计百分比（%）
按时完成	1589	52.0	52.0	1800	54.9	54.9
有时不完成	1285	42.0	94.0	1312	40.0	94.9
不想做	84	2.7	96.8	87	2.7	97.5
不会做	78	2.6	99.3	64	2.0	99.5
从来不交	21	0.7	100.0	17	0.5	100.0
合　计	3057	100.0		3280	100.0	

基于以上调查结果，我们有理由认为，留守儿童由于不能得到父母的有效指导和及时督促，学习成绩及其作业表现都不如父母都在家的非留守儿童。父母外出打工对留守儿童的家庭教育造成不同程度的影响，亲子分离对留守儿童的学业表现产生了一定的消极影响，使其学习成绩呈现出下降的趋势。

（四）黔东南州农村留守儿童的心理状况

父母双方或一方外出打工，改变了由父母与孩子共同生活的家庭环境，这种家庭生活结构的变化必然会明显地影响到孩子的生活，进而也会对孩子的心理发展产生潜移默化的影响。为了探索父母外出务工所引起的留守儿童性格和心理的变化情况，本研究尝试性地在问卷中设计了一些问题以对留守儿童与非留守儿童对家庭及学校生活的感受所反映的心理状况进行比较（见表 27），最终发现留守儿童对家庭、亲情、学校、个人情感及人际关系与非留守儿童存在一定的差异，二者的心理健康与人格发展状况有些差别。

表 27 留守儿童与非留守儿童心理状况对比

问 题	留守儿童（%）	非留守儿童（%）
我的父母很爱我	92.2	90.8
我的家庭生活比较好	30.3	36.0
我觉得学习是一件快乐的事	77.6	75.5
我对学校生活感到满意	67.2	66.6
老师很关心我的学习和生活	64.5	62.5
我和同学们的关系很好	69.8	66.8
我的心情经常不好	36.7	31.2
我要好好学习以报答父母的养育之恩	91.0	89.3
我是一个讨人喜欢的人	63.2	65.0
我相信自己会成功	77.1	74.8

1. 对家庭变化敏感，渴望亲情关怀

在留守儿童的家庭生活中，父母通过直接的言传身教来向他们传授各种社会经验和行动准则已经失去了时间和空间；家庭中与双亲频繁的交流沟通或者仿效父母的行为方式已无法进行；每天放学回来能够从父亲那里得到及时的鼓励、支持和赞许，向母亲直接倾诉不安和烦恼以得到心理慰藉已没有可能；家庭中浓浓的亲子情义与可口饭菜已经被安静得甚至于让人略感惊惧的冷清所取代；房前屋后已经长满了野草，几天不回家，家里的各种物品已经生起了霉菌……对这一切，留守儿童看在眼里，急在心里，看到别人家庭欢乐的场面，心里唯有羡慕、嫉妒、恨，一种对命运不公、自己命苦的感叹油然而生，于是感到自己低人一等，痛恨父母和自己，心中充满了失落，渐渐地演变成心理失衡。到了周末，不少学校的校园里仍没有失去平日的热闹，依旧看到不少学生进食堂吃饭，到操场上打球，老师们告诉我，这些基本上都是留守儿童。表 28 的调查结果显示，留守儿童对学校生活、学习、对老师在教学和生活中投入的精力的满意程度比非留守儿童高，对同学之间的关系的感受也比其他学生好。由于不能拥有完整的家庭生活，离散中的家庭不能为他们提供良好的食物、干净的衣服和安全温暖的住所，不能得到家庭的教育鼓励，暂时失去了家庭的安全呵护，他们的这些物质需要和心理需求在学校里获得了一定程度的补偿，因此产生了对学校生活进一步的认同感和归属感——将对家庭生活的渴求移情于学校，在与同学和教师的交往中获得心灵慰藉。

从表28可以看出，留守家乡的他们中的部分人是快乐的，占到了45.0%的比例——童年中的他们本来就应该拥有快乐，享受快乐。双亲或是单亲的离去虽说日子辛苦，但自己也要学会苦中寻乐，他们给出的解释是："我要自己变得快乐起来，要不然父母会担心"，"父母去打工，家里生活好了，我的玩具比其他小朋友多"，"爸爸出去打工了，我要让家里充满笑声，为了让妈妈开心高兴"等等。对少数民族地区留守儿童来说，他们对家乡的贫困及家庭生活的艰辛有深切的感知，对在父母及周围人们出去打工后给家庭及村落面貌带来的立竿见影的效果深有感触，绝大多数人都能理解父母的打工行为和离家的选择，知道只有父母出去打工挣钱，才能让他们上好学，才能改变家里的经济条件，也能够深深领会父母的苦心，体味生活的艰辛。然而，在表28中，也是近35%的留守儿童表示自己"不快乐"或"很不快乐"，这充分说明不能与父母共同生活，不能从父母那里及时得到安慰和关心已经影响到他们的心情。

表28　留守儿童对快乐的感受

你感到开心快乐吗？	人数（人）	百分比（%）	累计百分比（%）
非常快乐	274	9.0	9.0
快　乐	1103	36.1	45.0
不快乐	896	29.3	74.4
很不快乐	147	4.8	79.2
说不清	637	20.8	100.0
合　计	3057	100.0	

留守儿童不能与父母长期共同生活，难以从父母那里每天迎来嘘寒问暖，也不可能在周末或者晚间全家人欢聚一堂，电话里的问候和交谈也因分离时间久而不再那样的亲切难舍。留守儿童不能同时得到父母的直接教导，只有将之转为对亲人的思念，特别渴望得到亲人的关怀和浓浓情义，希望父母能够满足自己的情感需求。更何况对这些与父母分离

而留守家乡的儿童来说，思念是一种自然的、正常不过的真情流露，在对父母的思念中也可暂时缓解一下自己的孤寂。表 29 的统计表明，少数民族地区的留守儿童大都特别想念在外打工的父母，了解父母对自己的爱，也理解父母的打工行为，能够权衡父母外出务工对家庭及自身的利弊。仅少数人表示"不太想念"或"没有感觉到"，对父母的思念之情比较淡漠，说明亲子间的情感沟通会受到时空距离的明显影响，正如有学者指出，"父母与留守儿童的情感交流较少，势必会影响到他们之间的亲密关系"（江立华，等，2013）[143]。

表 29 留守儿童对父母的想念程度

你想念在外面打工的父母吗？	人数（人）	百分比（%）	累计百分比（%）
很想念	2183	71.4	71.4
有点想念	703	23.0	94.4
不太想念	91	3.0	97.4
没有感觉到	80	2.6	100.0
合 计	3057	100.0	

2. 生活兴趣下降，内心孤独

留守儿童生活兴趣下降主要表现为自责、孤僻、沮丧、遗弃感。有的留守儿童缺乏对家庭经济环境和家庭长远利益的深入认识，自认为是由于父母为了他上学而出门打工，是自己的原因造成目前家庭的亲子分离状态，于是出现责怪自己无能、责怪家庭出身的情况；特别是考虑到父母外出打工挣钱养家的不易，他们希望自己用好的学习成绩来回报父母，一旦学习成绩欠佳，他们更多是从自身寻找原因而陷入自责之中。有的留守儿童不愿与人相处而宁愿每天生活在自己的小天地里，不愿与人交流而宁愿独处，在教室里几乎是个"木头人"，经常不跟人说话，就是老师提问也往往是不作声或是直接以"不知道"应付，日趋变得内向。因为生活中缺少父母的支持和指导，不少留守儿童常常怀疑自己的能力，往往将过失或失败归咎于自己，在生活中也常常情绪低落，悲观失望。在访谈中，少数风华正茂的女孩却发出"生活没有什么意思，死了算了”、“生活真苦，死了是一种解脱”的感叹，她们对自己目前及以后的生活充满了不安全感和不确定感，感到心理的空虚和对未来的迷茫。极少数留守儿童父母出门多年却从未回家，他们对父母的印象已经模糊或者只停留在几张相片，特别是那些从幼年起就一直与祖辈生活而与父母极少谋面的留守儿童在心里已经萌生“他们不再要我了”的被遗弃感，对自己在父母心中的地位、父母对自己的感情产生怀疑，对自己活着的价值甚至于有点绝望，对生活的信心和兴趣自然也就降低了。

对家庭变化中的环境比较敏感，对自己的生活缺乏安全感，留守儿童的孤独感要比非留守儿童强烈、持久。调查中，多数留守儿童会感到孤独，其中觉得自己“非常孤独”的占8.2%，“孤独”的占17.3%，“有时感到孤独”的占56.4%，而“没有感觉到孤独”的只有18.2%（见表30），这说明家庭成员的缺席、父母在孩子生活中的缺位和亲情交流的缺失，会造成留守儿童的孤独感上升。在访谈中，几乎每个孩子都对笔者提到自己感到比较孤单，自然地流露出对能够与父母共同生活的同学的羡慕，觉得“父母不在身边（或只有父亲或母亲一人与之生活），每当看到别人父母生活在孩子身边，有时忍不住就悲伤起来而悄悄哭泣”，“他们比我得到了更多父爱母爱，而我却没有这种家庭温暖，觉得自己很惨，心情不太好，感到心中比较空虚、难过、孤独”。

表 30 留守儿童的孤独感

你一个人做作业时，感到孤独吗？	人数（人）	百分比（%）	累计百分比（%）
非常孤独	250	8.2	8.2
孤　独	528	17.3	25.4
有时感到孤独	1723	56.4	81.8
没有感觉到孤独	556	18.2	100.0
合　计	3057	100.0	

留守儿童虽然有比较强烈的孤独感，但却不愿向别人吐露自己的心事，就是自己的父母也是如此。表31的问卷调查数据显示，只有23.8%的留守儿童会主动向父母讲自己的心里话并积极寻求父母的帮助，而

41.2%的人会在不经意间向父母讲述自己的心事，21.2%的人不愿意跟父母说，13.8%的人“觉得不好意思讲”。由此可见，“父母外出务工这个特殊的家庭环境以及儿童和父母之间的特殊地理、心理关系限制了留守儿童与父母的情感沟通”（叶敬忠，潘璐，2008）[155]。这一方面是由于分离影响了联系的频度和深度，另一方面是儿童心里也不想给在外辛苦打工挣钱的父母增加心理负担，让他们在工作中还经常为自己的事情牵肠挂肚。心中烦闷却不肯向父母宣泄，他们只有将孤独倾注于自己私密的日记中或者是向自认为可以信任的人倾诉。

表 31 留守儿童向父母倾诉心事的情况

爸爸妈妈不在身边，你会主动把你的心事给他们讲吗？	人数（人）	百分比（%）	累计百分比（%）
会	728	23.8	23.8
不 会	649	21.2	45.0
觉得不好意思讲	422	13.8	58.8
有时讲，有时不讲	1258	41.2	100.0
合 计	3057	100.0	

3. 心理压力增加而性格变化明显

表 27 的调查结果显示，92.2%的留守儿童认为“我的父母很爱我”，他们对父母努力改变家庭现状的苦心深有体会，也知道父母打工的辛苦和求生的压力，父母对孩子成长的家庭生活责任心也常常为他们所理解。父母基于家庭现实的考虑而选择外出打工，根本原因在于家庭贫困。从一般意义上说，一个处于贫困状态的家庭，没有钱会影响家庭生活的质量，正所谓“贫贱夫妻百事哀”：没有钱—缺吃少穿—出门也没有新衣裳—暗恨和埋怨—夫妻争吵—家庭关系紧张—影响孩子发展，这一系列程序是连锁反应。父母的生活压力因素会通过亲子交往、家庭环境创设、与孩子共处时间影响儿童的发展，生活压力与抑郁是相互关联的。对家庭来讲，经济困难会使父母能给孩子提供的物质支持和精神鼓励大打折扣。一方面，低收入会降低食物质量，可能会导致孩子营养不足，导致

孩子情绪低落和精神恍惚；家庭没有钱给孩子购买各种课外书帮助孩子学习，引发孩子对学习的消极情绪。另一方面，经济困难会使人产生心理压力，父母对目前家庭生活现状不满会使自己易怒、急躁而没有耐心，对孩子的学习和发展的关注程度降低。在前面的调查结果（见表29）中可以看到，留守儿童中有近6%的人“不太想念”父母或“没有感觉到”对父母的思念之情。在访谈中，个别留守儿童觉得自己家庭贫困的主要原因是自己父母没有本事，没有钱给自己购买好手机、好衣服，也让自己在学校里的日子过得十分紧张，在同学和朋友之间很没有面子，还认为父母是不会赚钱只能去打工，因而对他们产生轻视和鄙夷的态度，甚至于是一种怨恨的情绪。可以说，贫困的家庭经济条件带给父母的压力，父母对生活的不满态度已经渐渐地转移到了孩子身上，留守儿童心里的压力不断增加。少数民族村寨的地理位置一般都十分偏僻，居住条件不好，留守儿童的父母们好不容易趁着年关风尘仆仆地归来，但是却明显地感觉到孩子与自己的关系疏远了很多，感情也有了隔膜。打工回来的父母发现自己的孩子没有以前活泼了，话也没有那么多了，也不再像以往那样闹腾了……是长大了？更加懂事了？还是他们自己在生活中的磨炼使他们产生了变化？在与留守儿童父母的交谈中，他们大都特别提到孩子好像不怎么开心，与他们出门打工前有点不一样，性格有了明显变化。

表32显示，从留守儿童与监护人的聊天情况看，不少留守儿童和监护人很少沟通。经常与监护人聊天的留守儿童只占37.4%，31.3%的人表示有时候会与监护人聊天，23.9%的人很少跟监护人谈自己的事情，7.4%的人从来不和监护人聊天，这说明有近三分之一的留守儿童不和监护人谈心，他们不想也不愿意让监护人比较全面地了解自己的事情。在访谈中，多数留守儿童认为监护人“对我很好，但因为有代沟，很少聊天，更不会向他说自己的心事”。在与留守儿童祖辈或其他监护人的访谈中了解到，留守儿童几乎从不与他们交流，彼此之间也很少说话，即使说上一两句也常常是督促和交代上两句，大多说一点生活中注意事项，根本不会涉及深层的心理交流。有的留守儿童比较羡慕父母在家的同学，

也对与自己一起生活的兄弟姐妹得到监护人的特别照料而心生嫉妒，与其他同学相处也觉得心理上比较压抑，这就使他们在与其他人的共处时不爱表现，不爱张扬，变得内向、抑郁、烦躁。尤其是初中生在面对自己生理变化，如月经初潮、遗精等时，由于缺乏父母的关心和指导而感到羞怯、恐慌。可以说，父母外出打工对孩子的心理影响是非常明显的，家庭条件不好被迫去打工及父母离去使留守儿童感受到父母对他们的爱和辛苦，也让孩子在成长中感受到了不小的心理压力。另外，长期与父母分离和缺乏联系，以及了解到家庭条件难以改变，自己上学要花去家庭收入的绝大部分，部分留守儿童会对学习缺乏信心，担心自己以后会无法报答双亲而自责；加上常受到周围孩子的歧视、排挤和欺辱等，不少留守儿童情绪消极，痛苦失落，情感冷漠，性格脆弱。

表 32 留守儿童与监护人的聊天情况

你和住在一起的人聊天吗？	人数（人）	百分比（%）	累计百分比（%）
经 常	1142	37.4	37.4
有时候	956	31.3	68.6
很 少	732	23.9	92.6
从来没有	227	7.4	100.0
合 计	3057	100.0	

4. 不得不学会自立，部分人比较自信但感情冷漠

从表 33 可以看出，表示“不愿意”或“很不愿意”父母离家去打工的留守儿童占到了 60.3%，而对父母出去打工表示赞同和理解的占 28.7%，还有 11.0%的留守儿童对父母是否出去打工持一种无所谓的态度，这说明让孩子留守家乡是少数民族地区农民工迫不得已的选择，从现实需要和内心情感上讲，大多数留守儿童对父母外出打工也是一种抗拒的态度，不愿意父母出去打工，使自己失去完整的家庭生活。少数民族地区农村的留守儿童由于父母外出务工，在人生发展的关键时刻暂时缺少了父亲或母亲的呵护，生活在一定程度上缺乏照料，不得不学会自理、自立：自己做饭吃，当没有食物时，自己想办法。学习上也不能得

到父母的帮助，不得不独自孤单面对学习的问题，寂寞忍受内心的痛楚和哀愁："父母给我讲外面（指城市）富人的生活，打工的艰辛。他们给我的礼物就是不停地唠叨，很是让我烦恼。以前有父母在担着，现在没有了，只能一切都自己做。""其他同学每天都能见到父母，而我们却很难见一面，留守的日子让我懂得没有父母在的情况下要学会自力更生、自立自强。""缺少与父母的交流和帮助，让我更加独立。"表 27 的问卷结果显示，留守儿童认为"我相信自己会成功"的比例达到 77.1%，比非留守儿童 74.8%的比例高出 2.3 个百分点，这表明留守儿童在父母为了家庭而选择与骨肉分离，大都能理解父母的苦心，他们自信通过努力自己会取得成功，家庭的未来会更加美好，从而主动在生活中变得更加自立、自信。

表 33　留守儿童对父母打工的意愿

你愿意父母出去打工吗?	人数（人）	百分比（%）	累计百分比（%）
非常愿意	88	2.9	2.9
愿　意	788	25.8	28.7
不愿意	1507	49.3	78.0
很不愿意	337	11.0	89.0
无所谓	337	11.0	100.0
合　计	3057	100.0	

当然，并不是所有留守儿童都如我们心想的那样变得勇敢、独立、坚强，在无法获得父母的支持和帮助后，部分留守望儿童在独立面对生活的过程中变得内向和冷漠，在他们看来，连自己的生身父母都将他们弃之不顾，还有谁会怜惜他们呢？表 27 的问卷结果同时也显示，63.2%的留守儿童觉得自己讨人喜欢，比非留守儿童 65.0%的比例低了 1.8 个百分点，这说明留守儿童处于一个两难的境地，他们在生活上还没有做好独立承受的准备，也不能很好地适应父母离去后的家庭生活，无奈地接受父母的安排，冷暖自知。部分留守儿童觉得"父母心狠把我留在家，感觉心凉，默默难过，学习兴趣不断下降"，"自己比其他同学更缺少爱，

在生活方面很孤独，不敢去面对”。前文中曾说到（见表16），有55.9%的留守儿童也想进城与父母生活，渴望亲子团聚，但为现实条件所限而不能成行，这会导致部分留守儿童自暴自弃，产生被父母遗弃的错觉和失落感，消极地面对留守生活。

（五）农村留守儿童教育的家校合作

留守儿童的父母外出打工，家庭抚育功能退化特别是教育功能严重弱化使这一弱势群体的发展处境艰难，前景黯淡；乡村学校里的教师素质有待提高，工作条件艰苦，教学负担重，教学质量大都不尽如人意，使留守儿童的生活和学习处于内外交困的苦境中。（杨建忠，2012）

1. 双方对合作存在认识偏差，对留守儿童的教育与管护并重的认识不足，缺乏责任共担意识

调查中发现，民族地区的学生家长对自己在留守儿童教育管护中的角色缺乏正确的、全面的认识，教育责任感比较缺失，缺乏与学校教师共同做好留守儿童教育工作的意识。几乎所有的留守儿童父母都反复强调自己之所以走上外出打工这条路，就是为了孩子能够接受到更好的教育，使孩子能有一个好的将来。但是，接受访谈的留守儿童家长中，绝大多数家长并不清楚孩子在学校的学习情况，对学生班级里的任课教师配备及课程开设也了解得很少。参加家长会或学校活动、与教师谈话是重要的向教师了解学生的学习和在校行为表现的重要渠道，但留守儿童的家长或临时监护人每次都能够参加家长会的仅有27.5%，经常到学校找老师了解学生在校信息的只有可怜的3.3%，经常到学校参加活动以了解学校管理情况的只有5.0%（见表34），绝大多数留守儿童父母或临时监护人很少光顾学校，不了解学生的在校情形，学校的教育教学管理情况更是无从得知了。家长的教育责任意识比较淡漠，认为教育就是学校和教师的职责，没有认识到自己肩负的教育义务。

表 34　家校双方对家校合作的认识与态度

问　题	选项、百分比（人数）（N=3057）				
老师经常和你父母联系吗？	经常联系 12.8%（391）	很少联系 60.7%（1856）	从不联系 26.5%（810）		
老师在什么情况下与父母联系？	平时有联系 15.0%（460）	出事时才联系 85.0%（2597）			
老师到家里家访吗？	经常来 1.8%（54）	有时 7.9%（243）	很少 23.5%（718）	从来没有 66.8%（2042）	
你对老师来家里家访的态度是？	非常喜欢 14.3%（437）	喜欢 48.8%（1492）	无所谓 27.3%（836）	不喜欢 7.7%（236）	很不喜欢 1.8%（56）
家长或监护人参加家长会吗？	每次都参加 27.5%（840）	一般都参加 25.5%（779）	有时参加 23.6%（720）	从来不参加 23.5%（718）	
家长到学校来找老师吗？	经常来 3.3%（100）	有时 39.6%（1210）	从没来过 40.3%（1231）	不知道 16.9%（516）	
家长是否参加过学校活动？	经常来 5.0%（152）	有时 22.1%（676）	从没来过 55.7%（1704）	不知道 17.2%（525）	
你对老师向家长反映你的在校表现的态度是？	喜欢 44.8%（1370）	不喜欢 25.0%（763）	反对 5.2%（159）	很反感 5.5%（168）	无所谓 19.5%（597）

在对老师的访谈中，研究者感觉多数老师特别是班主任对留守儿童的处境有直观的感受，于是产生强烈的与留守儿童家长进行联络和接触的愿望，但实际上他们对留守儿童的教育并没有采取积极措施，也没有广泛地与留守儿童家长联系，并不在工作中积极与家长合作开展留守儿童教育工作。在对留守儿童的问卷调查中发现（见表 34），民族地区农村教师经常与留守儿童家长取得联系的仅占 12.8%，联系比较少，也不主动与家长沟通了解孩子的家庭情况；他们也难以与家长进行坦诚的交流，对家长的要求也多是要配合好学校教育，在口头上提醒家长要注意关照孩子，但很少给家长提出有针对性的留守儿童教育方法，使得原本就缺少家庭照顾的留守儿童在发展信息的沟通方面出现了一定的障碍，家长不能及时从教师的指导中得到一定程度的教育帮助。教师基本上都是在

发现留守儿童不到学校，在校出现学习纪律问题、安全问题时才联系家长，希望家长到校帮助解决现实问题。尽管有63.1%的学生表示对教师的家访行为表示“非常喜欢”或“喜欢”，但能够在工作之余经常到学生家里家访的只占1.8%，不定时对学生进行家访的也只有7.9%。而这极少数能够促使教师来家访的往往都是“有问题的学生”，不是因为面临辍学就是因为违反学校纪律，在很多家长心里，“老师来家访，肯定没有好事”。留守儿童的留守家乡的家长或临时监护人由于平常忙于农活或知识有限，对自己的教育职责认识仅在于为孩子提供基本的饮食起居，他们的任务就是把孩子送到学校，而学习与教育就完全是老师的事了。有位家长对此种状况进行了形象的总结：“家庭和学校分工比较清楚，我们在家管吃喝，老师在校管学习。”在调查中也发现，不少教师以时间和精力不允许推诿，有的甚至于将开家长会、与留守儿童家长联系等作为累赘和不得不做的例行公事。特别是少数民族地区农村教师缺额多，教学负担过重，难以有额外的时间与家长进行交流。留守儿童对教师与家长的沟通持怎样的想法呢？问卷调查结果表明，44.8%的人对老师向家长反映自己的学习和行为问题持肯定的态度，25.0%的人表示“不喜欢”老师向家长“告状”，5.2%的人反对老师的这种做法，5.5%的人很反感老师的这种沟通方式，而有19.5%的留守儿童对此持无所谓的态度，表示老师是否向家长反映在校表现对自己没有影响。这说明，近半数留守儿童对教师与家长的家校合作持一种肯定态度，学校和家庭共同承担起留守儿童的教育职责必定会对他们的发展产生积极的作用。当然，在调查中我们随时随地都能体会到的一点是，学校教师更能清醒地摆正自己的教育者地位，明晰教育责任，对留守儿童教育特别需要得到家长的参与表现出强烈的合作意识，每学期开学初都进行留守儿童调查，建立档案进行管理，大部分班主任都有留守儿童家长的电话，对自己班上的留守儿童情况如数家珍。在对教师的访谈中，笔者更多听到的是教师特别是班主任对学生家长不能履行留守儿童监护职责的抱怨，他们可能还没有意识到提高家长的教育意识和能力也需要教师的帮助，需要他们承担好在家长与学生之间的中间人角色——一手抓好学生的在校管理，一手抓紧联系家长督促。

留守儿童的父母迫于生计，他们中一方或者双方到城市打工，不得不使他们的孩子“留守”家乡，使留守儿童生活失管、家教缺位、亲情缺失、安全失保。对留守儿童的成长来说，不只是生活上需要得到保障，还需要在教育上得到更好的指导，做到教育与管护并重，通过家校合作避免出现父母为孩子外出打工挣钱，下一代却在留守中“荒芜”的不利局面。学校教师则认为家长们远在外地，难以联络，就是联系上也多是告状式地给家长反映学生的“问题”，很少交流彼此的教育经验，有的问题说了也没有什么作用，家长也不会照办，而且家长教育程度大多比较低，对留守儿童的教育基本也没有什么办法，加上教师工作量大，整天忙忙碌碌，难得找到与家长联系的时间，且觉得与家长也没有什么“共同语言”。因而在这方面，家庭和学校双方明显认识不足，缺乏共育意识，也不能更好地扮演好各自的角色，共同承担教育与管护两方面的责任，缺乏责任共担意识。

2. 合作内容狭窄，浮于表面，难以满足留守儿童需求

对留守儿童来说，他们之前与父母共同生活所形成的习惯不得不改变，在家里再不能得到应有的父爱母爱，再也无法享受父母提供的比较细致的照顾和全面的家庭教育，生活与发展环境的变动使他们比其他儿童更容易出现安全、健康、教育和心理问题，他们所面临的人身安全、行为偏差、心理创伤及其他成长风险明显增加。对家庭来说，父母缺位和抚育方式的改变所造成的家庭教育缺失要求留守儿童父母尽可能地投入更多的金钱与精力频繁沟通交流情感，督促临时监护人加强管教和引导，提高养育质量；对学校教育来说，要针对留守儿童的家庭教育缺失和亲情抚慰弱化主动加强对他们的学习、生活的教育与管护并重的专门教育管理工作，强化监护和指导，积极关爱留守儿童。

从表 35 可以看出，在留守儿童期待得到教师哪一方面的帮助的问题上，71.0%的学生回答是“学习”，10.2%的学生回答是“帮父母改进”，5.3%的学生回答是“资助”，仅有 4.4%的学生回答是“生活”，这显示在实施农村义务教育阶段学校营养改善计划后，留守儿童的饮食困难得到

了较好的解决，他们最为迫切的愿望是教师更多地指导自己的学习，帮助提高学习成绩；希望教师指导父母改进家庭教育和积极寻求社会各界人士的资助以改善自己的求学环境也成为他们的重要需求。调查发现，家访作为亲身了解留守儿童家庭实际情况和放学回家生活学习情形的重要方式，对了解家校合作的内容意义重大。但问卷调查结果同时显示，有34.8%的留守儿童认为教师的家访对象是“有问题同学”，有28.7%的人认为只有极个别同学是教师去家访的对象，这表明，仅有少数留守儿童因为出现了学习和发展问题而推动教师不得不去家访。关于家访的内容，56.8%的留守儿童认为教师的家访活动指向自己的学习成绩，17.9%的人认为是针对在校纪律，19.7%的人觉得教师家访是自己在校表现不好，只有5.6%的人认为“老师到家里来，是发现父母的教育有问题，来督促家长”。从上述数据可以看出，教师与留守儿童家长的家校合作内容似乎仅仅局限于对学生学习的关心，学习成绩是焦点。而对他们的家庭生活与监护情况、品德行为表现、家庭教育方式和方法、心理状况、面临的困难及其应对措施都不大注重，特别是对于留守儿童的人际交往、心理与行为改变、能力培养等关注极少。教师与留守儿童家长的沟通，其话题也主要集中在孩子的不良行为和学习表现上，往往对留守儿童的进步和自立自强等方面忽略不提。由于家校合作关注的内容狭窄，双方对学生的在校情况或居家情形的了解也都比较片面。

表35 家校合作的内容

问　题	选项、百分比（人数）（N=3057）				
老师的家访常针对什么问题？	学习成绩 56.8%（1737）	在校纪律 17.9%（547）	督促家长 5.6%（170）	个人表现 19.7%（603）	
老师的家访对象常是哪些人？	全部同学 19.5%（595）	大部分同学 17.1%（522）	有问题同学 34.8%（1063）	极个别同学 28.7%（877）	
最希望老师帮助解决什么问题？	学习 71.0%（2170）	生活 4.4%（133）	资助 5.3%（163）	帮父母改进 10.2%（311）	说不清 9.2%（280）
老师了解你的家庭情况吗？	非常了解 4.5%（137）	了解 22.5 %（688）	不怎么了解 53.2%（1626）	很不了解 10.2%（313）	完全不了解 9.6%（293）

在教师的访谈中，许多老师表示学校布置的家访任务根本无法完成，家长会记录乃至留守儿童后进生转化等教学档案有时就是纯粹编造的。因为家长不在家，各种家校联系方式陷于停顿，而这些东西却都是教师绩效考核的依据，造假也是不得已而为之的事情。学校对留守儿童的管护，在日常教学管理工作中并没有与非留守的学生有明显区分，但是在留守儿童生病、发生意外伤害、需要生理卫生指导、出现心理障碍、需要解决困难问题时，大量的困扰和难题就会涌现：急救时的责任承担、青春期指导、孤独感或抑郁状态的排解、遇到困难时是放弃还是坚持的抉择……当这些问题发生时，谁能为他们做决断、解忧愁？换言之，在现有条件下，通过家校合作，帮助留守儿童解决物质或生理方面的问题相对容易，而给予他们以精神上的鼓舞或满足心理方面的需要则难以做到。由于家校合作内容狭窄，浮于表面，缺乏深入的家校合作，家庭和学校双方彼此之间缺乏交流对话，了解不深。在回答“老师了解你的家庭情况吗?”这一问题时，有53.2%的留守儿童认为“不怎么了解”，有10.2%的人认为“很不了解”，有9.6%的人认为“完全不了解”，合计达73.0%，仅有4.5%的人认为“非常了解”。虽然学校对教师的工作指标提出开家长会、家访、联系家长和对学生进行个别指导等各种要求，但是这些家校合作内容却往往浮于表面，有的开展得不好或根本就没有执行，所以多数教师并不了解留守儿童家庭的实际情况，就是进行了了解也很不全面，对留守儿童面临的各种困难和他们的需要也不完全清楚。

3. 家长与教师交流互动少，方式单一，相互支持程度低

家长和教师大多由于工作繁忙而很少联系或从来没有联系，关系疏离，这一方面表现为家长认为自己不懂教育，其任务就是将孩子送到学校，做教师的默默支持者；另一方面，则表现为教师对积极联系家长，请家长帮助共同做好学生教育持一种无所谓的态度，觉得是否与家长联系得看自己的时间、精力和兴致，与家长联系就是留守儿童在学校“出事了”或者将之作为一种“赏赐”，体现出教师与家长是一种主角与配角的关系。

学校与家庭的联系主要是通过教师与家长、学生的沟通表现。从表

36 可以看出，留守儿童的父母多数身处异乡，教师主要通过电话与家长取得联系，占 80.2%，对学生家访了解家庭实情（3.3%）、叫家长到校私下交流（4.4%）、召开家长会传递学生信息（11.1%）等传统的家校沟通方式已经式微，这是父母不在家和电话普及率提高的综合反映。可以看出，教师与家长通过电话联系已经成为主要的家校合作方式，合作方式比较单一。电话联系方便、快捷，节约时间，成为家校联系的首选。但在实地调查中发现，教师与留守儿童父母极少联络，能够接到老师的电话的毕竟是少数，而且往往是学生违纪或出现了教师难以协调解决的问题时才会直接给他们打电话，绝大多数留守儿童家长与教师特别是班主任没有联系、互动的机会，彼此之间互动、交流少。教师对少数学生的家访，与留守儿童的单亲或临时监护人交流的问题，主要是学生的在校学习情况（81.6%），学生的在校纪律（9.6%）、生活（7.0%）及征询家长对自己工作的意见（1.9%）只是偶尔提及。留守儿童在校出现早退、旷课、迟到等各类违反校纪的情况，41.5%的人认为教师会在课堂上批评，28.9%的人认为直接找违纪学生本人进行教育，27.2%的人认为会找家长反映以商量处理措施，1.5%的人认为"基本不管"，0.9%人觉得老师"从来不管"，对学生的不良行为采取听之任之的态度，说明教师与家长不经常联系，对学生的违纪行为往往采取简单、粗暴的处理办法，而不是从根源上全面、客观、冷静地分析之后再实施自己的处理措施。问卷调查结果也发现，仅有 26.0%的留守儿童家长提出了自己的意见和建议，绝大多数家长都没有这样做。教师平时不与留守儿童家长沟通、互动，家长也未和学校取得联系，没有对留守儿童教育管理提出自己的建议，家庭与学校之间交流少，加之沟通方式单一，因而造成家长和教师之间针对留守儿童教育问题的相互支持程度低，难以给他们提供积极有效的教育和管理。

同时，教师与留守儿童父母的交流也是单向的，教师往往在出事的时候才与家长取得联络。一位副校长对研究者说："一般是在学生出了大问题需要家长解决时，远的就电话联系，近的直接到家里去，得告诉他们实情，叫他们来人帮助处理问题。学生逃课，不到学校，你无法找，家长又不在，你又没空也不知道到哪里找，不能因为一两个学生耽误更多的人。我的处理方法是联系家长和监护人，要他们联系人去找，催学生来校，当然自己没课时也去找。”

表 36　家校合作的过程与方式

问　题	选项、百分比（人数）（N=3057）				
老师通过什么方式与父母联系？	打电话 80.2%（2451）	家访 3.3%（101）	叫家长到校 4.4%（133）	家长会 11.1%（339）	其他 1.1%（33）
老师家访与家长交流什么问题？	学习问题 81.6%（2494）	生活问题 7.0%（214）	纪律问题 9.6%（292）	工作问题 1.9%（57）	
你违纪了，老师怎样处理？	直接找我 28.9%（885）	在班上批评 41.5%（1268）	告知家长 27.2%（831）	基本不管 1.5%（46）	从来不管 0.9%（27）
家长是否提过意见或建议？	有 26.0%（794）	没有 28.1 %（858）	从来不提 29.1%（889）	不知道 16.9%（516）	

4. 家庭和学校关系疏离，责任分离，合作缺乏系统性，效果不尽如人意

对于身处不利的生存和发展环境的留守儿童来说，家庭中的父母共同养育缺失，家庭教育功能严重被削弱，密切的家校合作更是责任重大。家校合作由家长参与学校教育和学校帮助家庭教育两方面的活动构成，有效的家校合作通过提高家长对学校教育活动的参与程度，强化学校对家庭教育的帮助支持得以实现。

留守儿童的父母与教师缺乏频繁、真诚的交流，这一状况使得双方没有主动积极地吸纳对方为合作伙伴的态度，也不经常把各自的想法和行为告知对方，开展实际的合作行动，因而难以在家庭和学校之间建立起良好的合作气氛。家长与教师是影响学生发展的“重要他人”，本应该结成一种联盟，形成统一战线，但事实上家长与教师联系并不密切，关系疏离。在调查中，留守儿童认为父母与教师之间的关系“很好”或“好”的占 55.0%的比例，认为他们之间的关系很差、比较差或无法说清其关系的有 45.0%，家庭和学校之间存在合作的隔阂，联系与协调也不如预想中那么好（见表 37）。在向留守儿童询问“如果父母不在身边，当你有了困难，你找谁帮忙”时，他们首选的求助对象是自己的祖辈

（39.4%），其次才是教师（23.9%），这充分说明家庭是留守儿童最重要的生活保障，教师大多没有表现出为留守儿童提供帮助的热情，也没有特别给予留守儿童以特别关爱，教师的职责仅局限于教学和管理，学校对家庭教育的帮助和支持也仅局限于教育职责的履行，留守儿童教育与养育的界限比较分明，责任分离。因而，在进一步对家长与教师关系的确认中，发现教师对留守儿童家长的影响并没有预想中那么高，只有9.0%的人认为教师对家长影响很大，28.6%的人认为“有一定影响”，47.1%的人认为教师对家长“影响不大”或“没有影响”，还有15.3%的留守儿童表示“说不清”。活泼好动的学生有时不免会在某些方面违反学校规定，教师这时与家长的联系会多一些，85.7%的留守儿童认为教师与家长的联系对自己改正错误行为“作用很大”或“有一定作用”，仅极少数顽劣者（14.3%）认为“作用不大”或“没有作用”。家长没有从教师那里得到孩子发展情况的提示和改进家庭教育的方法，在与教师的一点联系中所获知的只是关于子女学习成绩不好或问题不断的坏消息，家长心里产生了对教师和学校工作的怀疑和忧虑。

表37　家校合作的作用与评价

问　题	选项、百分比（人数）（N=3057）				
教师的家访对你有帮助吗？	非常有帮助 18.2%（555）	有帮助 60.8%（1858）	没有帮助 5.0%（154）	说不清 16.0%（490）	
父母不在，有困难你找谁帮忙？	老师 23.9%（731）	同学 14.3%（437）	祖辈 39.4%（1205）	邻居 12.8%（392）	其他人 9.6%（292）
你在街上遇到老师主动打招呼吗？	主动打招呼 59.8%（1829）	多数打招呼 17.5%（534）	喜欢就招呼 5.9%（180）	偶尔 13.0%（398）	从来没有 3.8%（116）
你觉得父母和老师的关系好吗？	很好 11.8%（360）	好 43.2%（1322）	比较差 9.9%（302）	很差 2.5%（168）	说不清 29.6%（905）
假如你违反纪律，老师与家长联系有作用吗？	作用很大 35.4%（1082）	有一定作用 50.3%（1538）	作用不大 5.9%（180）	没有作用 8.4%（257）	
你觉得老师对家长的影响大吗？	影响很大 9.0%（276）	有一定影响 28.6%（874）	影响不大 30.1%（920）	没有影响 17.0%（519）	说不清 15.3%（468）

对留守儿童的疏离型的家庭教养方式给家校合作造成更大困难，使家校合作缺乏系统性，效果不尽如人意。在学校的日常工作中，普遍都缺乏整体的家校合作计划，联系家长、家访、开家长会也常常变成教师个人的事情或者是临时决定的事项，大多家校合作活动的开展基本上是零散而不系统的，很难形成一套结构完整的、常规化的观念和活动体系。留守儿童的父母身处异乡，不能亲自管教子女，借助电话向教师询问孩子在校的实际情况已经成为主要的家校合作方式。但现实中因教师大都教学任务繁重，班级人数较多，与家长联系需要付出更多的时间、精力和情感，加之家长工作辛苦，经常加班，难得与教师电话联络，即使通上电话也不过讲一些近似敷衍的客套话。一方面是因为时间和费用关系，另一方面更重要的是家长觉得自己文化程度低，对孩子的教育也不大懂，在电话中说的也只不过是“请老师费心教育，孩子有不对的尽管批评，打都可以”之类的话。笔者根据调查中的所见所闻发现，疏离的父母不能当面教育孩子，对孩子的要求很少而且对其期望值也不太高；这种分离状态使家访、叫家长到校、开家长会等形式的家校合作根本就无法开展，家校合作的成效自然无法再提起。

四、研究小结与对策建议

（一）研究小结

民族地区留守儿童数量多且教育问题更加复杂。在少数民族地区的村寨到处都可以看到留守儿童的身影，他们是父母双方或一方外出务工的伴生物。由于不能得到双亲的照顾，不能与父母共同生活，留守儿童在身心发展的关键时期，出现了相对其他儿童更多的生活、学习、安全和健康等方面的问题和困难，在某种程度上已经影响到他们的平安健康成长。

长期以来，少数民族地区受历史、社会和自然条件等的制约，社会经济发展长期滞后，贫困面大，脱贫致富任务艰巨，不少地方的少数民族农民甚至将外出打工作为增加收入、改善家庭生活条件的最重要也是最现实的途径。而民族地区教育基础差、质量低，劳动者素质也相应偏低，由于缺乏更多的求生手段，身无长技，面对贫瘠的田地和低劣的农业产出，打工成为农民的唯一选择。平日在黔东南州的苗乡侗寨间行走，难得见到青壮年人，特别是青壮年男性，随处可见的都是老弱妇孺，用不着去打听，理由基本上都是去打工了。而这些少数民族地区的农民们外出，干的大都是“脏、乱、差”的苦力活，收入也比较低，绝大多数都没有能力让孩子一起跟随他们的脚步前往城市。这些孩子留在家里，成为留守儿童，因而相对于其他地方，民族地区农村留守儿童的数量更加惊人。多数留守儿童在民族村寨里接受单亲、祖辈、亲友的监护，不少人是与同是留守儿童的兄弟姐妹生活，个别人甚至是独自留守家乡。少数民族地区农民打工工资水平低，难得回一次家，平时与留守儿童的交流也不多，家庭背景与家庭发展状况多样，留守儿童由于亲子分离造成的各种家庭教育问题也更为复杂。少数民族地区总体教育水平较低，教育观念落后，多数留守儿童父母的文化程度不超过初中水平，不少人的母亲还是文盲，对留守儿童教育中出现的诸多问题缺乏明确的感知，即使有所觉察也基本上有心无力。对少数民族地区留守儿童的问卷调查与田野调查发现，父母外出对留守儿童的生活和学习的影响比较大，留守儿童生活照料问题多，学习督促和指导尤为缺乏，特别渴望得到亲情关怀；留守的生活现实对留守儿童的学习目的和态度产生了一定影响，成绩有些下降，心理压力增加，孤独感和对家庭变化的敏感度上升，性格有了明显变化，比其他儿童面临着更多的教育发展问题。

（二）对策建议

留守儿童教育问题是因家庭中父母双方或一方外出务工而不得不把子女留在家乡导致家庭教育缺失而产生的，其根源就在于亲子分离。由于父母与子女之间天然的血缘关系和亲情联络上的不可替代，留守儿童不能与父母共同生活，亲子教育无法在父母外出后得到很好开展，留守儿童面临着比其他孩子更加突出的生活照料、亲情关怀、家庭教育和安全监护等方面的问题。留守儿童教育问题的解决，根本的措施是让父母回家，让儿童不再留守。但是，在黔东南州农民收入无法在短期内大幅度提高，外出务工因可以获得比较稳定的家庭收入依然是农民增收的首要选择这一前提条件下，留守儿童教育问题的出现依旧不可避免。因此，可能的选择只能是学校采取积极措施帮助家长加强留守儿童家庭教育，家长主动努力参与留守儿童学校教育以促进家校良好地合作，从而将留守儿童受到父母外出打工的影响降到最低程度。这既显得更加紧迫，也更加现实。在此前提下，本研究提出如下的对策和建议。

1. 增强家校合作意识，强化共同责任

既然缺乏有效的家庭管护和学校教育是加剧民族地区留守儿童问题的重要原因，那么摆在我们面前的一个紧迫任务就是让家长和教师认识到，对解决留守儿童教育问题，家庭、学校都负有责任，需要对孩子的学习和发展共担责任，必须相互合作，相互支持；教师和家长必须建立一种同盟的关系，一致行动，分享信息，共同指导学生解决问题和取得学习成功。因此，家长要坚决摈弃教育孩子是学校教师的专门任务的观念，一方面要认识到孩子的成长是家庭的根本利益，切实担负起家庭教育职责；另一方面要积极与教师加强联系，及时掌握留守儿童的在校生活及学习的比较全面的信息，并征询教师的教育意见，力求为留守儿童的身心健康发展提供良好的家庭环境和正确的人生目标指导。教师要比较全面地掌握留守儿童家庭的有关信息，比如家长外出方向、务工类型、大致收入、家庭监护类型等，从而为联系家长共商针对留守儿童的教育方法提供基础信息；要经常关注留守儿童的新动向、新变化和新情况，并及时与家长取得联系，督促家长密切与孩子的联系，提醒他们既要关心孩子的生活，更要对孩子的学习给予即时关注，了解他们在学习和生活中的困难并积极解决；要提高引导家长介入留守儿童教育的意识，为家长参与学校的留守儿童管理提供机会，从而使家长能够与教师紧密配合，积极互动，经常交换留守儿童在家及在校的各方面资料，互相明确教育的共同责任，彼此聆听和分享学生的情况，扮演好自己的教育角色，制定切实可行的能够较好地改善留守儿童的学习和生活环境的目标，并尽可能地采取一致的、适当的行动，在密切合作中共同履行留守儿童的教育责任。

2. 建立多种形式合作关系，拓宽共育渠道

家长外出了，学校及时补缺父母在家庭中不能尽到的留守儿童教育职

责，照料他们的在校生活，督促和指导他们学习，监管检查他们的健康和安全，给予他们一定的亲情抚慰成为教师帮助父母进行家庭教育的应有之义。家长在外打工，通过各种手段积极与留守儿童加强联系和交流，主动向教师汇报留守儿童的教育管护情况，努力向其他留守儿童家长借鉴有效的管教经验，在家监护留守儿童的人彼此开展留守儿童教育互助以及不断改进留守儿童的家庭教养已经成为家长积极参与留守儿童学校教育的必然选择。通过在学校和家庭之间建立起密切配合、亲情接力、合力联动的良好的家校合作关系，可以使留守儿童教育中生活照料缺管、学习指导乏力、心理抚慰难得、安全监护失助等突出问题切实得到解决。

根据少数民族地区实际和留守儿童的特点，课题组从"学校帮助家庭教育"和"家庭参与学校教育"两个方面构建了一个民族地区农村留守儿童家校合作的方式框架，具体的家校合作方式如图 1 所示。

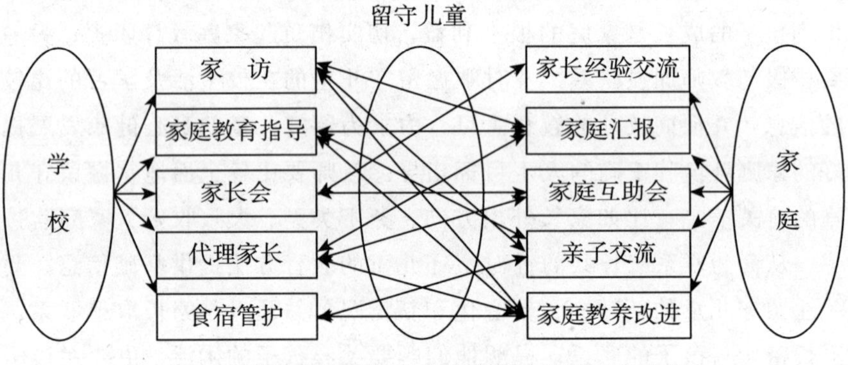

图 1　民族地区农村留守儿童家校合作方式示意图

一方面，学校通过家访深入留守儿童教育与生活的现场，了解留守儿童教育的困难与要求；设立"留守儿童之家"，为解决留守儿童教育中的生活、学习与心理健康问题提供食宿管护、学习督促指导和心理咨询等；对留守儿童家长或临时监护人进行家庭教育指导，提高其教育意识和能力；召开家长会帮助家长了解留守儿童教育实情，了解家庭教育需要并使双方达成对加强留守儿童教育的共识；安排代理家长代为履行留守儿童教育的部分职责，帮助留守儿童在学习、生活和心理方面获得更好的成长，从而使学校在留守儿童教育中发挥主导作用，切实帮助留守儿童家庭做好留守儿童教育工作。另一方面，家长通过密切亲子交流以了解留守儿童教育情况，发现留守儿童教育问题并积极介入留守儿童的学校教育；向教师汇报留守儿童教育的现实需求和困境，反映留守儿童发展中的问题和困难以争取教师的支持和帮助；积极向其他在留守儿童教育管理方面取得实效的家长请教和相互交流，取长补短，相互借鉴，从而进一步增进家庭教育责任，提高家教能力，为参与留守儿童的学校教育分享各自的管护经验；家庭互助可以改变各留守家庭之间彼此疏离的状况，相互支援，彼此合作，合力提高留守儿童家庭教育管护质量和水平，增强参与学校教育的能力和主动性；而家庭不断改进对留守儿童的教养，给留守儿童教育提供更好的家庭生活条件、更有效的家庭管理、更优越更良好的家庭氛围对改善留守儿童的成长环境，提高家庭参与学校教育的积极性很有好处。家庭和学校共担责任，合力关爱和教育留守儿童，使以上两个方面工作积极、主动、顺利开展，从而为留守儿童教育提供一个和谐温暖、互动合作的良好的家校合作，减轻“留守”这一不利处境对留守儿童的影响。

3. 提高家长和教师的素质，促进更好合作

家长和教师良好的教育素质是家庭和学校之间建立起真正的合作关系的基础和保证。外出务工在一定程度上拓宽了留守儿童家长的眼界，也提高了他们的教育支付能力，但是时下一些错误的消费观念和教育观念也使得许多留守儿童的家长在家庭教育中往往特别突出金钱的激励作用，也传播了一些缺乏长远眼光的教育观点。为此，家长必须认识到自己需端正教育观念，以教育的长期效应来重视子女的教育，使他们能够在学校里获得良好的未来成长和发展需要的文化资本；要了解留守儿童的真实情况，即时把握孩子成长中的关键问题以能够与教师形成双向交流的可能；要积极学习科学的育儿方法，掌握家庭教育的有效手段，对留守儿童进行正确的引导，对孩子的优点和不足要全面认识并利用各种方式向教师寻求帮助，向教师学习科学的教育方法。学校教育是家校合作中起主导作用的因素，教师要不断提高自身素质，对缺乏家长的积极参与和合作就难以解决留守儿童教育问题有充分的认识，坚持面向全体

学生、促进每一个学生的全面发展、着力提高学生的社会实践和创新能力的正确的学生观，尊重并积极满足留守儿童在学习和生活中的各种诉求，不轻视、不放弃每一个留守儿童，要利用各种机会和手段与家长积极沟通，要和他们共同讨论留守儿童教育的理念和方法，协调好留守儿童的家庭教育与学校教育的关系，保证对留守儿童来说特别重要的这两种教育的一致性，以形成良好的家校合作，促进学生获得更多更好的文化资本和社会资本作为自己工作的一个重要目标。

参考文献

陈鹤琴. 2006. 家庭教育［M]. 上海：华东师范大学出版社.

范先佐. 2005. 农村“留守儿童”教育面临的问题与对策［J]. 国家教育行政学院学报（7).

辜胜阻，等. 2011. 城镇化进程中农村留守儿童问题及对策［J]. 教育研究（9).

郝文武. 2006. 教育哲学［M]. 北京：人民教育出版社.

黄河清. 2008. 家校合作导论［M]. 上海：华东师范大学出版社.

贾勇宏. 2013. 人口流动中的教育难题——中国农村留守儿童教育问题研究［M]. 北京：中国社会科学出版社.

江立华，等. 2013. 转型期留守儿童问题研究［M]. 上海：上海三联书店.

李强. 2003. 影响中国城乡流动人口的推力与拉力因素分析［J]. 中国社会科学（1).

阮梅. 2007. 中国农村的“留守孩子”[J]. 报告文学（12).

谭深. 2011. 中国留守儿童研究述评［J]. 中国社会科学（1).

熊易寒. 2010. 城市化的孩子：农民工子女的身份生产与政治社会化［M]. 上海：上海世纪出版集团.

杨建忠. 2012. 家庭的衰落与农村学生的困境：一项基于乡村教师教学与家访生活的田野调查［J]. 教育导刊（11).

叶敬忠，潘璐. 2008. 别样童年——中国农村留守儿童［M]. 北京：社会科学文献出版社.

Epstein, J L. 1983. Longitudinal effects of family - school - person interactions on student outcomes [J]. Research in Sociology of Education and Socialization (4).

Huston, A. 2002. Children in poverty: Child development and public policy [M]. Cambridge: Cambridge University Press.

Rice, P & Dolgin, K. 2002. The adolescent: Development, relationships, and culture [M]. 10th ed. Needham Heights: Allyn and Bacon.

新疆维吾尔木卡姆教育传承研究报告

◉ 赵 艳 栗洪武

摘　要：维吾尔木卡姆是普遍存在于中国新疆维吾尔族聚居区的传统民间音乐，也是融“歌诗”、“舞蹈”和“音乐”于一体的综合性艺术文化。2005 年 11 月 25 日，新疆维吾尔木卡姆艺术成为中国第一个被联合国教科文组织列入世界级“人类口头和非物质文化遗产名录”的中国少数民族民间音乐，从而更加凸显出它具有重要的历史、艺术和学术研究价值。当今，这一民族传统音乐文化虽依然根植于民间的土壤中，但随着社会经济、文化等多种因素的变迁，其身处的文化生态环境发生了巨大的改变，开始失去原有的生存土壤和空间，特别是其传承人处在断层的边缘。如何应对维吾尔木卡姆传承所面临的困境危机，更好地保护、传承和发展这一优良的民族民间音乐，是迫切需要研究的重要课题。本研究紧紧围绕维吾尔木卡姆的教育传承这一主题，运用问卷调查和教育人种志的研究方法，对维吾尔木卡姆的整体文化空间、社会各界对学生学习木卡姆的支持态度以及维吾尔木卡姆存在于新疆地区的四种传承实态进行了深入的田野考察。维吾尔木卡姆的传承虽仍存在于民间，但就传承渠道而言，原生态的传承方式已与当代社会大背景密切结合，发展演变成为师徒传承、社会民俗中传承、木卡姆传承中心传承与学校教育传承等实态。本研究对这四种传承实态分别从传承内容、传承过程、传承特点等方面做了深入而具体的解析，特别是用有力的数据材料和质性资料论证了维吾尔木卡姆在当今学校教育传承的必要性与可行性，以期全面揭示维吾尔木卡姆在当代语境中文化教育传承的选择机制。

关键词：新疆；民族音乐；维吾尔木卡姆；教育传承

基金项目：2013 年度教育部人文社会科学研究青年基金项目“维吾尔族木卡姆教育传承研究”（13YJC760119），主持人：赵艳。

作者简介

赵艳，陕西师范大学教育学院副教授、博士，主要研究领域为民族音乐教育，电子邮箱：414150802@qq. com。

栗洪武，陕西师范大学教育学院教授、博士、博士生导师，主要研究领域为中国教育史与教育现实问题，电子邮箱：lihongwu@snnu. edu. cn。

Research Report of the Educational Inheritance of Uygur Muqam in Xinjiang

Zhao Yan　Li Hongwu

Abstract: Uygur Muqam is a kind of traditional folk music prevalent in China's Xinjiang Uighur neighborhoods, which integrates "song poem", "dance" and "music" into a comprehensive art. On November 25, 2005, Uygur Muqam became the first Chinese minority music recorded as Oral and Intangible Cultural Heritage by UNESCO. It means that Uygur Muqam has important historical, artistic and academic value. But this traditional minority music, rooted in the soil of folk, is suffering a huge impact of cultural and ecological environment and losing its soil and space to survive in the era of global economic integration and cultural transformation. In particular, its heir is on the verge of discontinuity. How to cope with the difficulties and crisis confronting Uygur Muqam, and protect, inherit and develop this excellent folk music, is an urgently important issue to study. This study of Uygur Muqam is closely around the theme of educational inheritance. With methods of questionnaire survey and ethnographic research methods of education, this study conducts an in-depth fieldwork which focuses on the overall cultural space of Uygur Muqam, the community's support for students learning Muqam and the four real forms of inheritance of Uygur Muqam in Xinjiang area. Research results show that Uygur Muqam, in the process of transmission and dissemination, has produced profound impacts on intellectual and non-intellectual factors of Uygur people, the breadth and depth of knowledge acquisition as well as the overall development of Uygur community. Although Uygur Muqam heritage still exists in the private sector, in terms of transmission channels, its original ecology of succession has been closely linked with the contemporary social background, evolving into mentoring inheritance, the inheritance in folk custom, inheritance in Maqam tradition and inheritance centers, inheritance in school education and other solid state forms of inheritance. In this study, the former three will be referred to as the folk tradition of education, and the last one as the school tradition of inheritance. The real form of each of these four aspects is analyzed thoroughly and specifically in terms of the content of inheritance, the process of inheritance and the features of inheritance. Using powerful data and qualitative materials, the study demonstrates the feasibility and necessity of Uygur Muqam inheritance in today's schools, in order to reveal fully the selection mechanism of Uygur Muqam in the context of contemporary cultural and educational inheritance.

Key Words: Xin jiang Minority music; Uygur Muqam; educational inheritance

Authors:

Zhao Yan, associate professor in School of Education of Shanxi Normal University, educational Ph. D. , the main research area is minority music education, e-mail: 414150802@qq. com.

Li Hongwu, Ph. D. supervisor, proffesor of Shaanxi Normal University the main research areas are Chinese education history and practical problem of education, e-mail: lihongwu@snnu. edu. cn.

一、研究缘起

目前，由于原生态传承形式已经不能适应时代发展的需求，新疆维吾尔木卡姆正濒临灭绝。维吾尔木卡姆何去何从，是摆在世人面前一个非常现实的问题，也是一个值得研究的重要课题。

（一）维吾尔木卡姆面临着民族音乐教育“绝语症”的危机

中国近代以来的普通学校和专业音乐院校，有关音乐教育的教学模式、教育理论、技术理论和课程等都是以西方为基本范式。中国的音乐教育从根本上接受了西方的音乐教育体系，选择了一条“彻头彻尾”的西化之路。在诸多传统的艺术门类中，尚没有哪一种如同音乐一样将西方同类艺术接受得如此彻底。当前，我国对民族音乐的整理、研究和学习都较为滞后，民族音乐进入教育体系尤其是普通学校者就更少，民族音乐在中国音乐教育中面临“绝语症”的危机。民族音乐在当下存该如何存？民族音乐在民族音乐教育中传该如何传？民族音乐教育承该如何承？民族音乐在中国音乐教育中的弱势地位变该如何变？长期以来，由于种种客观的和主观的、历史的和现实的原因，民族音乐不被重视，民族音乐教育事业发展缓慢，这是当今音乐教育界必须关注的一个问题。

（二）民族音乐教育是我国音乐教育发展中重点关注的问题

在非民族地区，少数民族教育问题很少显露出来，而在少数民族聚居的地区，这一问题则是教育的一个突出问题。1950年政务院制定的《筹办中央民族学院试行方案》明确指出：中央民族学院的重要任务之一是“研究中国少数民族问题，以及各少数民族的语言文字、历史文化、社会经济，发扬并介绍各民族的优秀历史文化”。

自2007年以来，历年的全国教育科学规划课题指南中，均有关于民族文化教育传承的研究方向，例如民族教育与民族传统文化的继承发展研究、艺术教育与本土文化的继承发展、少数民族文化传承的教育对策、民族风俗文化与教育互动、民族非物质文化保护教育策略、民族文化传统生态观及其教育传承、学校教育中民族文化的传承与发展研究等。

2010 年 7 月 29 日，《国家中长期教育改革和发展规划纲要（2010—2020 年）》正式发布，第九章“民族教育”的第 26 条和第 27 条明确指出：重视和支持民族教育事业；全面提高少数民族和民族地区教育发展水平，促进民族地区各级各类教育协调发展。

显而易见，民族教育问题倍受党和国家的重视，只有搞好民族教育才能解决民族文化的继承问题。民族音乐的传承研究是促进我国民族音乐文化发展以及跟上世界音乐文化多元化发展时代潮流的迫切任务。目前，国内教育学界以此为内容的专题研究还比较薄弱，这是确定本选题的主要原因之一。

新疆作为一个有 47 个民族成分的地区，少数民族教育是一个关系重大的问题。在现有的教育体系下，如何平等地对待不同民族的文化是现今教育亟待解决的问题。在新疆的音乐教育中这个问题尤为突出，具体表现在以下几个方面：第一，新疆不同民族的音乐分属于三个不同的音乐体系。第二，在中国音乐教育中，西方音乐理论“话语系统”具有权威性，占据着主流地位，其不仅包含具体的音乐声学、创作、奏唱、理论等方面，更重要的是它代表一种整体的文化价值体系（如宗教、哲学、语言、艺术、美学等）。但这种音乐理论体系无民族性可言。第三，新疆民族音乐教育涉及诸多少数民族音乐的教育问题。综上所述，新疆的民族音乐教育与其他地区相比更显得复杂，牵涉中外音乐、外国音乐与少数民族音乐、汉族音乐与少数民族音乐以及各少数民族音乐之间的关系等问题，所以合理地解决这些问题是新疆民族音乐教育研究的关键。

（三）新疆维吾尔木卡姆被列为世界级人类非物质文化遗产

保护民间具有历史价值或濒危文化遗产已成为国际社会广泛关注的重要课题。自 2001 年起，世界级非物质文化遗产项目开始评选。2005 年 11 月 25 日，新疆维吾尔木卡姆艺术是第一个被联合国教科文组织列入世界级“人类口头和非物质文化遗产”名录的中国少数民族民间音乐。

我国近年来也开始重视文化遗产的保护和传承工作，2005 年国务院下发的《关于加强文化遗产保护的通知》明确指出，各级地方人民政府和有关部门要切实做好文化遗产保护工作，坚持“保护为主、抢救第一、合理利用、传承发展”的基本方针；要积极地推进非物质文化遗产保护，制定非物质文化遗产保护规划；必须加强少数民族文化遗产和文化生态区的保护，重点扶持少数民族地区的非物质文化遗产保护工作；建立全方位的保护体系，充分发挥各级各类机构与团体的作用，全面开展文化遗产的保护工作。同时，我国还专门成立了由 15 个部门组成的国家文化遗产保护领导小组，并决定从 2006 年起每年 6 月的第二个星期六为我国文化遗产保护日。由此可见，在当代全球化和文化多元化的背景下，非物质文化遗产保护对于我国文化发展具有重大的战略意义。作为少数民族音乐文化之一的新疆维吾尔木卡姆艺术被列入世界级非物质文化遗产中，足以证明维吾尔木卡姆在我国的多元文化和维吾尔族整体文化体系中的重要地位和现实价值。因此，大力研究、保护和传承这一非物质文化遗产是刻不容缓的事情。

二、研究方案设计

维吾尔木卡姆是维吾尔族传统文化的核心组成部分，它承载着维吾尔民族祖祖辈辈的历史与文化，是流动着的活的音乐艺术。如果要对维吾尔木卡姆进行研究，仅依靠一些历史文献资料与现有的研究成果还远远不够。因为有许多因素都对维吾尔木卡姆起着一定的影响，例如现代科学技术的不断发展、经济和社会的快速进步，以及各个民族之间交流日益频繁与迅速等。但是，这些影响对维吾尔木卡姆的发展到底起什么样的作用？维吾尔木卡姆是否发生了变化，又发生了什么样的变化？……诸多问题都需要我们走进田野，与维吾尔民众同吃同住，融入他们的生活当中，与他们对话、沟通，体验和观察其日常生活，才有可能找到答案。所以，本研究的主要任务是：全面细致地了解维吾尔木卡姆当前的生存状况、原生传承实态以及赖以生存和广泛流传的地域的文化生态环境；考察维吾尔木卡姆在学校教育中的传承，了解在新的文化环境下维吾尔木卡姆的生存状态以及生存的空间有多大，在此基础上与维吾尔木卡姆原生传承进行对比，分析其优劣，进而为更加有效、合理、科学地制定有关通过教育保护和传承维吾尔木卡姆的愿景提供翔实而客观的依据。同时，通过田野调查了解维吾尔木卡姆在当代社会中的具体传承途径与方式，以及生活于其中的维吾尔族内部不同人群对它的认识情况、兴趣和态度等，从而对导致维吾尔木卡姆传承困境的影响因素以及传承过程中存在的问题做深入细致的解析，厘清维吾尔木卡姆符合当代传承需要具备的要素及条件。

（一）研究目的与研究意义

1. 研究目的

维吾尔木卡姆的传承问题是一个具有重要价值和值得关注的问题，本研究基于保护和发展维吾尔木卡姆的视角，结合维吾尔木卡姆蕴含着维吾尔人的民族智慧与民族精神，具有传承维吾尔族文化的功能，面对其在当今社会濒临灭绝的现实状况，尝试通过发挥现代学校教育的功能，以解决维吾尔木卡姆传承的问题，并提出教育传承的对策以促进维吾尔木卡姆的发展。为此，确定本研究的目的如下。

（1）了解维吾尔木卡姆的本体构成，揭示其背后的民族文化精神；

（2）掌握维吾尔木卡姆的传承实况，分析其传承困境之原因；

（3）关注维吾尔木卡姆的原生态传承，挖掘民间教育传承之方式；

（4）结合维吾尔木卡姆的教育价值，考量教育传承的必要性与可行性；

（5）聚焦新疆民族音乐教育的现实境遇，探讨学校教育传承之方式。

2. 研究意义

本研究对我国维吾尔族“内生的”、“本土的”音乐教育现象和民族音乐教育问题开展研究，并结合我国对民族音乐教育发展的要求，探究民族音乐发展和教育传承的实践路径，为优秀的少数民族传统音乐纳入学校教育、进行民族音乐教育改革以及构建我国民族音乐教育体系找寻更多的坚实的依据。这有益于维吾尔木卡姆的保护和传承，有助于解决现代木卡姆传承所面临的传承人断代、缺乏文化传承场、民族音乐断流、功能转换所带来的传承困境等问题，从而达到有效、合理地传承和保护维吾尔族木卡姆的目的。同时，对于促进民族民间音乐本身的发展、其他有着类似境遇的少数民族音乐的传承以及我国非物质文化遗产的保护也都具有重大的现实意义。

（二）研究方法与研究内容

“工欲善其事，必先利其器。”对研究方法进行恰当设计与应用，是顺利开展研究并达到预期目标的必要条件之一。针对本研究所涉及的内容，为了保证研究质量和研究进度，在具体研究过程中将综合运文献研究、教育人种志、问卷调查等方法。

1. 文献研究法

本研究通过各类图书馆和各类网络资源，查阅了国内外相关研究领域的各种专著、学术论文和地方志等文本，收集了大量的文献资料，继而对文献资料进行了整理、提炼、消化和吸收。文献研究法主要运用于收集与研究相关的第一手文献资料，收集的资料内容主要包括：

（1）国家及新疆教育行政部门颁布的与民族音乐教育相关的政策文本；

（2）民族音乐教育理论与实践研究的文献资料；

（3）从教育学视角对民族音乐传承民族文化的研究的学术方面的资料；

（4）新疆维吾尔族的历史、文化、经济、政治、宗教、人口、语言、习俗和地理环境等方面的文献资料；

（5）新疆维吾尔木卡姆的核心研究文献与相关资料。

2. 教育人种志

教育人种志致力于“研究教育行为发生的文化背景，并依据相关的线索如历史演进、文化背景、自然生态、组织结构、族群习俗、象征符号、人际关系等构成社会生活的各种各样的元素展开研究，分析和判断教育行为的发生机制，做出适切的解释”（冯增俊，2005）[101]。其中，访谈和观察是教育人种志的主要方法。

访谈是在获得一些基本信息后对所要调查的问题进行的“深描”。本研究主要是在文献研究、问卷调查的基础上对研究对象所在地的主要社会群体，如新疆木卡姆艺人、新疆木卡姆传承保护中心的工作人员、维吾尔族民众的访谈和各级各类学校中的音乐教师、管理人员、学生代表、学生家长等进行了访谈。观察包括参与式观察和非参与式观察，笔者深入新疆维吾尔木卡姆流传的地区、新疆各类有代表性的传承木卡姆的学校进行了观察。教育人种志主要运用于开展田野工作时收集与研究相关的第一手资料，本研究收集的内容主要包括：

（1）不同的维吾尔民族聚居地区的民众对维吾尔木卡姆的认知和掌握程度；

（2）融入维吾尔民族的日常生活中，观察其对待木卡姆艺术实际的行为态度；

（3）深入观察和了解新疆维吾尔木卡姆传承的各种途径与方式。

3. 问卷调查法

问卷调查法主要用于补充其他研究方法的不足，了解被研究对象的背景资料和基本态度，及时地收集相关信息。本研究根据调查对象的年龄不同，将问卷分为学生问卷和成人问卷，以尽可能地提高问卷的信度和效度。问卷调查法主要以维吾尔木卡姆艺人、社会各层次人员及学校的学习者等为对象，发放调查问卷并分析维吾尔民众对维吾尔木卡姆的认知情况、情感态度、传承意向等。

（三）研究范围与抽样选取

为了使本研究的问卷调查和田野调查材料具有较高的可信度和更广泛的代表性，全面、客观、真实地反映维吾尔木卡姆的生存和传承现状，笔者对在调查研究过程中所涉及的调查地点、调查路线和问卷发放的地点与被试对象等，都做了细致周密的思考，经过反复斟酌后确定了以下研究范围和抽样选取。

1. 问卷调查的范围与抽样选取

（1）在对问卷调查范围的选择上，问卷调查的范围涵盖了新疆的南疆、北疆和东疆，分别为新疆维吾尔自治区的乌鲁木齐市、喀什地区（喀什市、叶城县）、阿克苏地区（阿克苏市、新和县）、哈密地区（哈密市、天山乡、花园乡、陶家宫乡、五堡乡）、吐鲁番地区（吐鲁番市、鄯善县、七克台镇、鲁克沁镇）、伊犁哈萨克自治州。以上调查地点的选择原则为：一是囊括了维吾尔木卡姆中各类地方木卡姆；二是兼顾了城乡差别。为了掌握原生地和流传地以外地区人们对维吾尔木卡姆的认知情况和态度倾向，乌鲁木齐市也被选入此次调查的范围。

（2）在调查对象的选择上，被调查人群包括学校的教师、学生以及不同职业的社会人员，其中学校有大学、中学和小学。具体调查对象构成如下：大学主要是新疆师范大学、伊犁师范学院、新疆教育学院等；中学主要是乌鲁木齐市第二十中学、乌鲁木齐市第二中学、喀什叶城县第二中学、喀什市第二十三中学、哈密市第一中学、鄯善火车站镇中学等；小学主要是乌鲁木齐市第三十小学、乌鲁木齐市第四十四小学、吐鲁番鲁克沁镇木卡姆小学、吐鲁番鲁克沁镇中心小学等。被调查人员有学校的学生、音乐教师和管理人员，以及新疆非物质文化遗产保护中心人员、木卡姆艺人、哈密非物质文化遗产表演队成员等。

（3）学生问卷的发放，小学主要集中在五年级与六年级，中学主要集中在初中二年级和高中二年级，大学主要集中在民族预科一年级，文理科兼有。成人问卷主要发放至以下群体：一部分是新疆艺术研究所举办的非物质文化遗产学习班的学员；还有一部分是参加在新疆师范大学和新疆教育学院开办的为期一个月的特岗教师岗前培训的教师；其余的发放至公务员、私营企业、艺术团体等群体和单位中。

2. 田野调查的地点与调查对象

为了全面、客观、真实地掌握维吾尔木卡姆的生存和传承现状，笔者对田野工作过程中所涉及的调查地点、调查路线和调查对象都做了细致周密的思考，经过反复考量最终确定了以下田野调查的地点和对象。

（1）田野调查区域的选择。最终选择的田野调查地点包括了新疆的北疆和东疆，分别为新疆维吾尔自治区的乌鲁木齐市、哈密地区（哈密市、天山乡、花园乡、陶家宫乡、五堡乡）和吐鲁番地区（吐鲁番市、鄯善县、七克台镇、鲁克沁镇）。

（2）田野调查地点的确定。田野调查地点涉及了各级各类学校、新疆哈密与吐鲁番非物质文化遗产保护中心、哈密与吐鲁番文化体育局等。其中，学校主要包括：乌鲁木齐市第二中学、哈密市第一中学、鄯善火车站镇中学、鄯善县七克台镇中心学校、乌鲁木齐市第三十小学、乌鲁木齐市第四十四小学、吐鲁番鲁克沁镇木卡姆小学、吐鲁番鲁克沁镇中心小学。

（3）田野调查对象的选取。本研究田野调查对象包括各级各类学校的音乐教师、学生和不同职业的社会人员。具体有农民、工人、私营业主、艺人、干部、大学和中小学教师，以及小学生、初中生、高中生、本科生、硕士生等。调查对象成分复杂，人数较多，范围广泛，具有代表性。

（四）研究进度与实施情况

为了对维吾尔木卡姆的传承现状有真实而深入的了解，笔者于 2011 年 1 月、7—8 月，2012 年 7—8 月，2013 年 5—6 月、11—12 月，数次深入到新疆维吾尔自治区维吾尔木卡姆存在的地方进行了实地调查。通过问卷调查掌握了当代维吾尔人对木卡姆的认知情况和对木卡姆传承的态度倾向等核心内容，在田野工作中全面地了解了它在现今社会中传承的各种形式。运用问卷、访谈、观察等方法，从维吾尔族的生活和学校教育两个方面，对维吾尔木卡姆的生存现状进行了深入调查。具体实施如下。

1. 运用问卷调查法

此次问卷调查发放问卷 4822 份，回收有效问卷共计 4587 份，回收率为 95%。回收的有效问卷中涉及维吾尔族、汉族、哈萨克族、柯尔克孜族、回族等民族成分，为了便于分析和阐释问题，将维吾尔族以外的民族统一称为其他民族。这两类被试的人数及占比见表 1。

表 1　被试的民族构成情况

被试类型＼民族	维吾尔族		其他民族	
	人数（人）	百分比（%）	人数（人）	百分比（%）
小学生	883	19	135	3
中、大学生	2027	44	178	4
成　人	691	15	673	15
合　计	3601	78	986	22

本次被试男女比例为：小学生男女性别比例为 52∶48，中、大学生男女性别比例为 41∶59，成人男女性别比例为 32∶68。两类被试具体的男女人数构成见表 2。

表 2　被试男女比例情况（人）

被试类型＼民族	维吾尔族		其他民族	
	男	女	男	女
小学生	455	428	74	61
中、大学生	846	1181	58	120
成　人	217	474	220	453
合　计	1518	2083	352	634

2. 运用访谈法

（1）采用参与式观察法

在田野工作过程中，笔者尽可能地做到与被调查对象多沟通交流。笔者去了维吾尔木卡姆流传的地方，亲身感受其赖以生存的文化生态环境；观摩维吾尔木卡姆原生态、家庭、社会和学校的多种传承方式；观看、参与到维吾尔木卡姆表演的各种场合中，例如各种麦西热甫或是白孜麦聚会。①

① 麦西热甫是维吾尔族民间大型群众性娱乐聚会，包括歌舞、餐饮及各种游戏等丰富的内容；白孜麦是维吾尔族民间以餐饮和自娱性歌舞为主要内容的中、小型娱乐聚会。

(2) 使用调查工具

在田野工作的过程中，笔者使用了两个版本（汉文版和维文版）的三份问卷，包括成人问卷，中、大学生问卷和小学生问卷，并针对不同的访谈群体设计了五份访谈提纲。在调查过程中使用的设备主要有录音笔、照相机、摄像机以及笔记本电脑等。

3. 调查数据的处理

在对调查数据的分析上，笔者根据问卷题目中的不同类型选用不同的分析方法，选择题部分使用 SPSS 20.0（中文版）统计软件进行描述统计分析，开放性的题目和访谈的内容则采用定性方法进行分析。整个研究的数据分析使用定量与定性相结合的方式。

三、问卷调查的统计结果与分析

维吾尔木卡姆艺术是我国新疆维吾尔民族的优秀传统文化之一，延绵传承千年，但其在当代社会中濒临断代，呈现出一种“非连续形式”。面对这种非连续形式的危机，为了明晰维吾尔木卡姆传承中存在的问题与真实的现状，厘清错综复杂的原因，找到解决其传承困境的通道，探寻出维吾尔木卡姆在现代化社会中传承的有效途径，本研究以文化传承主体的各种群体人员为对象，对他们在现实生活中了解和掌握维吾尔木卡姆的真实情况进行了调查。

（一）学生调查问卷的统计结果

在学生群体中进行调查时，笔者根据学生认知程度的不同，设计了两份问卷。一份发放给小学生，主要在各个小学的五年级和六年级发放。另一份在中学和大学发放，基本情况如下：中学问卷分为初中和高中两个部分，主要针对初中二年级和高中二年级的学生做调查；大学生的问卷在新疆的四所有音乐教育专业的高等师范院校发放，调查对象由少数民族预科班和音乐教育专业的大学生构成。本次调查主要从人们对维吾尔木卡姆的认知情况和对维吾尔木卡姆传承的态度倾向两个方面进行。

1. 学生对维吾尔木卡姆的认知情况

本次问卷所涉及的问题，就调查对象对木卡姆属于哪个民族、对木卡姆是否感兴趣、获知木卡姆的途径等认知情况开展了问卷调查，现从以下几个方面对调查结果进行统计。

（1）学生对木卡姆属于维吾尔族的认知情况良好

表 3 的调查结果显示，基本上所有的维吾尔族学生都知道木卡姆是本民族的艺术，其他民族有 68%的学生知道，也占大多数。回答不知道木卡姆是维吾尔族艺术的学生，其在其他民族中所占的比例要高出维吾尔族约 30 个百分点；其在小学生中的占比显著高于中学生和大学生，最大差距近 11 个百分点，这可能与年龄有关。而其他民族对木卡姆的族属认知情况比较好，应与维吾尔木卡姆在被评为世界级非物质文化遗产后的宣传有关。

表 3　学生对木卡姆的族属认知情况（人）

因素	水平	知道是维吾尔族的艺术	不知道是维吾尔族的艺术
民族	维吾尔族	2865（98%）	45（2%）
	其他民族	214（68%）	99（32%）
学生类型	小学生	906（89%）	112（11%）
	初中生	931（99%）	7（1%）
	高中生	622（99.5%）	3（0.5%）
	大学生	620（97%）	22（3%）

注：为避免出现 0 值，“高中生”一栏的百分比数据保留小数点后一位。

（2）大多数学生喜欢维吾尔木卡姆

关于学生喜好木卡姆情感的认知情况，笔者没有直接选取“喜欢不喜欢木卡姆”的问题进行分析，而是从学生是否经常谈论木卡姆这一角度的调查结果来间接地反映学生喜好的程度，目的是避免学生的回答受到民族情感的影响，以得到更客观的调查结果。最终调查结果显示（见表 4），维吾尔族的学生喜欢木卡姆的人数远多于其他民族，维吾尔族学生中从来不谈论木卡姆的占 21%，其他民族的学生占到 77%。人们在生活中如果喜欢某样东西，大多数会呈现出经常谈论的倾向，上述数据表明，其他民族学生中对木卡姆持不喜欢或无所谓态度的学生要比维吾尔族学生多56个百分点，这就意味着，相比较而言学生更喜欢本民族的艺术。但是，维吾尔学生中喜欢木卡姆的人数不多，仅有19%的学生经常谈论起木卡姆，完全不喜欢、从来不谈论的占21%，这个结果意味着每五个维吾尔族学生中有1个喜欢、1个不喜欢、3个不太喜欢木卡姆。从学生类型上看，高中生喜欢木卡姆的人数最多，达到40%，小学生喜欢的人数最少，仅有4%，二者相差36个百分点。这可能说明，随着年龄的增长、认知程度的提高，学生会对本民族的文化越来越重视。

表4　学生喜欢木卡姆的程度情况（人）

因素	水平	经常谈论	偶尔谈论	不谈论
民族	维吾尔族	538（19%）	1753（60%）	619（21%）
	其他民族	5（2%）	64（21%）	244（77%）
学生类型	小学生	39（4%）	536（53%）	443（43%）
	初中生	101（11%）	625（67%）	212（22%）
	高中生	250（40%）	325（52%）	50（8%）
	大学生	153（24%）	331（51%）	158（25%）

（3）现代传媒成为学生获得维吾尔木卡姆知识的主要途径

我们在调查问卷中就维吾尔木卡姆传承途径设置了一道多选题，各选项为：家人——代表木卡姆的家族式传统传承途径，伙伴——代表木卡姆社交活动中的传承途径，还有学校教育传承途径、现代传媒传播（电视、网络等）的途径，以及舞台表演或是参观旅游区时的演出和麦西热甫聚会等其他途径。每个学生可以选择获得木卡姆知识的多种途径。从图1中可以直观地看到，学生获知维吾尔木卡姆的第一大途径是现代传媒，在四类学生群体中，选择此项的人数分别是：小学生为429人，初中生为491人中，高中生为457人，大学生为337人。排在第二位的是通过以家人为代表传统传承途径，选择此项的人数分别是：小学生为397人，初中生为421人，高中生为326人，大学生为191人。排在第三位的是其他途径，比如在各种麦西热甫聚会、在婚姻嫁娶等场合。学校教育途径位居第四、伙伴途径位居第五、艺术表演途径位居最后。上述数据显示，维吾尔木卡姆原生态的师徒和家庭传统传承方式已经不再居于首位，传承的主要途径已经转变为现代传媒的传播方式。学校音乐课堂教学传承途径位于后面，也没有发挥它的作用。由此可以初步推断出，在当代社会变迁和文化变迁的大背景下，民族文化赖以生存的文化生态环境发生了改变，木卡姆原有的生存场被破坏，使其失去了活态传承的场地；而由于现代化、信息化社会的大发展，打破了原有封闭的文化环境，人们接触到了更多、更广泛、更新鲜的文化，年青一代的人们面对多种文化冲击的时候，多数人选择了与同辈爱好相同的当代流行文化。维吾尔木卡姆在面临传承场消失的同时，传承人也出现了断代。当原生态传承方式已经和现代社会不相适应的时候，新疆的学校音乐教育也没有起到其应有的传承民族文化的作用。

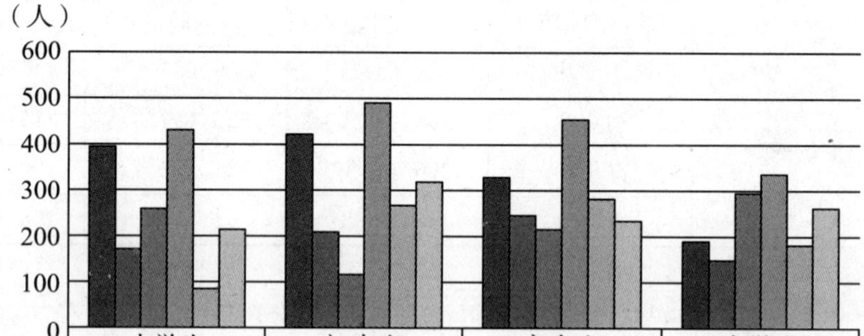

	小学生	初中生	高中生	大学生
■家人	397	421	326	191
■伙伴	174	208	246	151
■学校	260	116	216	297
■现代传媒	429	491	457	337
■艺术表演	86	269	283	183
□其他途径	217	317	235	264

图 1　学生获得木卡姆知识的途径

2. 学生对维吾尔木卡姆传承的态度倾向

为了掌握学生关于木卡姆传承问题的态度，调查问卷设计了多个衡量学生对传承木卡姆、将木卡姆引入课堂以及如何传承发展木卡姆的态度倾向的指标。

（1）学生希望学校音乐课中引入木卡姆

表 5 的调查结果显示，85%的维吾尔族学生想在学校音乐课中学习

木卡姆，而前面表4中回答“从不谈论”木卡姆的学生中，比例最大的是小学生，占43%，在此处仅占到11%，这一比较充分说明不管学生是否喜好，绝大多数的学生想学习本民族的音乐文化。其他民族学生对学校音乐课中引入木卡姆持肯定态度并想学习的占40%，而表4中明确表明喜欢木卡姆的仅有2%，二者相差38个百分点，表明其他民族的学生也愿意了解非本民族的文化。从整体上看，学生多数愿意学习和了解我国优秀的民族文化遗产。

表5　学生对学校音乐课中引入木卡姆的态度倾向（人）

因素	水平	想学习	不想学习	无所谓
民族	维吾尔族	2482（85%）	161（6%）	267（9%）
	其他民族	125（40%）	89（28%）	99（32%）
学生类型	小学生	771（76%）	129（13%）	118（11%）
	初中生	798（85%）	33（4%）	107（11%）
	高中生	560（90%）	21（3%）	44（7%）
	大学生	478（74%）	67（10%）	97（15%）

（2）学生希望在学校音乐课上学习到经过创新后的木卡姆

为了了解若将维吾尔木卡姆引入学校音乐课中，学生愿意学习的内容是古老的木卡姆还是经过适当创新的、符合时代潮流和学生审美趣味的木卡姆，我们在针对中学生和大学生的问卷中设置了相关题项。

图2的调查结果显示，绝大多数的学生倾向于愿意学习经过恰当创新后的木卡姆。学生中持不赞同或完全不赞同态度的人数分别是：初中生各有52人和29人，高中生各有56人和55人，大学生各有51人和23人，共266人，占中、大学生总人数的12%；换言之，有88%的学生持不同程度的赞成态度。在问卷开放型试题中，学生也有相应的回答，如：“在学校音乐课的教学中，要对木卡姆进行创作，将其与其他音乐成分相结合”；“要选择木卡姆精华的部分多加以训练，让更多的学生对木卡姆产生兴趣”；“慎重的选择木卡姆教材的同时，了解学生的兴趣取向，从而合理地引导，尽可能地在传统的文化上能有一些创新的、新颖的东

西，从而不断使优秀的文化发扬光大”……

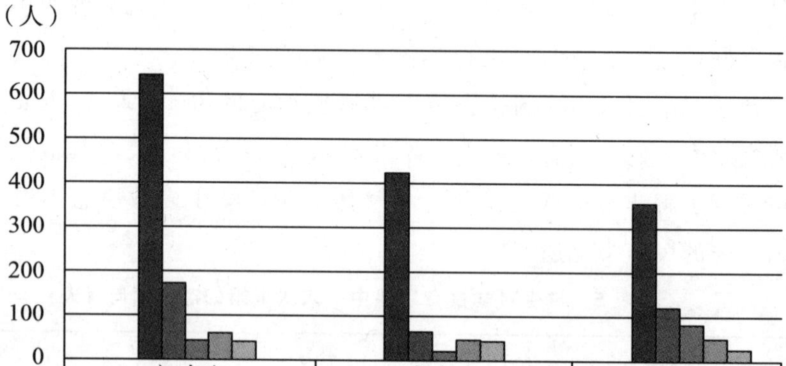

	初中生	高中生	大学生
■非常赞同	647	424	362
■赞同	177	66	122
■一般赞同	33	24	84
■不赞同	52	56	51
■完全不赞同	29	55	23

图 2　学生对木卡姆内容创新的态度倾向

（二）成人调查问卷的统计结果

1. 成人对维吾尔木卡姆的认知情况和获知途径

（1）大部分成人对木卡姆具有一定程度的认知

本次问卷调查结果显示，在被调查的成人中，基本上所有的维吾尔民众都听说过或知道维吾尔木卡姆（见图 3）。

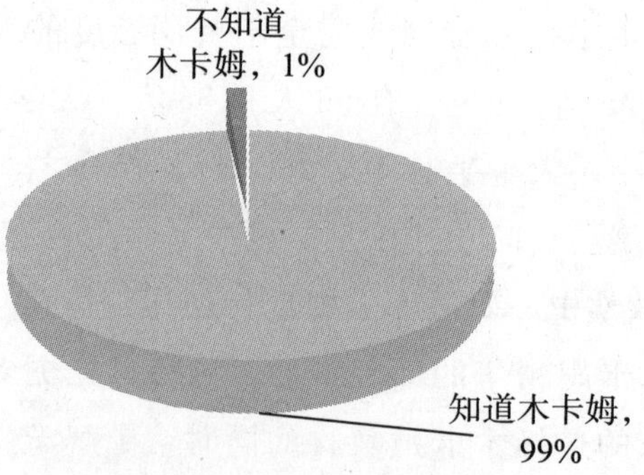

图 3　成人对木卡姆的认知情况

图 4 的调查结果表明，成人了解维吾尔木卡姆种类划分的情况是：知道 4 种及以上的人数占 9%，知道 3 种的人数占 23%，知道 2 种的人数占 42%，知道 1 种的人数占 21%，不知道的人数占 3%。

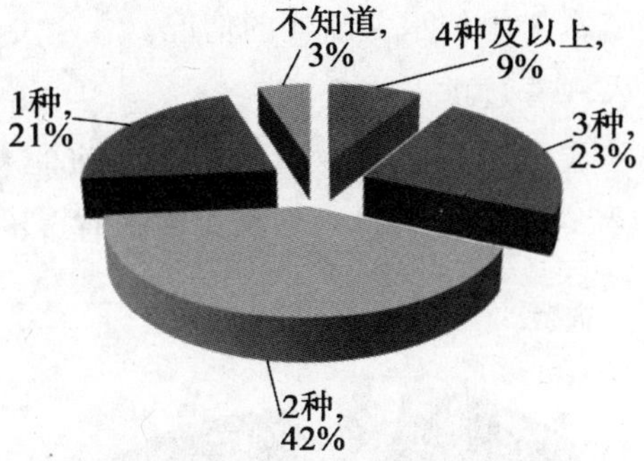

图 4 成人了解木卡姆的种类情况

图 5 的调查结果表明，成人知道维吾尔木卡姆中每套木卡姆名称的情况是：知道 7 套及以上木卡姆名称的人数占 5%，知道 5—6 套木卡姆名称的人数占 24%，知道 3—4 套木卡姆名称的人数占 28%，知道 1—2 套木卡姆名称的人数占 35%，完全不知道的人数占 8%。

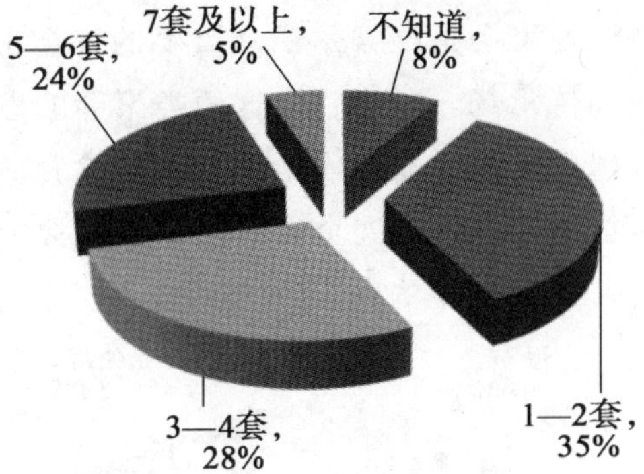

图 5 成人知道木卡姆的名称情况

上述数据显示，维吾尔民众基本上都知道自己本民族有木卡姆这种艺术形式，除少数人外，大部分民众多多少少都对这种艺术有一定的了解和认知。被调查者中较为全面地知道木卡姆的种类和具体每套木卡姆的名称的最少占 5%，这个比例与笔者在访谈中所获得的数据相比要高很多。笔者认为这可能与被试群体有关。被调查者主要由教师、非物质文化保护部门的工作人员和笔者的访谈对象构成，后二者基本上是维吾尔木卡姆的保护和传承者，这部分人的比例约占成人被试中的 8%。由此可以推断出，在普通的民众中，能够对木卡姆有完整认知的比例还是很小的。这些数据印证了木卡姆传承人断代的情况。

（2）大多数成人观看过木卡姆表演

本次问卷调查的成人中，经常观看木卡姆表演的有 73%，偶尔观看木卡姆表演的有 24%，没有观看过木卡姆表演的有 3%（见图 6）。

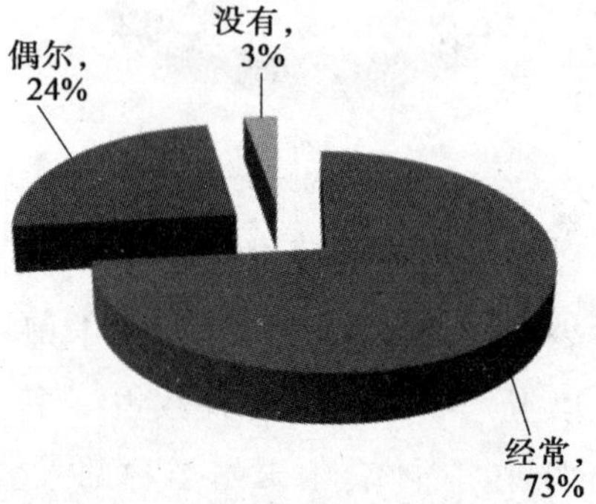

图 6 成人观看木卡姆表演情况

麦西热甫和白孜麦聚会是维吾尔民众重要的聚会平台，也是维吾尔木卡姆的主要表演和传承场，通过咨询这两类聚会的参与情况能够获知被调查者参与木卡姆的情况和获得木卡姆知识的途径。本次问卷调查的成人中，参与麦西热甫和白孜麦聚会的情况是：经常参与的有 38%，偶尔参与的有 52%，没有参与过的有 10%（见图 7）。

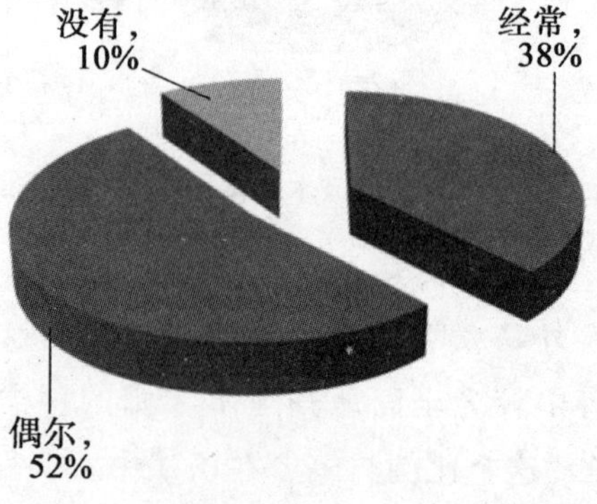

图 7 成人参与维吾尔族传统聚会情况

通过对以上两方面的分析，大致可以得出以下认识：维吾尔木卡姆已经逐步失去了其原生存和传承的场域。因为麦西热甫等维吾尔族传统聚会是木卡姆生存的最主要的传承场，而当前成人经常观看木卡姆表演的人数占73%，而参与到传统聚会的仅有38%，这两个数据表明维吾尔民众在原生态传承场中获得的木卡姆知识较少。

（3）现代传媒是成人获知维吾尔木卡姆的主要途径

从图8可以得知，维吾尔民众通过现代传媒途径获知维吾尔木卡姆排在第一位，排在第二位的是通过家人，排在第三位的是通过学校，排在第四位的是通过艺术表演，排在第五位的是通过伙伴，排在最后的是通过其他途径，如麦西热甫聚会等。这个结果与图6、图7的数据恰好相互印证，即人们观看木卡姆表演大都是通过现代传媒，对木卡姆的认知也是从现代传媒中获得，而维吾尔木卡姆原生态的传承场由于受到信息化社会环境的冲击，人们通过传统聚会所获得的对木卡姆的认知与通过现代传媒相比较要少得多。获知途径排在第二位的是家人，说明当今家庭教育仍然对木卡姆传承有着重要的作用。因此，巩固家庭教育、加强社会教育、恢复木卡姆的传承场对于解决维吾尔木卡姆传承的断代情况有着重要的作用。

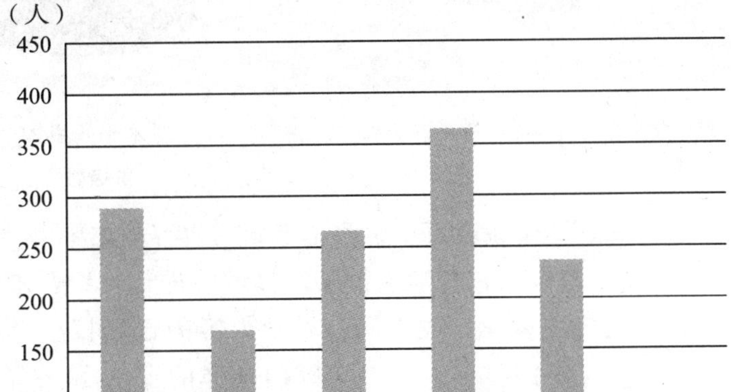

图8 成人获知木卡姆途径

2. 成人对学校教育中引入维吾尔木卡姆的态度和看法

（1）大多数成人赞同将维吾尔木卡姆纳入学校教育中

图9显示，成人在回答是否希望自己的孩子在学校音乐课上学习木卡姆的问题时，有55%的成人回答非常想，30%的成人回答想，也就是说有85%的成人对此事持有比较强烈的肯定态度；8%的成人态度不是很强烈，只是回答一般想；只有累计7%的成人回答不太想或不想。图10显示，成人中对在学校音乐课上学习木卡姆持有积极态度的占88%，回答不清楚也就是持有可学可不学或是无所谓态度的占7%，持有消极态度的占5%。前后两张图的数据几乎完全一致，相互印证，充分地表明维吾尔成人希望年青一代的孩子能够在学校学习本民族的文化，这与在访谈中得出的结论相符合。访谈中绝大多数的被访者都认为应该在学校音乐课中教学生学习本民族的或是本土的音乐文化。

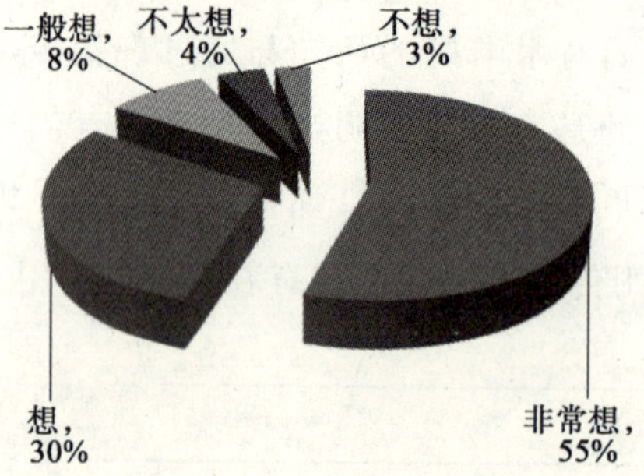

图9 成人对木卡姆引入学校教育的态度

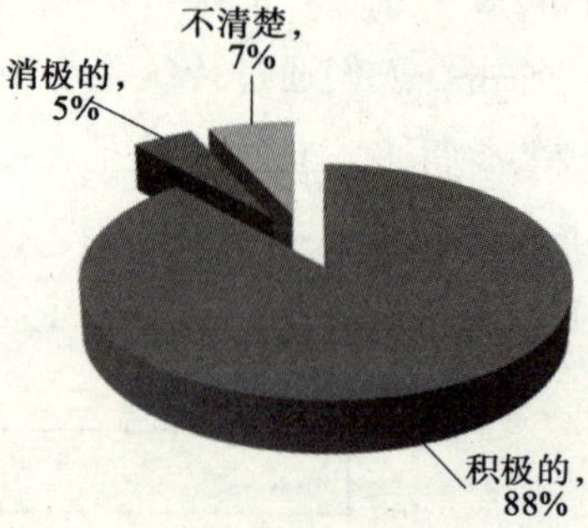

图10 成人对木卡姆引入学校教育的积极性

（2）多数成人认为学校教育中学习木卡姆的内容应主要由学生选择

图11的调查结果表明，在学校音乐课教学中进行以维吾尔木卡姆等有关民族音乐为内容的教学，成人回答教学内容的选择权应交给学生的占45%，由家长选择的占5%，由教育部门选择的占14%，由学校选择的占10%，由教师选择的占26%。这一结果从另一个方面反映出，成人认为学校音乐课上学习的内容应选择孩子们喜欢的，如果孩子们不喜欢，那么即便是开设了有关木卡姆的教学内容，也未必会产生良好的教学效果。这种态度，正符合了引导学生的学习应从兴趣出发的观点。只有学生对教学内容有足够的兴趣，他们才会喜欢学习，进而主动学习。

由此，在学校中教授木卡姆等民族音乐，应参考学生的意见，从而激发学生学习的欲望和兴趣，最终解决维吾尔木卡姆传承人断代的问题。

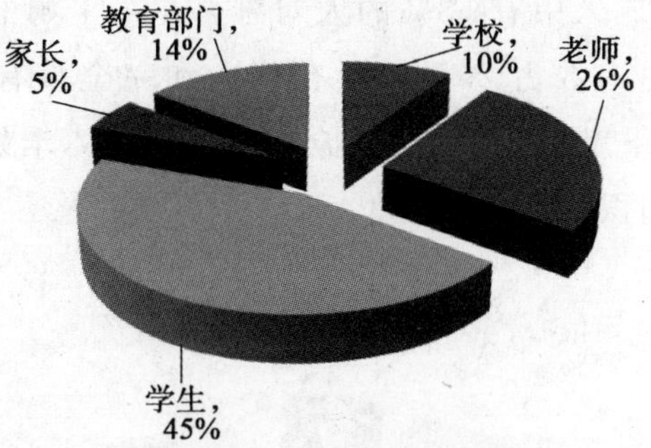

图 11　成人对学生学习木卡姆内容选择权的态度

（3）成人认为学校教育传承木卡姆所需因素排序

图 12 的调查结果表明，若在学校教育中传承维吾尔木卡姆需要诸多因素的支持，这些因素排序的结果是政府支持略多于其他因素排在第一，基本上各个因素之间相差不多。说明成人认为维吾尔木卡姆教学能否得以顺利开展和推进，核心要素是政府的支持。而当地教育主管部门是否支持、音乐教师是否具备足够的能力、有无相应的教学设施、有无适用于开展教学的教材以及学生是否有足够的兴趣等因素，也是能否顺利实施维吾尔木卡姆教学的关键。这些因素之间相互关联，缺一不可。

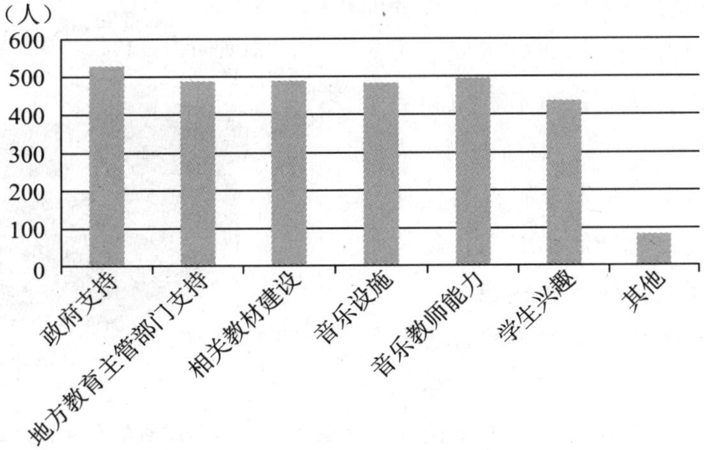

图 12　成人认为学校教育传承木卡姆所需因素

3. 成人对维吾尔木卡姆传承的认知和态度倾向

（1）成人对维吾尔木卡姆发展有信心

图 13 显示，成人中有 68% 的人对维吾尔木卡姆的传承趋势信心十足，有一定信心的人数占 25%，没有信心和完全没有信心的合计只占 7%。这个调查结果表明，维吾尔民众对于维吾尔木卡姆等民间音乐的传承趋势持有乐观和积极向上的态度。

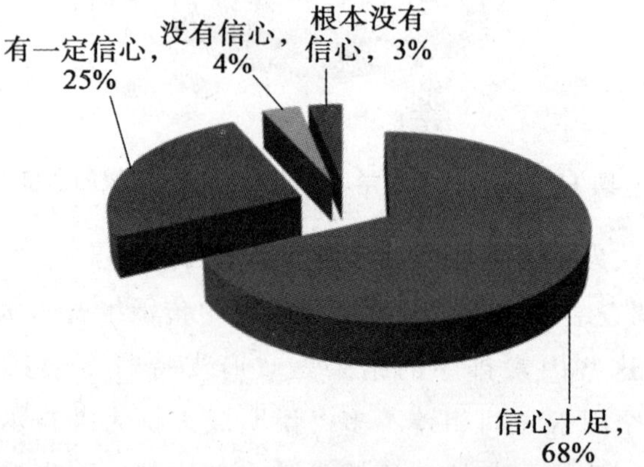

图 13　成人对木卡姆传承趋势的态度

（2）成人认为维吾尔木卡姆具有存在价值和意义

图 14 的调查结果表明，成人中非常赞同维吾尔木卡姆有很重要的存在价值和意义的占 84%，一般赞同和赞同的占 13%，累计赞同的人数占总人数的 97%；而不赞同和完全不赞同的仅占 3%。数据表明，人们普遍认为维吾尔木卡姆在当代社会中有着重要的价值和意义，是传承维吾尔族文化的重要途径之一。世界非物质文化遗产评选的首要条件就是具有“艺术价值”，维吾尔木卡姆之所以能够被评上，正是由于其在维吾尔社会中所具有的重要价值。

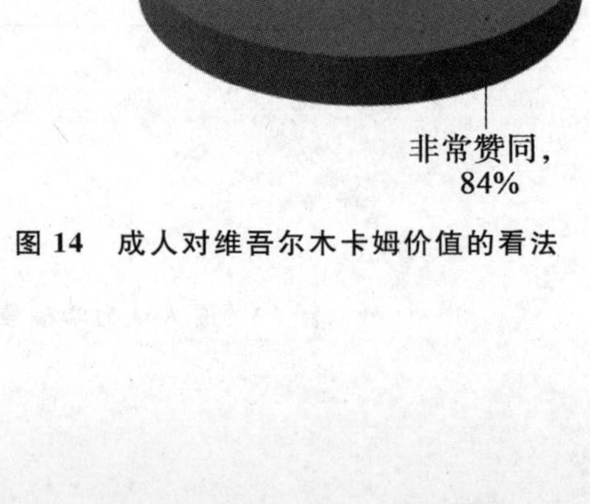

图 14　成人对维吾尔木卡姆价值的看法

(3) 成人认为维吾尔木卡姆对孩子具有重要教育意义

图15的调查结果表明，维吾尔木卡姆对人具有一定的教育功能。大多数成人认为，维吾尔木卡姆具有促使孩子学本民族的文化、增强孩子的民族认同、培养孩子间的合作精神、使孩子性格变得更加活泼外向、开发孩子的智力、增进孩子的民族感情等多方面的教育意义。孩子们通过学习木卡姆，能够从中获益并丰富其精神生活。

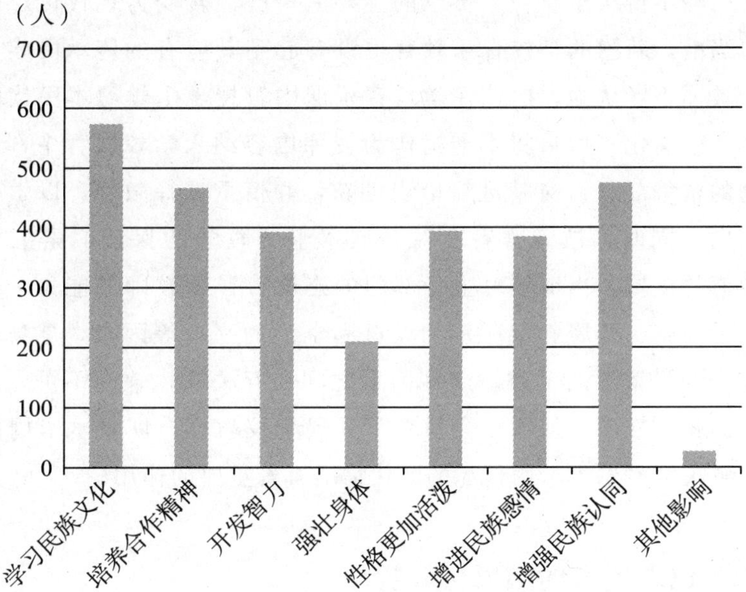

图15 木卡姆对孩子的教育功能

(三) 维吾尔木卡姆传承问卷调查的结果分析

为了厘清不同被调查者对维吾尔木卡姆传承的认知情况与态度倾向，笔者对学生问卷和成人问卷分别进行了统计和分析。在对学生问卷进行统计和分析时，笔者将四种不同类型的学生层次进行了区分，统计数据清晰地反映了每一类型学生的认知情况和看法。不同类型被调查者回答的问题大部分相同，只是针对各类人群不同的情况，所设置的问题略有差异。最终的调查结果显示，各类型学生和成人对木卡姆的喜好程度，获知木卡姆的途径，对在学校教育中传承木卡姆等问题的回答具有高度的一致性。他们都认为维吾尔木卡姆在当代社会中有着重要的价值和意义，是传承维吾尔族文化的重要途径之一；多数被调查者愿意学习和了解维吾尔木卡姆，认为其具有促使自己或是孩子了解本民族的文化、增强民族认同感、开发智力、培养孩子间的合作精神、使孩子性格变得更加活泼外向等多方面的教育意义。

问卷调查结果还显示出：维吾尔木卡姆原生态的师徒和家庭传统传承方式已经不再居于首位，传承的主要途径已经转变为现代传媒的传播方式。当前，新疆的学校音乐教育也没有起到其应有的传承民族文化的作用。被调查者认为，应该在学校音乐课中教授学生学习本民族的或是本土的音乐文化。如果将木卡姆作为授课内容纳入学校教育中，应选择木卡姆的精华部分，对其进行恰当创新，并慎重选择教材，以学生的兴趣为导向。同时，被调查者在对开展木卡姆教学的保证因素上一致认为，政府的支持、当地教育主管部门的态度、音乐教师的能力、相应的音乐教学设施、开展教学所用的教材和学生的兴趣等因素，是顺利实施维吾尔木卡姆教学的关键。这些因素之间相互关联，缺一不可。总而言之，巩固家庭教育、加强社会教育、开展学校教育、恢复木卡姆的传承场对于解决维吾尔木卡姆传承的断代情况有着重要的作用。

四、田野调查的结果与分析

为了寻求维吾尔木卡姆在当今社会中传承的最佳模式和相关问题的解决对策，笔者于2011年初到2013年底对维吾尔木卡姆的传承现状进行了实地调查。在实地调查过程中多次深入维吾尔木卡姆流传的地方，采取了访谈、开座谈会和参与式观察的方法：一是参与到维吾尔木卡姆表演的各种场合以了解其在社会中的传承情况；二是对木卡姆传承人和专家学者进行访谈，了解自古至今维吾尔木卡姆原生态的传承方式；三是掌握现代学校教育中关于维吾尔木卡姆传承的情况。笔者亲身感受了维吾尔木卡姆赖以生存的文化生态环境，并着重了解到其在当代社会中传承的方式主要有师徒相传、维吾尔民俗生活相传、木卡姆传承中心传承、学校教育传承四种。下面对这四种传承实态进行具体的描述和阐释，以期全面揭示维吾尔木卡姆在当代语境中文化教育传承的选择机制。

（一）师徒相传的传承方式

师徒相传是维吾尔木卡姆沿袭了数百年来之久的重要传承模式之一，俗称“手把徒弟”式的师承关系，一直延续到现代。它是一种传统的与维吾尔社会生产、生活习俗密切相关，有内在组织并自成系统的原生态传承模式。这种传承模式的存活能力取决于该传承群体的社会整体感和生活条件。

1. 传承模式——师徒传承

这种师徒相传的模式大致可以分为两种情况：一种是“艺学家传”的模式。生长于有木卡姆艺人的家庭的子弟，从小耳濡目染，身受熏陶，具备有利的学艺条件，因而便形成了代代相传、承继家学的做法，俗称“门里出身”。如木卡姆传承人阿巴斯·阿吾提，他生活在维吾尔木卡姆世家，祖祖辈辈都是学习木卡姆，到他这里已经是第十三代了。这种传承主要是以宗亲家族传承为主，教习主体均为家族成员。另一种则是“投师学艺”的模式。“投师学艺”早期在民间的教习活动同手工艺工人一样，采取师徒相传的个体培训形式，使用口传心授的教练方法，精雕细琢。随着社会的发展，“班社”[①] 的形式开始出现，但它依旧沿袭师徒相传的模式，不同之处在于它的规模和作用都扩大了，推进了维吾尔木卡姆的发展（见表6）。

表6　哈密木卡姆传承谱系

代别	姓名	性别	出生年份	文化程度	传承方式	开始学艺年份	居住地址
第一代	买买提·尼亚子	男	1857		师传	不详	陶家宫

① 班社原是旧时戏曲教育机构的组织，即科班。从事木卡姆相关研究的研究人员在描述木卡姆原生态传承时，较多用到“班社”这一词语，而维吾尔民众并不认同。本文继续沿用该词语，意指在维吾尔族内部通过维吾尔木卡姆艺术实践活动所维系在一起的，具有相对稳定性的最小单位群体的组织结构。

续表

代别	姓名	性别	出生年份	文化程度	传承方式	开始学艺年份	居住地址
第二代	吐尔逊多尔哈	男	1880		师传	不详	陶家宫
第三代	阿訇拜克	男	1901		师传	不详	回城
第四代	赛都拉・阿不都拉	男	1911		师传	不详	陶家宫
第五代	阿克素帕・苏韦尔	男	1917		父传	不详	陶家宫
第六代	古里扎曼・吐尔逊	男	1933		父传	1950	陶家宫
第七代	艾塞提・莫合塔尔	男	1938	中专	父和师传	1956	陶家宫
第八代	阿不都热合曼	男	1950	初中	师传	1972	陶家宫
第八代	玉素甫・哈孜	男	1949	中专	师传	1965	二堡镇
第八代	卡地尔・阿不都	男	1940	初中	师传	1958	西山
第八代	伊卜拉音・孜克亚	男	1950	中专	师传	1960	天山
第八代	尼亚子	男	1951	小学	师传	1962	回城
第八代	艾沙・肉孜	男	1945	初中	师传	1965	花园子
第九代	司马义・艾买提	男	1950	初中	师传	1974	陶家宫
第九代	阿不都热合曼	男	1965	高中	师传	1995	二堡镇
第九代	合力勒・易卜拉音	男	1968	初中	师传	1997	西山
第九代	亚合甫・萨依木	男	1962		师传	1995	西山

资料来源：努斯热提・图尔迪．略论哈密木卡姆的传承及面临的问题［J］．新疆大学学报：哲学・人文社会科学版，2007，35(3)．

从表 6 可以看出，在师徒传承模式中，“艺学家传”与“投师学艺”模式相比较，“艺学家传”的人数要少得多，很多木卡姆艺人的后代并没有学习继承前辈的木卡姆艺术。究其原因，长久以来维吾尔木卡姆艺人并不把掌握木卡姆技艺作为一种谋生手段，他们在聚会中表演木卡姆仅是为了让人们感到高兴，因而不管谁来到他门下学习都是一样的；而学习木卡姆的艺人也是完全出于对于木卡姆的喜好，并无功利性的目的。正是由于木卡姆艺术不像某些艺术受到某些社会原因所造成的封建保守性的影响，艺不轻传而形成了代代相传、承继家学的做法，因而具有很强的开放性。

2. 传承主体——木卡姆其

木卡姆其在整个维吾尔木卡姆的传承过程中居于核心位置，是主要的传承者和重要承载者，也是创作、演唱、保存、传承和研究木卡姆的民间艺人。传统的师徒口传心授式的传承正是以人——木卡姆其为中介，其历历代代在民众中演唱和传承木卡姆，是木卡姆艺术得以在民间活态传承的重要载体，同时满足了人民群众的艺术审美和追求。维吾尔木卡姆是维吾尔人民智慧的结晶，是依靠历代木卡姆其口口相传保存下来，也是木卡姆其将古典诗词与自己所处时代的社会现实相结合，逐步创作的令人惊叹的艺术形式。木卡姆其固定于其所处的地区性团体，他本身的价值也取决于其隶属团体的地位，所以历代木卡姆其只是一种固定的社会属性。木卡姆其还是维吾尔木卡姆的宣传者和教育者，现代木卡姆其特指能够演唱维吾尔木卡姆中琼乃额曼部分的民间木卡姆艺人，但是由于社会的变迁，已经寥寥可数（见表7）。由此可见，木卡姆其承载着维吾尔族世代相传的历史和肩负着木卡姆艺术教育的光辉使命。

表7 新疆代表性木卡姆其人员名单

序号	传承人姓名	性别	出生年份	特长	备注
1	阿布来提赛来	男	1958	十二木卡姆	国家级传承人
2	乌斯曼·艾买提	男	1956	十二木卡姆	国家级传承人
3	吐尼莎·萨拉依丁	女	1945	十二木卡姆	国家级传承人
4	玉素甫·托合提	男	1953	十二木卡姆	国家级传承人
5	玉苏因·亚亚	男	1942	刀郎木卡姆	国家级传承人
6	吐尔逊·司马义	男	1952	吐鲁番木卡姆	国家级传承人
7	阿不都吉力力·肉孜	男	1935	刀郎木卡姆	国家级传承人
8	艾塞提·莫合塔尔	男	1938	哈密木卡姆	国家级传承人

3. 传承方式——口传心授

文化的存在与发展都需要传承，传承方式则属于艺术领域中审美生产的一个部分。而维吾尔木卡姆艺术一是缺乏完备的记谱条件，二是不具备西方音乐的确定性，音乐中大量的游移音、四分中立音和千变万化的节奏使得口传心授这种传承方式更适宜于其保存和发展。事实上，数百年来，维吾尔木卡姆经过长期的风雨磨炼流传至今，从一定程度上讲，口传心授并不落后，它是一种富有创造性和开放性的传承方式。口传心授是："既通过口耳来传其形，又以内心领悟来传其神韵，即在传'形'的过程中，同时对音乐的神韵进行深入的体验和理解。"（刘富琳，1997）由此可见，口传心授较之乐谱传承虽存在着易于遗失、缺漏的弱势，但它也有一个优势，即突出了"人"的因素，因为所有艺术的魂灵都是作为主体的人，只有具有个性的人、活生生的人才能将意蕴在艺术中的魅力表现出来。口传心授，口传完整的作品、唱腔、音乐等，而心（身心）授则着意教授的是手势、眼神、姿态、唱腔中微妙的抑扬顿挫等细小处，正所谓只可意会不可言传。口传心授这种传承方式体现着中国传统的整体直观性思维，徒弟在学习维吾尔木卡姆时，民间艺人传授的是完整的唱段，器乐也是教授整首的作品，而技法、作品的情绪是在教师的教习过程中出现的。

4. 传承组织——班社

木卡姆班社是维吾尔族群体内部通过维吾尔木卡姆艺术实践活动所维系在一起的，具有相对稳定性的、最小的单位群体的组织结构。木卡姆班社一般情况下以村为单位，各个村都有自己的班社，木卡姆艺人在闲暇或是需要演出的时候聚集在一起演唱木卡姆。如果乡里或是县里有活动，那么就会临时从各村中挑选优秀的木卡姆艺人组成一个木卡姆班社。木卡姆班社中的成员不是固定的，通常是属于自己村落里的班社，但是其他村落的班社需要时，成员也会流动合作。木卡姆班社的名称有以村名命名的，如吐葫芦克尔赛木卡姆班社等；也有以人名命名的，这类班社的班主①通常是当地最有名的木卡姆其，如艾塞提·莫合塔尔哈密木卡姆乐社等。哈密地区的民间木卡姆班社在哈密木卡姆传承中心备案的有近30个。维吾尔木卡姆得以长久地传承下来，正是依附这些大大小小的木卡姆班社，但这种原生态的传承场也出现了逐步消退的情况。

---

① 木卡姆班社的召集人或是负责人被称为班主。

（二）维吾尔民俗生活中的传承方式

民俗是一个民族在长期的历史发展过程中创造并积淀下来、形成一种模式化的生活方式和行为准则，具有特定的约束力，并延绵不断地为世代所沿用；体现着一个民族所特有的民族信仰、民族心理和民族特征等；具有导向和凝聚的功能，人们自觉地重复着历代延续下来的风俗习惯，不需要依靠法律制度控制和实施；呈现出地域性、民族性、传承性和变异性等特征。维吾尔族有一所传授“艺术和风俗习惯的学校”——麦西热甫。麦西热甫（mexrepi，或译为“麦西莱甫”、“麦西来甫”）来源于阿拉伯语，意为“聚会”、“集会”或“场所”。还有一种说法，认为麦西热甫是维吾尔族一位古代诗人的名字，人们非常喜爱他的诗，常把他的诗填在民间曲调中演唱并配上舞蹈，自然而然这位诗人的名字就成了木卡姆其中一部分的名称和民间歌舞聚会的代名词。笔者认为，麦西热甫蕴含着三层含义：第一层是当今维吾尔族民间专门用之来称谓群众性的娱乐晚会，它包括了展现表演艺术、口头传统、节日庆典、民俗仪式等社会实践的维吾尔传统民间艺术活着的文化传承场；第二层是维吾尔民间艺术的集大成者，可以比喻为“下里巴人”的民间民众文化；第三层是维吾尔木卡姆中每套木卡姆的第三部分——由歌舞曲构成的麦西热甫，类似“阳春白雪”的维吾尔精英文化艺术。本文中的内容使用第一层的含义，即为维吾尔族人在传统节日、婚礼、割礼和庆典等活动中举办的民间聚会，也是木卡姆的文化传承场。

麦西热甫是维吾尔木卡姆最主要的表演场域，受到维吾尔族民众的喜爱并深入到日常生活的方方面面。它是维吾尔族民俗文化的宝库，是传授“艺术、礼仪道德和风俗习惯的学校”，正如维吾尔族中流传的一句谚语：“要送孩子去学校学习，如若不然就送到麦西热甫。”麦西热甫不仅仅是民众娱乐休闲的聚会，它为涵盖木卡姆在内的维吾尔传统民间艺术的展示提供了一个传承载体，为维吾尔艺术的传承人提供了一个原生态的、活态的“学校”。

1. 传承载体——麦西热甫

麦西热甫渗透到维吾尔人生活的方方面面，是维吾尔木卡姆存活、展示和传承的重要载体。在社会发展还未进入到现代科技信息时代以前的很长一段时间里，麦西热甫是维吾尔人生活中非常重要的一个社交渠道，也是维吾尔传统文化的一个传承场，几乎所有的木卡姆艺人初始学习维吾尔木卡姆都是在这个场域中开始的。木卡姆艺人在自幼参与这一过程之中受到熏陶，潜移默化地建立了对维吾尔木卡姆的感性认知和审美，并学习了其中的部分内容。麦西热甫举办活动的地点较为自由，可设在庭院、果园、室内、野外等各种场合，不分季节，一年四季均可举办。麦西热甫基本上涵盖了维吾尔人民俗生活的方方面面，名目繁多，就涉及维吾尔木卡姆的麦西热甫而言，按功能大致可分为以下五类。

第一类，与生产民俗相关的麦西热甫。维吾尔族是游民文化与农耕文化相结合的民族，因此，麦西热甫也涉及农业和牧业。每年到了麦苗开始变青的时候，维吾尔人要举办玛依沙麦西热甫（maysar mexrepi，汉语意为禾苗麦西热甫）；当农业获得丰收时要举办莫尔胡苏尔麦西热甫（molhosul mexrepi，汉语意为庆丰收麦西热甫）；当各种瓜果成熟时要在果园举办巴合麦西热甫（bar mexrepi，汉语意为果园麦西热甫）；当牛羊肥壮、牧业获丰收的时候要举办卡瓦泼麦西热甫（kawap mexrepi，汉语意为烤肉麦西热甫）；等等。

第二类，与生活民俗相关的麦西热甫。当某个家庭盖了新房的时候，房主要在庭院里举办塔姆恰依麦西热甫（tamtxaj mexrepi）；当有远方的客人到来和为其送行时，主人要举办迎接客人的卡里希叶里希恰依麦西热甫（qarsi elixtxaj mexrepi）和送行的霍希里西希恰依麦西热甫（xoxlixixtxaj mexrepi）等。

第三类，与社会组织民俗相关的麦西热甫。在冬季农闲的时候要举办轮流麦西热甫（katar mexrepi），意为由各家轮流举办社交麦西热甫。这种形式是举办次数最多的一种，通常是由一个村子里的人或是稍微扩大一点范围的人共同参与。在维吾尔民众中，如果有人做出了违反道德准则或是没有征得大家的同意而提出退出麦西热甫等行为必须接受“惩罚”，要向大家道歉，由受“惩罚”的人举办请求原谅的凯其里希恰依麦西热甫（ketxryxtxaj mexrepi）等。此类麦西热甫有助于促进维吾尔人之间的凝聚力，起着加强团结的作用，在潜移默化中教育了下一代，达到维护社会道德的目的。

第四类，与岁时节日民俗相关的麦西热甫。这种麦西热甫在节期或是较大的节日中举办。在春天初始的时候举办赛莱麦西热甫（sejle mexrepi，汉语意为郊游麦西热甫）；每年冬天下了第一场雪之后要举办卡尔勒克麦西热甫（qarliq mexrepi，汉语意为迎雪麦西热甫），以表示瑞雪兆丰年之吉兆；在新春到来时，要举办迎接新春的诺茹孜麦西热甫（norus mexrepi），表现出维吾尔民众应时而作的自然生活节律。除此之外，还有与伊斯兰教有关的宗教类麦西热甫，如古尔邦节麦西热甫（qurban mexrepi，又称宰牲节）和肉孜节麦西热甫（roza mexrepi，又称开斋节）等。

第五类，与人生礼俗相关的麦西热甫。这类麦西热甫主要是庆祝人生仪礼当中的各种喜事，被称为喜事麦西热甫（toy mexrepi），主要有婚礼麦西热甫，妇女生第一个孩子时举办的头胎麦西热甫（qokan mexrepi），给新生儿命名的阿提托依麦西热甫（attoj mexrepi），在男孩割礼时举办的索乃脱托依麦西热甫（sunnet toy mexrepi）等。

如前所述，麦西热甫举行的地点并不固定；其举行的时间由主办者和参与者协商决定，白天或是夜晚均可；参加者的人数少则十几人，多则达到成百上千人，规模可大可小，但不论规模如何，参与者都把此事视为大事，按照长幼顺序围圈入座。麦西热甫的首领是依给托别希，由他负责组织整个活动，并有一套严密的组织程序，这对麦西热甫的顺利进行和保证秩序起着重要的作用。除此之外，麦西热甫中必不可少的一项是餐饮，不管规模大小，主办者都会准备茶水、馕、瓜果甚至抓饭、烤煮的肉食或是乳制品等等。

2. 传承过程——弦歌鼓舞

有维吾尔人的地方就有麦西热甫，麦西热甫是所有木卡姆艺人学习的起点。通常，不同形式的麦西热甫所包含的程序和内容也不尽相同，大致可以分为特定的民俗文化活动、民间歌舞、民间游戏与节目表演四类。下面以流传于哈密地区独具特色的阔克麦西热甫为例进行阐释。

阔克麦西热甫是由“阔克”和“麦西热甫”两个词语构成，“阔克”是蓝天、苍天和青苗之意，“麦西热甫”意为聚会，阔克麦西热甫即为青苗聚会，它是哈密维吾尔民众一种古老的与生产民俗相关的民俗文化活动，也是一种特殊的民间娱乐形式。阔克麦西热甫民俗文化活动展现了哈密维吾尔民众特有的地方文化、深厚的人文精神和独特的艺术形式，其具备完整的体系和固定的程序。

阔克麦西热甫的举办是为祈求来年五谷丰登和生活富足，传统的举办时间为初冬的瑞雪之际，近年来由于全球变暖，降雪量锐减，不一定要等到下第一场雪举办。阔克麦西热甫在举办之前，会先做一个投卡尔力克①（雪信）的游戏，即由村民选一个人将写好的卡尔力克悄悄投到被选中的家庭的院子中，卡尔力克如果没有被主人找到，这家就要举办；如果主人找到了，则改由投卡尔力克的人举办。游戏结束之后，由举办人向乡亲们宣布举办麦西热甫。阔克麦西热甫举办的主人会提前通知乡亲们参加的时间，人们到约定好的时间穿着盛装来到举办者家中，待客人到齐后，年轻的妇女端着装有九种不同干果的盘子站在主办者身后，听候主人的吩咐，这时主办者会手托提前准备好的阔克贺尼木②向大家宣布：“我现在要为我的女儿举办婚礼！阔克麦西热甫正式开始。”随后木卡姆民间艺人开始演唱哈密木卡姆中的第一套琼都尔木卡姆的散板序唱，当散序部分结束时，随着手鼓的敲响大家一起齐唱哈密木卡姆的歌曲部分，男、女主人走到场中间，开始跳舞，麦西热甫也逐渐被推上高潮，随着音乐节奏的变化，舞蹈着也变换着舞姿。克卡丝其（呐喊助兴者）手持放有布料的托盘敬送给乐师、歌手和舞蹈者。在舞蹈中间，会穿插一些民间歌谣、对诗和各种游戏活动。随后，举办阔克贺尼木转交仪式，阔克贺尼木的主人将准备好的羊、干果等物品送给阔克贺

---

① 卡尔力克即雪信，在雪信上写有规定主人找到纸条的时间，注明举办阔克麦西热甫需要请多少人、请谁、需要准备什么东西等信息。

② 阔克是专为阔克麦西热甫准备的青苗；阔克贺尼木是指装扮好的阔克，代表新娘。阔克是装扮过程是：先将长至大约 20 厘米的阔克周围扎上一圈棉花和爆米花，再将白色荆棘扎好整齐地摆在阔克周围，最后在阔克的上方插上对视的公鸡和母鸡的剪纸、花以及昆且齐克（昆且齐克用胡萝卜、土豆、葡萄干等干果制成，象征着太阳、月亮和地球）。

尼木的接受者，即下一场举办阔克麦西热甫的主人手里。接受者在大家的簇拥下，将阔克贺尼木迎接回家。这一过程非常精彩，人们欢声笑语、载歌载舞地将“新娘”阔克贺尼木送往新主人的家里，同时新主人也向大家宣布下一场阔克麦西热甫的举办时间。以此类推挨家挨户地举办阔克麦西热甫，在新春诺肉孜节来临之前，整个冰冷的冬天都将沉浸在麦西热甫中。

维吾尔木卡姆就是依附着麦西热甫这一社会民俗活动的传承场，通过“歌诗”、“舞蹈”、“音乐”展示了其特有的音乐魅力，成为维吾尔民众表达情感最直接的艺术形式。木卡姆艺人玉素甫说：“我最早接触到木卡姆就是在麦西热甫里，在那里学到的东西最多，那里也更适合演唱木卡姆。”可以说，绝大多数木卡姆艺人都是在麦西热甫中开始接触并喜欢上木卡姆，随后才学习木卡姆。这对我们当代的音乐教育也产生了一个新的提示，我们是否得转变音乐教育就是审美教育这一固守的理念，能否转向通过音乐教学实践让学生真实感受音乐从而喜爱上音乐，进而自觉地去学习音乐。

3. 传承形式——行为示范教学和模仿学习

维吾尔木卡姆在维吾尔民俗活动中的主要传承场是麦西热甫，其在濡化的过程中通过行为示范使得学习者在模仿中学习掌握这一表演艺术。行为示范是教学中最古老和最基本的模式之一，它的长处在于能够使学生通过模仿掌握一些基本的技能。在维吾尔民俗生活中形形色色的麦西热甫聚会中，没有明确的“教与学关系”，没有固定的“学习内容”，没有教学场地和学习时间。每一代的维吾尔民众都置身于维吾尔木卡姆的传承场麦西热甫当中，“通过与他人展开共同的活动，依照传统或经验形成共同的思维与行为方式，让整个社会的文化按照一定轨迹延续下去”(庄孔韶，2007)[287]。通常，在麦西热甫活动中，木卡姆表演者是传承的主体，直接而无意识地将所演唱的歌词和曲调、跳的舞蹈和演奏的乐器等内容，通过行为展示的直观方式传递给围观者和参与者，而围观者和参与者通过自己的观察、感受等心理过程，潜移默化地接受着无法量化的学习内容，继而通过对木卡姆表演的内容、行为或是表情达意的形式进行模仿，逐步掌握木卡姆。模仿行为对于孩子来说尤为重要，孩子在语言和思维发展之前，“就已经通过模仿行为来感受世界、自我和他者的存在”（克里斯托夫·武尔夫，2009）[104]，他们在参与中将图像和声音置于“自我的本真”状态之中，从而在这模仿过程中得到了成长。有部分参加者在参加过麦西热甫之后，还会回忆起当时的情景，而这种回忆有时也是一种模仿：“一个模仿性参照是以物质形式在记忆行为之中被回忆的，并且这种参照是在一种行为中以物质形式依据特定的环境体现的。”（克里斯托夫·武尔夫，2009）[96] 木卡姆表演者也会持“传”与“承”的双重身份，当木卡姆表演者作为参与者参与到麦西热甫聚会中时，也会聆听其他木卡姆表演者的内容，如果自己不会，就会刻意去记忆和学习，以丰富自己的知识和技能。据木卡姆传承人依不拉音·牙合甫介绍，他所掌握的一些乐曲就是在麦西热甫聚会中听到后，经过不断地摸索、练习之后学会的。

维吾尔木卡姆在麦西热甫中的传承具有互动性和潜移默化的特点。麦西热甫中的行为示范传承与一对一的单向交流的师徒传承相比较，具有互动性的特点。在麦西热甫中，木卡姆舞者邀请其他的人共舞，这就形成了一种互动。互动还表现在演唱（奏）者或舞者与参与者之间，参与者对表演者高超的琴艺、舞技报以热烈的喝彩和掌声，使得木卡姆艺人更加尽情地投入表演。维吾尔木卡姆在麦西热甫中得以延续的传承过程显而易见是潜移默化的，在每次举办麦西热甫时，家长都会刻意带着孩子去参加。这些孩子被家长抱着或挤在围观的人群中，或进入场中间手足乱舞地模仿，时而嬉戏，时而凝神注视聆听，他们虽然无法理解木卡姆唱词中的丰富内涵，也没有刻意地效仿，但是就在这耳濡目染中，记忆里已经无意识地“嵌入”了木卡姆的曲调、唱词和舞蹈，这些都为以后学习木卡姆奠定了良好的基础。维吾尔木卡姆就是在世代传递中依赖着这一特殊的传承载体——麦西热甫，在这一维吾尔族民众民俗生活中不可或缺的文化空间中通过“濡化”使自身得以延续。正如张振涛先生所言：“音乐并非如现代人所认为的那样是纯粹的艺术行为，而是关系着一个地方乡民们生存实利的社会行为，甚至是关系着一方民众的实际生活的生产行为（如祈雨仪式）。离开民众的信仰仪式，音乐功能，就无从理解。而只有把音乐放在它所生发着特殊功能的环境中，才能理解中国音乐文化负载着的沉重含量。”（张振涛，2003）[47−48] 由此可知，若要正确诠释维吾尔木卡姆所承载的文化价值和意义，必须将其置于它所依赖的传承载体和文化空间中。

20 世纪 80 年代以来，西方强势音乐文化的冲击使得包括维吾尔木卡姆在内的各类民族传统音乐的“原生态”传承形势不容乐观。笔者在调查中发现，形形色色的麦西热甫已经渐次枯萎，这种现象值得我们深思。“若要想真正意义上保护好维吾尔木卡姆艺术，最好的办法就是让它回到民间，回到它生长的地方去，让木卡姆艺术再次成为维吾尔族血脉里流动的鲜血。”（王瑟，2006）麦西热甫传承场虽然在当代已经产生了一些变化和变异，但是依然是维吾尔木卡姆赖以生存和延传最佳的原生态传承场之一。

（三）木卡姆传承中心的传承方式

自 2005 年维吾尔木卡姆被评为世界级非物质文化遗产以后，新疆维吾尔自治区文化厅为了更好地保护和传承这一优秀的、具有重要价值的少数民族艺术，在申报获批国家立项后，筹划在全疆范围内修建十个新疆维吾尔木卡姆传承中心。这些传承中心主要用以培养维吾尔木卡姆的传承人，确保在全疆各维吾尔聚居区中的“原生态传承”。现已投入使用的传承中心如下：新疆第一个维吾尔木卡姆传承中心——吐鲁番木卡姆传承中心于 2006 年 9 月 29 日在新疆鄯善县鲁克沁镇落成；刀郎木卡姆传承中心于 2007 年 1 月 19 日在新疆阿克苏地区阿瓦提县广电文体局挂牌成立；莎车县十二木卡姆传承中心于 2008 年 9 月在新疆喀什地区莎车县竣工并投入使用；哈密木卡姆传承中心于 2009 年 7 月在新疆哈密市竣工并交付使用。

1. 新疆维吾尔木卡姆传承中心的设施状况

吐鲁番木卡姆传承中心。吐鲁番木卡姆传承中心位于新疆吐鲁番地区鲁克沁镇木卡姆村，该传承中心由前厅 600 平方米凉棚和半地下室的上下两层约900平方米的后厅组成，建筑总面积为1500平方米。内设展厅、排练厅、教室、图书馆、办公室等。它由鲁克沁镇文化馆监管，是一个综合性文化中心，不局限于对吐鲁番木卡姆的展示、保护和教学，各类大型的文化活动也在此举办，是吐鲁番地区重要的标志性建筑和新的人文旅游亮点。

刀郎木卡姆传承中心。刀郎木卡姆传承中心还没有建立专门的场所和建筑，设立在阿克苏地区阿瓦提县广电文体局内，一楼大厅为刀郎木卡姆的排练厅，二楼设有两间展厅用以展示刀郎木卡姆演出活动的图片资料和举办刀郎农民画展。

莎车县十二木卡姆传承中心。莎车县十二木卡姆传承中心位于新疆维吾尔自治区喀什地区的人口第一大县莎车县，坐落在莎车县最大的木卡姆广场中。该中心于2007年7月动工，2008年9月底竣工，建筑面积2750平方米。但是，由于该县财政困难，到2013年底还未完成其内部全部装修。目前，莎车县十二木卡姆传承中心在政府的支持和引导下，经常性地在木卡姆广场上举行十二木卡姆的演出活动。

哈密木卡姆传承中心。哈密木卡姆传承中心与哈密地区非物质文化遗产保护中心实为一套班子，地处新疆哈密地区哈密市，于2009年7月竣工并投入使用，建筑总面积4875平方米。传承中心建筑主体一共四层，一层为木卡姆传承使用的演艺大厅、教室、木卡姆培训班学员和民间艺人的宿舍、资料室、舞台控制室等；二层设有哈密地区非物质文化遗产办公室和中小型展演场地；三层分为东、西两部分，东部展演厅即为可容纳60人的木卡姆演出厅，西部是哈密木卡姆展厅，展示哈密木卡姆所使用的乐器以及与之相关的文化、艺术等内容；四层是非物质文化遗产图片展厅，展示哈密地区现已申报的各级各类的非物质文化遗产。哈密木卡姆传承中心将哈密地区非物质文化遗产的保护和传承融为一体，兼具哈密木卡姆展演、教学与培训等功能，具有较强的综合性功能。

2. 疆维吾尔木卡姆传承中心的人员配备

新疆现已投入使用的四个维吾尔木卡姆传承中心基本都与各个地区的非物质文化遗产保护中心共用一套班子，即所谓的“一套机构，两块牌子”，传承中心的领导和工作人员都是由各地区的非物质文化遗产保护中心、广电文体局、文化馆的工作人员兼任，所以没有专职的在编的工作人员。传承中心的具体工作是由各地区的非物质文化遗产保护中心或是广电文体局和文化馆负责。

吐鲁番木卡姆传承中心的负责人是吾斯曼·哈木提，他于 2012 年被任命为鲁克沁镇文化站站长，传承中心的工作属于兼任。其他的工作人员和演出人员都是临时聘用的。该传承中心还设有一个鲁克沁镇民间文艺队，现有成员 21 人，其中国家级传承人 1 人、自治区级传承人 2 人、地区级传承人 18 人，除去吾斯曼·哈木提站长之外，其余的文艺队成员全部是地道的农民。莎车县十二木卡姆传承中心的情况与吐鲁番木卡姆传承中心的情况类似，登记在册的木卡姆艺人 400 余名，其中国家级传承人 2 人，县级传承人 13 人。刀郎木卡姆传承中心由阿克苏地区阿瓦提县广电文体局和县文化馆的工作人员兼职管理和负责具体事务，该中心设有一个木卡姆民间艺术团，团员人数为 53 人。哈密木卡姆传承中心的领导和工作人员由哈密地区非物质文化保护中心的干部兼任，该中心直接管理着一支专职的木卡姆表演队，演出人员 16 人。哈密木卡姆传承中心现有国家级传承人 2 人，自治区级传承人 23 人，市级传承人 72 人，加上县乡级传承人共计 575 人。新疆维吾尔木卡姆主要代表性传承人名单见表 8。

表 8　新疆维吾尔木卡姆主要代表性传承人名单

序号	传承人姓名	性别	出生年份	特长	备注
1	阿布来提赛来	男	1958	十二木卡姆	国家级传承人
2	乌斯曼·艾买提	男	1956	十二木卡姆	国家级传承人
3	吐尼莎·萨拉依丁	女	1945	十二木卡姆	国家级传承人
4	玉素甫·托合提	男	1953	十二木卡姆	国家级传承人
5	吾斯曼·哈木提	男	1977	吐鲁番木卡姆	
6	吐尔逊·司马义	男	1952	吐鲁番木卡姆	国家级传承人
7	依明尼亚孜·阿不都热木	男	1979	吐鲁番木卡姆	
8	热西提·吐尔逊	男	1969	吐鲁番木卡姆	

续表

序号	传承人姓名	性别	出生年份	特长	备注
9	苏来曼·阿不都	男	1962	吐鲁番木卡姆	
10	木合买提·艾海提	男	1953	吐鲁番木卡姆	
11	艾力·吐尔逊	男	1974	吐鲁番木卡姆	
12	卡迪尔·吾拉音	男	1958	吐鲁番木卡姆	
13	阿不力孜·买合木提	男	1968	吐鲁番木卡姆	
14	艾塞提·莫合塔尔	男	1938	哈密木卡姆	国家级传承人
15	依布拉音·亚合甫	男	1969	哈密木卡姆	
16	沙达提汗·那斯尔	女	1943	哈密木卡姆	
17	阿不力孜·依明	男	1959	哈密木卡姆	
18	艾买提·素帕	男	1943	哈密木卡姆	
19	司地克·热牙力	男	1949	哈密木卡姆	
20	托呼提·卡得	男	1950	哈密木卡姆	
21	艾赛提·阿合毛拉	男	1958	哈密木卡姆	
22	玉素甫·吾术尔	男	1953	哈密木卡姆	
23	依明·依斯马衣力	男	1940	刀郎木卡姆	
24	买买提·依米尔	男	1981	刀郎木卡姆	
25	阿布都克热木·阿吾提	男	1946	刀郎木卡姆	
26	玉苏因·亚亚	男	1942	刀郎木卡姆	国家级传承人
27	阿不都吉力力·肉孜	男	1935	刀郎木卡姆	国家级传承人

资料来源：新疆各维吾尔木卡姆传承中心。

3. 新疆维吾尔木卡姆传承中心的活动情况

新疆维吾尔木卡姆传承中心自成立伊始，核心任务是改变木卡姆濒危的状况，培养下一代的木卡姆传承人，各传承中心均或多或少地开办木卡姆培训班传授维吾尔木卡姆。各地区的维吾尔木卡姆传承中心为已经确定的各级各类的传承人建立了档案，各级政府按照传承人级别、技艺的高低和参与木卡姆传承活动的情况给予每人每年 3600—7200 元的生活补贴。截至 2013 年底，各木卡姆传承中心均举办过多期培训班，最少的也开办过四期培训班。哈密木卡姆传承中心是这几个传承中心中将传承工作开展得最为深入、最为广泛、最具代表性的单位，现以其举办培训班的情况为案例进行分析。

(1) 哈密地区的维吾尔木卡姆培训班

哈密木卡姆传承中心在哈密地区的维吾尔族聚居区定期举办哈密木卡姆培训班，从 2005 年到 2013 年，该中心已成功开办了 6 期，共计 40 余班次，培养了近 1500 人次，哈密木卡姆的地区级传承人现已达到 575 人。已培训的学员大部分能掌握 1—2 套哈密木卡姆，有少部分学员参加过多次学习，能掌握 3—5 套哈密木卡姆，其中特别优秀的几个年轻学员现已被留在哈密木卡姆传承中心的木卡姆表演队。

哈密传承中心在开展了多年培训后，形成了一套比较规范的培训模式。每期木卡姆培训班开办前，由哈密木卡姆传承中心发出相关的通知，各个培训点根据通知的要求递交书面的申请和申请表，申请的内容包括预计培训的期限和具体时间、培训的内容、培训地点、计划培训学员的人数、主要的授课教师，在经过乡文化站、乡政府、哈密市非物质文化遗产中心和哈密地区非物质文化遗产中心四个部门逐级审批后，方可开办。授课教师主要由当地掌握木卡姆最全、唱得最好的民间艺人担任。培训地点等具体事项则根据各个培训班提的不同条件视情况而定。每个培训班里的学员年龄参差不齐，人数不一、或多或少，多的有三四十人，但学员年龄大都在 50 岁左右，年轻人比较少，且基本上为男性。表 9 为哈密市二堡镇文化广播站第六期哈密木卡姆培训班部分培训人员名单。

表 9　哈密市二堡镇文化广播站第六期哈密木卡姆培训班部分培训人员名单

(2013 年 1 月 10 日—2 月 10 日)

序号	学员姓名	性别	出生年份	特长	曾参加过几期培训班
1	阿不都热合曼·阿不都	男	1964	手鼓、都它尔	2 期
2	司马义·斯地克	男	1947	手鼓、艾捷克	3 期
3	吐尔逊·木沙	男	1952	艾捷克、弹拨尔	2 期
4	依巴代提·卡德尔	女	1968	手鼓	1 期

续表

序号	学员姓名	性别	出生年份	特长	曾参加过几期培训班
5	海力切汗・牙合甫	女	1963	手鼓	1期
6	阿不来提・霍加	男	1957	手鼓、都它尔、热瓦甫	2期
7	巴吐・阿不都	男	1946	艾捷克、演唱	5期
8	赛提・吾司曼	男	1964	艾捷克、手鼓	2期
9	艾买提・尼亚孜	男	1942	艾捷克	1期
10	依不拉音・索巴	男	1947	手鼓、纳格拉、演唱	5期
11	牙合甫・依拉英	男	1950	手鼓、都它尔、演唱	1期
12	牙合甫・伙加尼牙孜	男	1943	手鼓、演唱	3期
13	衣拉音・尼亚孜	男	1956	都它尔、弹拨尔、手鼓、演唱	5期
14	赛买提・依不拉音	男	1971	均会	4期
15	阿比宝・克其克	男	1959	手鼓、演唱	2期
16	阿不都热合曼・阿布来力	男	1959	艾捷克	5期
17	莫合买提・索巴	男	1943	手鼓、都它尔	5期
18	克然木・玉素甫	男	1970	手鼓、都它尔	1期
19	卡的尔・艾买提	男	1965	手鼓	1期
20	卡得・白克力	男	1956	手鼓、纳格拉、演唱	5期
21	衣拉音・艾买提	男	1946	手鼓	2期
22	依米提・克其克	男	1951	艾捷克、纳格拉、演唱	3期
23	阿不都热合曼・塔力甫	男	1952	艾捷克	2期

从表9可以直观地看出，参加培训班的学员女性非常少，主要是男性，且学员的年龄普遍偏长。这虽是个案，但也反映出年轻人对木卡姆的喜好程度远不及对流行音乐的喜好，这个结果与调查问卷的结果也是相符的。

木卡姆传承中心在选择培训班教师时，主要是看其能否尽可能多地演唱多部维吾尔木卡姆，是否有较好的组织能力和教学能力。学员学习的教材由传承中心统一印发，具体授课内容由授课的民间艺人选择，教学采用口传心授结合文本参考的方式进行。

这种培训班对维吾尔木卡姆的普及和快速的培训出一批传承人提供了一个有效的途径，学员经过培训班的学习后，回到自己的家中和民间班社组织中会继续影响他人，从而对哈密木卡姆的延传起到了积极的作用。

（2）哈密木卡姆表演队

2005 年新疆维吾尔木卡姆被列入世界级非物质文化遗产后，吸引了外界大量的研究者、观光者来新疆考察，领略当地的风土人情。为了配合人们的需求和政府的发展策略，哈密木卡姆传承中心组建了一支专职的哈密木卡姆表演队，通过演出表演维吾尔木卡姆，向人们展示、宣传当地特有的民族音乐文化和风土人情。通过这种途径一是展示、宣传了维吾尔木卡姆，二是促进了当地旅游资源的发展，三是增加了民间艺人的收入。

① 传承组织——木卡姆表演队

哈密木卡姆表演队大致分为两类：一类是由哈密木卡姆传承中心从培训班中挑选出优秀的木卡姆民间艺人，组成的一支专职的在传承中心表演的哈密木卡姆表演队；另一类是各乡、村中民间艺人自发组织的木卡姆班社。两类木卡姆表演队表演的场合不同，可以说哈密木卡姆表演队是向外界宣传和展示的主要传承组织，而木卡姆班社是存活于民间的原生态的传承组织。

② 传承内容与场域

哈密木卡姆表演队的表演场地为哈密木卡姆传承中心的二层展演厅，向参观木卡姆传承中心的观光者表演哈密维吾尔族的民族传统音乐和舞蹈艺术。该展演厅一次能容纳 60 人。表演队由传承中心管理，逢旅游旺季和节假日时每天定时演出四场，淡季则视具体情况而定。表演队主要的表演对象是外来的上级领导、各类考察团体、研究人员以及专门到哈密木卡姆传承中心参观的旅游观光者。

③ 传承方法与特点

哈密木卡姆传承中心的木卡姆表演队向外界展示维吾尔人所特有的艺术文化，以舞台表演为中心，实现了文化交流、价值功能和社会关系等方面的开拓。表演队的展示方式呈现出单向性、娱他性和程式化的特点。

第一，单向性。木卡姆表演队的表演是单向的展示，表演主体和观赏主体间缺乏互动和共鸣。传统的维吾尔木卡姆在各种聚会中有对诗、共舞等各种景象，后辈参与其中在这种彼此呼应和交流的情境中传习着木卡姆。木卡姆表演队在演出过程中，接受主体的改变使得表演主体与观赏主体之间缺乏互动，有明显的隔阂和距离感。在这一过程中，木卡姆表演队的演员们是给予者，观赏主体只是被动地接受，双方之间是单向的交流形式。

第二，娱他性。传统的维吾尔人生活中，人们通过木卡姆会友、育人、对诗比技，不亦乐乎。在这一过程中，人们都参与其中，没有清晰的“表演”意识，木卡姆只是抒发自我情感、自娱自乐的一种生活方式。当观赏者来观赏维吾尔木卡姆表演的时候，虽然表演队有固定的演出时间和地点，但也会依据具体的情况和观赏者的需求进行调整。在木卡姆表演队形式出现的同时，木卡姆的功能也开始转换，由自娱性转向娱他性。

第三，程式化。在演出过程中，表演队的服饰、演出曲目以及队员的舞蹈动作等都趋于程式化。木卡姆表演队在表演时，演出的曲目是固定的，演员们穿着专门为演出定制的具有维吾尔族特色的演出服，表演者随着演出次数的增多也由最早的激动、投入变得越来越毫无感觉，这对他们来说只是“照本宣科”而已，演出过程完全程式化。

（四）学校教育的传承方式

学校教育是传承文化的重要途径之一，维吾尔木卡姆除了在民间被传承外，已经被引入到大学、中小学的教育中，成为学校教育教学内容的一个组成部分。

1. 专业音乐教育传承维吾尔木卡姆个案举要

为了掌握目前维吾尔木卡姆在新疆专业音乐教育中的传承情况，笔者对新疆各高校的音乐类专业进行了调研。现以新疆艺术学院为个案对其具体的传承情况进行分析。

新疆艺术学院是西北地区民族特色浓郁、地方特点显著、专业性较强的综合高等艺术学府，是新疆第一个独立正规的、以培养少数民族艺术人才为主的艺术学校。新疆艺术学院的前身为1951年建立的西北艺术学院（西安）新疆少数民族艺术系；1952年新疆维吾尔自治区人民政府在新疆大学的前身新疆学院内设立艺术系；1954年西北艺术学院少数民族艺术系返回新疆与新疆学院艺术系合并；1958年新疆学院艺术系独立出来成立了新疆艺术学校，后经过3次更名，最终在1987年经国务院批准恢复为新疆艺术学院。新疆艺术学院自1960年以来一直进行本科层次的教学，2013年经国务院批准为硕士学位授予单位。

（1）新疆艺术学院音乐表演专业（木卡姆演唱方向）现状

维吾尔木卡姆在学校专业音乐教育中的教学，始于20世纪50年代，当时西安西北艺术学院内设立了新疆少数民族艺术系，其教学内容涉及维吾尔木卡姆。1996年，新疆艺术学院开设音乐表演专业（木卡姆演唱方向，普通本科），并于当年招收了第一批大学本科生。在这之后，新疆艺术学院原本计划每两年招收一批学生，实际截至2013年底，一共只招收了7届学生。由此，承载着千百年维吾尔历史和文化的维吾尔木卡姆艺术开始由“师徒传承”、“口传心授”的教学模式逐渐转向学校课堂教学。这一传承方式的革命性变革正如中国音乐学院院长塔里木教授所说：“通过学校艺术教育参与木卡姆传承，有助于形成全面、多元、长效的活态传承机制，有助于扩大和稳定木卡姆传承群体，有助于在主流文化中纳入对木卡姆所含文化价值的认知，有助于使其成为人类多样文化体中生生不息的一支。”

第一，教学目的。新疆艺术学院音乐表演专业木卡姆演唱方向教学的目的，在于通过高等艺术教育深入挖掘、研究、整理维吾尔木卡姆；培养具有民族特色的维吾尔木卡姆音乐教育者和艺术表演的复合型人才；

建立传承维吾尔木卡姆的教育体系，使新疆维吾尔木卡姆得到很好的继承与发展，以推进我国民族音乐的多元化发展。

第二，课程设置。新疆艺术学院音乐表演专业木卡姆演唱方向的课程主要由四大类构成：一是专业基础课，主要课程有基本乐理、视唱练耳、和声共同课、木卡姆概论、木卡姆音乐结构、新疆民族音乐概论等 12 门；二是专业技能课程，主要课程有声乐、木卡姆演唱、民族器乐课等 4 门；三是院、系级选修课，主要课程有维吾尔族舞蹈、木卡姆诗词、木卡姆音乐史等 11 门课程；四是教学实践，每学期都有 1—2 周的实践环节，使学生们在了解和掌握了音乐理论及表演艺术等方面的理论知识后得以实践，提高其木卡姆综合表演的能力。这些与木卡姆相关课程的设置，是为了让学生在学习木卡姆表演的基础上，掌握与此相关的文化课程，开拓艺术视野，提高文化素养，成为能演唱的表演人才以及能进行创作和具有丰富理论知识的研究型复合人才。

第三，教材选用。为使维吾尔木卡姆演唱方向的教学更加规范、系统与专业，新疆艺术学院的相关教师先后编写并出版了一些维吾尔木卡姆的教材，并运用到木卡姆的教学中，主要有：《论维吾尔十二木卡姆理论的音乐结构特征》（苏来曼·伊明编）、《胡西塔尔曲调精选》（库尔班·沙来编）、《新疆扬琴曲》（加米拉·卡德尔编），以及凝聚新疆艺术学院教师共同智慧、集体编写的教材《民族专业技能教学曲目集》与《民族专业技能教学创作曲目集》等。

第四，其他方面。师资建设方面，新疆艺术学院的木卡姆教师队伍是融少数民族与汉族，教学、科学研究与表演于一体，老、中、青相结合，结构合理的教师梯队。学生方面，生源来自新疆的南北疆地区。新疆艺术学院音乐表演专业（木卡姆演唱方向）自 1996 年设立以来一共招收了 7 届，每届招生计划为 20 人，学生均为维吾尔族。其中有个别优秀的学生毕业后留校任教，如木卡姆演唱青年教师夏热扎提。

（2）新疆艺术学院音乐表演专业（木卡姆演唱方向）存在的问题

新疆艺术学院音乐表演专业（木卡姆演唱方向）在十几年的办学过程中，始终坚持“教学”、“科研”、“实践”三位一体的教学体系，在教学中将现代教学理念与原生态传承方式、课堂教学与个别教学、专业教师与民间艺人、课堂教学与艺术实践、课堂教学与田野采风有机地融合到一起。这种新的教育传承途径采纳了原生态口传心授的教学模式，为维吾尔木卡姆的传承开辟了一条新的途径。

笔者通过对木卡姆的现场课堂教学观摩，看到当维吾尔木卡姆被引入到大学本科教育后，原有的“歌、舞、乐”三位一体的维吾尔木卡姆衍变为木卡姆演唱课、舞蹈课和民族器乐课。木卡姆演唱方向开设的基本乐理和和声共同课所使用的教材，并没有与本专业相结合，而是使用了建立在西方音乐体系基础上的教材，造成所学未必有所用。学生在学习过程中所使用过的乐谱是五线谱的记谱方式，不足以将维吾尔木卡姆中丰富多彩的节奏、游移音完全无误地展现出来，在这种情况下，将固化的乐谱和歌词让学生学习，使珍贵的维吾尔木卡姆不再流失，虽利于木卡姆人才的培养，但同时也失去了其本身的活力和即兴性。与此同时，我们必须要清醒地认识到，纵然维吾尔木卡姆的传承场越来越少，生存面临着危机，但它能延续到今天必然有其深层次的原因。维吾尔族的民族文化内部存在着自己所独有的一套民族音乐传承体系，其形态丰富且能够自给自足，是维吾尔木卡姆所赖以生存的根源，而且口传心授这种即兴的传授方式，既强调直觉的整体把握，又强调传、承双方之间的心灵沟通，通过音乐的直接唱、奏，通过语言和非语言的交流手段，使承者深化对音乐的领悟，达到与音乐神韵的共鸣。由此可见，通过学校教育传承维吾尔木卡姆不可忽视的一个前提就是吸收、借鉴其“原生形态”。

2. 普通学校音乐教育中传承维吾尔木卡姆个案举要

为了解维吾尔木卡姆在新疆普通学校音乐教育中的传承情况，笔者对全疆中小学的木卡姆传承情况进行了抽样调查。调查过程中发现，在普通学校教育中传承木卡姆具有代表性的地区是新疆吐鲁番地区鄯善县的鲁克沁镇。该镇部分学校与青少年活动站建立为合作单位，每个学校都挑选愿意学习维吾尔木卡姆的学生到木卡姆学习班中学习。这些学生每逢周六就聚到一起，组成一个木卡姆学习班学习维吾尔木卡姆，实际上这种教学情况类似于业余爱好兴趣班。开展这种活动的学校有：鲁克沁镇中心学校、鲁克沁镇一中、鲁克沁镇二中、鲁克沁镇木卡姆小学等。其中，木卡姆小学是传承维吾尔木卡姆最具代表性的学校。

（1）木卡姆小学概况

新疆吐鲁番地区鄯善县鲁克沁镇木卡姆小学位于鲁克沁镇木卡姆村，始建于1952年。木卡姆村原名托万买里村，因其木卡姆艺人较多而更名为木卡姆村。木卡姆小学占地25亩，建筑总面积1776平方米，绿化面积占学校总面积的32%。截至2012年7月，学校共有11个教学班，342名学生，教职工21名；教师中本科学历4人，大专学历12人，中专学历5人，其中小教高级职称8人，特岗教师2人。木卡姆小学为全面贯彻落实《中共中央国务院关于深化教育改革全面推进素质教育的决定》，大力推进“双语”教学工作进程，培养“民汉兼通”人才，学校高度重视双语教学工作，自2007年起，尝试推行“双语”教学，开办双语班，截至2002年已开办双语班8个。该校最具特色的是创办了一个木卡姆班，将木卡姆作为教学内容纳入到课程当中，且全体学生跳的校舞也是由维吾尔族木卡姆中的舞蹈和广播体操有机结合而成。

木卡姆小学中的木卡姆班始办于1993年，其创始人是吐尔逊·司马义，他曾是鲁克沁镇文化站的站长，也是能够完整演唱吐鲁番木卡姆的两个国家级木卡姆传承人之一。木卡姆班从开办起至今已经20余年了，先后共有六位木卡姆艺人教授学生们演唱、演奏木卡姆，分别是：吐尔逊·司马义、买买提·依布拉音、吾斯曼·哈木提、依明尼亚孜·阿不都热木、穆可热姆、阿巴斯·阿吾提。木卡姆班在这20余年中因为种种原因也中断过，随着2005年维吾尔木卡姆申报“人类口头和非物质文化遗产”的成功，木卡姆班除了得到政府部门的重视支持，家长也都自觉自愿地让孩子们来学习木卡姆。

（2）木卡姆班的一般教学情况

授课时间：木卡姆小学中的音乐教学情况基本与普通学校相同，不同之处在于单独成立了一个木卡姆班。木卡姆班以前的授课是在每年的寒暑假中进行，为期20多天，采用一对多的教学方式。目前，木卡姆班有了相对固定的上课时间，定为每周二和周四的 18：00—20：00。

授课教师：学校的音乐教师阿巴斯·阿吾提担任任课教师，依明尼亚孜·阿不都热木老师是民间艺人，会每周最少一次到学校参与到教学当中。阿巴斯·阿吾提出生于木卡姆世家，他的父亲阿吾提·古力是国家级木卡姆传承人。阿巴斯是第 13 代传承人，受到家庭的影响熟练地掌握了 5 部十二木卡姆，且正在学习吐鲁番木卡姆，其最擅长演奏的乐器是都它尔和手鼓。

教材选用：截至 2014 年 3 月，木卡姆班还没有统一的教材，通常是老师提前复印或是抄写歌词，学生在课堂中学习。

学生来源：从木卡姆班创立起，学生都是由老师自己去挑选，目前是从木卡姆小学的一年级到五年级的学生中挑选。选择学生的标准是：首先是要学习成绩好的，学校担心学生因为学习木卡姆影响成绩而导致家长的不支持；其次是挑选唱歌声音条件好的；最后通过对学生平时学习和参加活动的表现、学生自己对木卡姆是否有兴趣以及学生是否具有一定的乐感、天赋等几个方面的考察，确定最终的入选名单。这种挑选的方式既延续了民间挑选木卡姆传承人的形式，又兼具现代学校组织培训学习班的做法。在木卡姆班里，这种将民间传承和现代学校教育传承相结合的做法还有许多。

通过实际的观摩发现，木卡姆班在教学中没有采用任何的教学设备，这种老师教一句、学生唱一句的教学仍是传统的“口传心授”的方式。虽然从表面上看是纳入了学校教育的体系，但是教学过程中依旧沿用的是传统民间口口相传的传承方式。

（3）木卡姆班传承木卡姆中存在的问题

木卡姆小学木卡姆班在传承木卡姆非物质文化遗产方面取得很大成功，但也存在一些问题和困难，主要表现在以下三个方面：第一，政府政策和经费问题。木卡姆小学在师资不足的情况下，若请民间艺人到学校授课，首先是不符合政策的规定，如民间艺人不具备教师资格证等问题；其次是民间艺人的课酬，目前学校没有专项经费，长期从学校很少的经费里支付课酬，只能是杯水车薪，无法解决根本问题，给此项工作的持续开展带来困难。第二，师资问题。木卡姆小学目前仅有一位音乐教师，即阿巴斯·阿吾提老师，他所掌握的关于木卡姆的知识来源于家庭传承和民间聚会。他在新疆教育学院艺术分院学习的时候，学校里面并没有设置相应的课程。在对其他三所学校的音乐教师进行访谈后得知，他们本身就不会吐鲁番木卡姆，在大学里也没有学习过，即便是所在学校要求开设吐鲁番木卡姆课程或是以吐鲁番木卡姆为教学内容展开教学，他们也无法教授。由此可以看出，师资的匮乏和教师的能力不足是一个现实而突出的问题。第三，教学问题。木卡姆班在教学过程中存在的问题包括：一是学校未在音乐课中加入关于吐鲁番木卡姆的内容，也没有单独开设吐鲁番木卡姆的课程。二是教材问题。在教学过程中，木卡姆班没有使用已经出版的吐鲁番木卡姆的有关书籍，教师也没有编写适宜于教学的校本教材。这种没有固定的教材，仅依靠任课教师已有的学习经验和记忆的做法，造成各个教师所教授的版本与最早的版本有所差异，因此，制定一套合理、系统、规范与适合木卡姆班学习的校本教材是亟待开展的重要事项。三是在教学过程中缺乏相应的教学设施。木卡姆班在进行教学时仅依靠教师的教唱，学生完全是模仿学习，教室中没有配备相应的VCD播放器等多媒体设施，即使是音乐教师自备了关于吐鲁番木卡姆的音像资料，同学们在课堂上也无缘欣赏。

（五）田野调查的结果分析

数百年来，维吾尔木卡姆传承的原生态模式自成系统，自有一套传承渠道，而面临当前的社会环境，在原生态传统师徒传承和麦西热甫传承模式的基础上，又产生了新的传承模式，即维吾尔木卡姆传承中心传承和学校教育传承。通过田野调查，笔者基本掌握了维吾尔木卡姆的传承实态，即大致可以分为师徒传承、社会民俗传承、维吾尔木卡姆传承中心传承和学校教育传承等四种实态。调查发现，城市中师徒传承与社会民俗传承很少见，其原因主要是由于社会文化的变迁，以及文化功能的转换，木卡姆已经失去了在城市中的生存场域，取而代之的是木卡姆传承中心传承和学校教育传承的形式。然而，农村中师徒传承、社会民俗传承、学校教育传承的情况相对城市都较好，这大致与农村相对于城市更具封闭性、受现代化影响稍少以及木卡姆传承人大都集中在农村有关。

笔者通过对维吾尔木卡姆在新疆学校教育中传承的情况进行全面的实地调查和分析后，发现近20年来，维吾尔木卡姆在学校教育中的实践也显露出其自身的弊端。虽然当今的维吾尔木卡姆学校教育传承方式是将民间原生态的口传心授的传承方式与课堂组织教学的传承方式相结合，促进了维吾尔木卡姆音乐文化的活态传承，也在一定程度上有效地改善了其生存的原生态环境，但是，学校中的木卡姆教学普遍存在由技入道，轻理论、重技能的情况，大都重视木卡姆传唱技巧，却对木卡姆艺术的渊源、发展历史以及人文、环境生态都背景都缺乏较为深入的介绍，并没有将培养民间活态文化传承人作为其教学目标之一。由于现代化社会的冲击，口头文化传统的逐渐弱化，以文字和现代传媒为主获取知识的新途径的出现，当代的木卡姆艺人和音乐院校的木卡姆专业师生越来越依赖于文字化的文本，使得原本呈现出动态的唱词也逐渐趋于程式化，这在一定程度上削减了其即兴创作与表演的能力。老一辈维吾尔木卡姆艺人随机应变的应对能力、即兴作诗填唱的能力、将音乐与文学融为一体的较高文化修养等素质都已经与现今一代的维吾尔木卡姆艺人无缘。任何民族的传统艺术要鲜活地延传，只有在它所适应的原人文生态环境下才能保持其永久而旺盛的生命力。维吾尔木卡姆著名的研究者周吉先生认为："专业团体的表演与存活于民间底层的原生态木卡姆相比，毕竟犹如动物园里的人工饲养的老虎一样替代不了驰骋于崇山峻岭、辽阔原野的兽中之王。"（周吉，2005）[220]

基于维吾尔木卡姆传承现状，有这样几个方面需要我们重点关注：一是必须维持维吾尔木卡姆的原生态传承形式，因为维吾尔木卡姆本身就来自维吾尔民众的生活中，只有将其植入其生存的土壤中，它才能枝繁叶茂地发展。二是与高度组织化的现代教育建立合作关系，使木卡姆成为新疆维吾尔族学生审美教育的一部分。三是培养全面的维吾尔木卡姆人才。高等艺术院校中培养的学生应是全面发展的、有创新意识的、既能演唱又能研究维吾尔木卡姆的人才。四是亟待进行维吾尔木卡姆校本教材和地方教材的建设。五是新疆维吾尔族各级各类学校应根据实地情况开展木卡姆的教学，让维吾尔族学生充分地了解和掌握自己民族的优秀传统音乐文化。

教育是人类历史发展和文化记忆传承的重要方式，学校教育承担着传递和继承人类文化的主要功能。现有的学校教育无意识地区隔了族群文化传承的连续性，新疆艺术学院的音乐表演专业（木卡姆演唱方向）和鲁克沁镇木卡姆小学的木卡姆班，是非物质文化遗产进入学校音乐教育范畴的初步尝试，为解决这种区隔迈出了第一步。

五、维吾尔木卡姆学校教育传承的必要性与可行性分析

维吾尔木卡姆承载着维吾尔族的古老文化，在千百年来的延传中由前辈将文化和经验传给后辈，这一文化传承过程也是教育形式之一，既对后辈个体和社会的发展都起着重要的作用，又发挥着强大的教育功能。然而，随着全球经济一体化与信息化时代的到来，维吾尔木卡姆原有的文化生态环境受到剧烈的冲击而发生巨大的改变，使其固有的民间教育传承形式逐渐失去生存的空间，面临着传承场域的缺失和传承人断代等问题。现代学校教育是将零散的和不连续的教育活动有序地组织起来，从而形成一个完整的有目的、有计划、有组织的文化传递的教育体系。为了解决维吾尔木卡姆现代传承的困境，需要对其纳入现代学校教育的必要性与可行性进行论证和分析。

（一）维吾尔木卡姆学校教育传承的必要性分析

当今，中国各族人民均享有宪法所规定的民族文化权利，政府鼓励和支持各民族保护、弘扬本民族优秀的传统文化，以维护我国多元、健康、可持续发展的文化生态环境。但在全球化的背景下，民族文化往往处于一个全球开放的空间，其赖以生存的文化生态发生了巨变，受到了前所未有的影响。这是任何一个开放的国家或地区都难以避免的，由此

也带来了民族文化保护和发展的新形式与新情况相适应的问题。维吾尔木卡姆也不例外，在这种社会变迁的大环境中，其保护与传承面临着危机的同时，也迎来了新的发展机遇，将其纳入学校教育迫在眉睫；而且，这一举措对于民族传统文化的传承、非物质文化遗产的多样性保护是十分必要的。

1. 维吾尔木卡姆遭遇的生态危机

20世纪90年代以来，全球经济一体化在改变着各民族原有生产方式和社会关系的同时，也导致了民族传统文化的危机，这已成为国际社会的共识。维吾尔木卡姆身处于当代社会文化变迁的大背景中，在多元文化借助于现代传媒的剧烈冲击下，文化生态发生了巨大的改变，其传承方式开始失去其原有的生态基础，同样产生了危机，处在断层的边缘。具体表现在：第一，文化生态环境的变迁使维吾尔木卡姆赖以生存的文化土壤发生巨变。维吾尔木卡姆原生态的集体传承场随着现代文化传播方式的多样化而发生了变化，其生存空间越来越狭小。第二，在多元文化借助于现代传媒的剧烈冲击下，民众的审美观念和审美趣味发生变化，对维吾尔木卡姆的认同感开始出现逐步淡化的趋势。以维吾尔族传统的婚礼麦西热甫场合为例：婚礼麦西热甫中参加者多数为年长者时，维吾尔木卡姆则能够按照一定的顺序完整地被表演；若参加者多数为青年人时，通常情况下，维吾尔木卡姆的散板序部分在整个婚礼中几乎不被演奏或演唱，而热闹欢腾的歌舞曲部分也仅寥寥数次、象征性地被表演，取而代之的是流行歌曲和各种电子乐器，这种境况直接影响到木卡姆传承人的数量和技艺水平。当原生态的维吾尔木卡姆不再被本族民众所认同时，欣赏、学习木卡姆的人数会越来越少。维吾尔木卡姆传承人原有的口传心授的学习和传承途径受到以文字为主获取知识的途径的冲击，绝大多数的新生代传承人在学习木卡姆时依赖于文字文本，这直接导致木卡姆中的歌词趋于稳固化的状态，与民间文学之间的动态关系也逐渐弱化，即兴性亦被消减，即兴创造面临着缺失，使得木卡姆传承人在继承传统和个人创造之间的这种最佳模式被打破。第三，维吾尔族传统文化原本出自自身社会发展与人们的需求，而在当代全球化的背景下，经济快速发展，维吾尔木卡姆可能有了商品化的特性，甚至与原有的民族生活失去联系，其中一部分学习者的学习目的由单纯的喜好转为提高经济收入。物质生活水平的提高是人类的共同需求，对此虽不应持以批评的态度，但不求完整和深入地学习木卡姆而是以满足演出为需要时，木卡姆的当代传承必然面临着危机。维吾尔木卡姆作为文化商品，固然为当地维吾尔族人带来了一定的经济利益，也可宣传民族的优秀文化成果，增进民族间彼此的了解，但不能因商品化而使“文化”变味，因为因商品化而表现出的急功近利在一定程度上会对民族文化资源造成破坏。

2. 维吾尔木卡姆面临的发展机遇

应该承认，社会变迁是人类社会发展之必然，社会变迁也引起了文化的变迁，而文化变迁是人类社会中文化发展、演化、变异的一般规律。在当前现代化和全球一体化的背景下，社会的变化对维吾尔族传统文化产生了巨大冲击和深入渗透，打破了其文化系统的稳定性。在当代社会的急剧变迁的大环境中，维吾尔族传统文化面临两种选择：要么接纳新因素进行改革和创新以适应现代生活，要么就在与当代社会相悖的境遇中逐步失去其所特有的各种功能，继而走向衰微。而从维吾尔族发展的历史来看，“文化变迁的变奏曲一直伴随着维吾尔族文化的历史形成与构建过程，变异与重建一直是维吾尔族传统文化发展、循环的重要特征。正如开放性与多样性是维吾尔族传统文化的特征一样，变异性也是其最基本的特征之一”（艾娣雅·买买提，2006）[45]，而维吾尔木卡姆同样也一直具有“与时俱进”的能力。所以，在认识到维吾尔木卡姆传承所面临的危机的同时，也应看到当代社会变迁所带来的积极的方面。

（1）以《世界文化多样性宣言》为标志，多元文化共存发展的观念得到普遍认同。在新疆，多元文化观念深入人心，从政府到民间，从政府文化官员、专业演员到民间艺人和学习者的各层次群体，都已形成保护传统文化的意识，这为维吾尔木卡姆的传承与发展奠定了良好的意识基础。

（2）2005年11月25日，联合国教科文组织将“中国新疆维吾尔木卡姆艺术”列为世界第三批“人类口头和非物质遗产名录”。这次申请“非遗”的成功，增加了新疆维吾尔人对本民族、本地域传统文化的自信与认同，极大地鼓舞了新疆维吾尔族民众的热情，在全社会掀起了维吾尔木卡姆学习、研究的热潮。同时，这也引起了政府的充分重视，政府也制定了相应的措施，有力地推动了维吾尔木卡姆的保护、传承与发展。

（3）现代科技、传媒（电视、广播、网络）等手段对文化传播具有强大影响力。笔者在实地调查时看到，部分群众将维吾尔木卡姆片段制成 MP3 格式，作为手机铃声传播，且具有较大的覆盖面。通过这一点可看出，现代科技、传媒手段是当代文化传播的重要途径，具有传统途径不可比拟的优势和影响力，如加以正确引导，将为维吾尔木卡姆的传播提供有效的渠道。

（4）经济全球化和国家西部大开发政策的实施，推动了新疆经济的快速发展，使当地民众物质生活水平迅速提高，同时也促使民众对文化的需求增加。在对本民族、本地域传统文化的自信与认同的基础上，文化需求的增加将有助于受众群的扩大和培养。

（5）社会变迁引起的多元文化的碰撞和交流给新疆维吾尔木卡姆带来了新的交流平台，使其有了借鉴、吸收其他优秀文化成果的条件，为其自身的发展注入新的活力。

对于维吾尔木卡姆的传承来说，当代社会文化变迁可谓是“双刃剑”：在带来危机与挑战的同时，也带来了新的发展机遇和条件。只有科学认识传统文化的意义，充分利用社会变迁中的有利因素，借助当代学校教育的强大传承优势，在保持本民族、本地域固有文化特征的前提下，有选择、有创造地传承，才能将维吾尔木卡姆艺术引向良性发展的道路。

（二）维吾尔木卡姆学校教育传承的可行性分析

教育人类学对实际教育问题的研究，通常是将“教育放到社会之中，作为社会的一个不可分离的部分，全面考察人类历史与教育发展的关系，考察不同民族发展与教育的关系，考察在社会背景中教育的全部职能对人发展的影响……把一时一地的学习与人的全面发展、社会进步联系起来”（冯增俊，2005）[3]。由此可见，教育人类学是从全方位和宏观的视角，把人放到与之全部相关的因素之中揭示教育对人与社会的作用。从教育各个主体之间的关系型思维出发，维吾尔木卡姆的教育传承生成于人与自然、人与人、人与社会三大基础关系之中，由此产生了不同主体的关系模式，使其传承具有相异的历史性和生成性。下面笔者从教育人类学的研究视角出发，通过维吾尔木卡姆与维吾尔人、维吾尔木卡姆与维吾尔社会以及学校教育传承维吾尔木卡姆等三个方面，深入探讨维吾尔木卡姆学校教育传承的可行性问题。

1. 维吾尔木卡姆与维吾尔人

在特定的语境中，音乐教育可描述为“个体人—音乐—人体人”这一关系。音乐的教育功能可以描述为作为一种音乐活动形式所产生的教育作用，对于音乐与人的关系可以分为一般关系和审美关系。在维吾尔木卡姆的原生态的师徒传承模式中，呈现出“师傅—木卡姆—徒弟”的教育过程。“教育不过是为人的发展准备条件，它总是试图展示人的自然禀性，赋予人社会生存的能力，同时塑造或拓展一个人的精神世界”（王坤庆，2006）[5]，在上述过程中，维吾尔木卡姆的教育功能之一就是塑造和拓展人，促进人的全面和谐发展。

关于音乐教育通常有两种理解：一种为通过音乐对人进行教育，另一种为对人进行以音乐为教学内容的教育。音乐的教育功能的展现，是人在音乐教育实践中以音乐为中介而形成的，包括人与音响范畴的音乐的一般关系和人与审美范畴的音乐的特殊关系。音乐教育中音乐与人的一般关系是对人进行以音乐为教学内容的教育，通过主体是人的音乐创作者、表演者和欣赏者与客体是音乐音响所构成的“音乐人化”和“人化音乐”的音乐实践活动，在这一过程中强调对音乐本体知识和技巧的掌握和理解，对音乐创作、表演和欣赏等实践行为能力的培养，同时重视音乐作为文化的价值，在音乐本体教学的基础上，深入挖掘每种音乐背后所独有的文化事项，以实现音乐对人具有塑造人性、开启智慧、润泽生命和提升境界等教育功能。教育功能是音乐本身所具有的属性之一，维吾尔木卡姆在漫长的文化接力过程中所发挥教育作用是功不可没的。音乐可以使人进入到情感体验当中，由此，音乐表演可将听者的感觉引导到一定的审美方向上（布莱金，2007）[14]。一个国家或是阶层的音乐审美标准是在其特定的群体中对音乐的审美体验的找寻和认同过程中形成的，其也可以作为理解一个国家的体制和文化等内容的手段。《论语》中写道："兴于诗，立于礼，成于乐。"（《论语·泰伯》）人与人是在音乐的共享体验中增加情感和发展身心，进而融入到社会集体意识之中。"对于一个社会得以建构的多种活动而言，音乐是不可缺失的传播活动。它是一种普遍的人类行为。如果没有音乐，就没有真正意义上的人类。"（霍德杰斯，2006）[518] 柏拉图说："使声音向善，直至抵达灵魂，在此意义上，我们把这种对声音的训练称为音乐。"（柏拉图，2003）[425] 由此可见，音乐在不同国家、民族、时代都是作为社会文化认同的手段之一，显示出其教育功能。维吾尔木卡姆对维吾尔民众亦有着特有的教育功能。

2. 维吾尔木卡姆与维吾尔社会

古今中外学者对人的社会属性都有着自己的认识。孟子认为"人有仁义礼智，人知礼义廉耻，而禽兽则否"（《孟子·告子章句下》）；苏格拉底认为人是理性的动物（卡西尔，2004）[9]；卡西尔认为人是符号的动物（卡西尔，2004）[37]；马克思认为人具有自由自觉的类的特性，是有意识和意志的（马克思，1979）[50]，人的本质在其现实性上，是一切社会关系的总和（马克思，恩格斯，1972）[18]。人具有的复杂社会属性决定了人对社会具有影响。

我国自先秦时期起，人们就认为音乐具有社会功能和教育功能，并在《乐记》中阐述了相关的内容。《乐记》总结了先秦时期儒家的音乐美学思想，是我国最早的一部音乐理论著作，也是我国音乐文化宝库中的一份珍贵遗产。《乐记》认为音乐是治理国家不可缺少的手段，所谓"先王立乐之方"，即"乐在宗庙之中，君臣上下同听之，则莫不和敬；在族长乡里之中，长幼同听之，则莫不和顺；在闺门之内，父子兄弟同听，则莫不和亲"。儒家认为帝王制定音乐的目的不仅仅是用来欣赏，而是要利用音乐的教化作用来端正社会风气，使整个社会形成和谐一致的状态。《乐记》还指出："乐者，天地之和也；礼者，天地之序也。""大乐与天地同和，大礼与天地同节。""大乐必易，大礼必简。""乐者为同，礼者为异。""礼、乐、刑、政，四达而不悖，则王道备矣。"《乐记》"把礼、乐的互相配合作为实行阶级统治的基础，将音乐与道德、法律、政治同等看待，对它在国家上层建筑中所起的作用，给予了高度的重视"（刘再生，1995）[114]。《乐记》中写道："是故先王之制礼乐也，非以极口腹耳目之欲也，将以教民平好恶，而返人道之正。"

维吾尔木卡姆通过麦西热甫聚会，对参与的维吾尔民众发挥着"以乐教和"的社会功能和教育功能。维吾尔民众通过木卡姆来沟通、联络彼此之间的情感意志，进而达到人与人之间情感交流的和谐状态。它通过对人的音乐性的社会属性的不断塑造，在实现人与人之间和谐的基础上，进而达到社会的和谐。

3. 学校教育传承维吾尔木卡姆的可行性

首先，应从世界文化多样性的视角对维吾尔木卡姆进行保护。文化多样性日益成为国际学界关注的理论焦点之一。2001年11月2日，联合国教科文组织第31届大会审议通过了《世界文化多样性宣言》，该宣言明确指出应尊重文化多样性。随着当今世界全球一体化影响的日益深入和广泛，对于新疆这一多民族聚居、多元文化交融的区域，保护民族传统文化具有不可估量的、重大的现实意义。《世界文化多样性宣言》的第一条指出："文化多样性是交流、革新和创作的源泉……是人类的共同遗产。"因此，任何国家和民族想要在世界文化中占有一席之地，必须得保护本国和本民族的传统文化，保留自己独一无二的特色。中华文明是由中国各民族优秀文化成果共同形成的有机整体，新疆维吾尔木卡姆是这一有机整体中的一员，对其的保护应站在维护我国文化生态的健康发展以及保护世界文化多样性的高度来认识。

其次，应对当今世界的文化发展趋势有个清醒的认识。当今世界全球一体化的趋势非常显著，在全球一体化和外来文化浪潮的不断冲击下，民族传统文化赖以生存的社会文化生态环境发生了急剧的变迁，文化多样性受到严重的威胁。在这样的背景下，维吾尔木卡姆的生存和传承出现了危机。那么，文化是否会像经济一样，形成文化全球化的趋势？在相关的讨论中，学术界产生了诸多的观点，有学者分析，“全球一体化也可能激起各种不同文化传统的防范意识，并采取措施保护自己的文化”（文崇一，1998）[162]。而且，当前的社会现状是“文化创新比文化同质化的步伐快得多”（兰得尔·梅森，2002）[159]，可以说终将获胜的定是文化多样性。我国政府及各族民众正是在对当今世界文化发展趋势的充分认识下，意识到保护文化多样性和传统文化的重要意义，大力推动传统文化的保护。新疆维吾尔自治区人民政府也给予维吾尔木卡姆艺术强有力的支持，这将对维吾尔木卡姆的保护与传承产生至关重要的影响。

再次，如何处理好传统文化保护、传承与发展的关系，一直是学术界探讨的问题。有学者认为，应保持所谓“原汁原味”的、原始的传统文化。实际上，原封不动地继承和保留传统文化在当代社会背景下已实无可能。应该看到，传统并非是固化的，今天的某些存在将是明天的传统。我们应明确保护传统文化的目的是使社会更好、更快地发展，而发展需要创新和整合；创新的目的则是更好地保护。布尔克在论述法国革命时曾经这样说：“一个国家若没有改变的能力，也就不会有保守的能力。”（余英时，1992）[105] 如若要使每个民族的传统文化保持其旺盛的生命力、生生不息，必须得有“活水”浇灌，不断地加以创新和改革，使之与当今社会相适应。就维吾尔木卡姆的保护而言，应发挥其自身的“文化调适”能力和对新的文化因素进行整合，形成新的生长机制，方能使其得到可持续发展，而不至于沦为“文化化石”。另外，就维吾尔木卡姆的传承而言，应不止于“接受”。“一个传统要想延续下去，就离不开后代有意识的占有。”（尤尔根·哈贝马斯，2002）[200] 承认传统的重要性，应是理解这种传统的功能和意义而进行解释和选择。所以，应该科学地认识传统的意义，在保持本民族、本地域固有文化特征的前提下，有选择、有创造地传承，并采取行之有效的传承方式，才有利于维吾尔木卡姆的发展。

最后，将维吾尔木卡姆传承纳入学校教育是完全可行的。在维吾尔木卡姆传承过程中，民间艺人是其传承的关键要素。但从当前的情况看，能够完整演奏、演唱全部维吾尔木卡姆的艺人屈指可数，且均年事已高。在对维吾尔木卡姆老艺人进行保护的同时，让年青一代维吾尔民众掌握维吾尔木卡姆艺术，是唯一的希望所在。所以，学校教育具有民间传承不可比拟的优势，其可以将维吾尔木卡姆纳入民族音乐教育的本土教育当中，从少儿阶段开始培养民众的兴趣、听觉习惯、审美取向，扩大受众群。学校还可以运用现代科学技术手段，建立完整的音频、视频数据库，保存这一珍贵的音乐文化遗产。文化教育主管部门应真正认识到学校教育对于传承与发展维吾尔木卡姆的重要性，充分发挥引导作用，加大政策、资金等支持力度。这些将是有力推动对维吾尔木卡姆的保护与传承的可行性选择。

参考文献

O. F. 博尔诺夫. 1999. 教育人类学［M］. 上海：华东师范大学出版社.

阿不都秀库尔·穆罕默德伊明. 1985. 论维吾尔古典音乐：《十二木卡姆》［M］. 乌鲁木齐：新疆人民出版社.

艾娣雅·买买提. 2006. 一位人类学者视野中的麦西莱甫［M］. 北京：民族出版社.

艾尔·巴比. 2002. 社会研究方法基础［M］. 8版. 邱泽奇，译. 北京：华夏出版社.

柏拉图. 2003. 法篇［M］. 王晓朝，译. 北京：人民出版社.

布莱金. 2007. 人的音乐性［M］. 马英珺，译. 北京：人民音乐出版社.

第六届国际木卡姆研讨会中方筹备组. 2007. 第六届国际木卡姆研讨会论文集［C］. 北京：中央音乐学院出版社.

冯增俊. 2005. 教育人类学教程［M］. 北京：人民教育出版社.

管建华. 2006. 民族音乐文化传承［M］. 西安：陕西师范大学出版社.

霍德杰斯. 2006. 音乐心理学手册［M］. 刘沛，任恺，译. 长沙：湖南文艺出版社.

卡西尔. 2004. 人论［M］. 甘阳，译. 上海：上海译文出版社.

克里斯托夫·武尔夫. 2009. 教育人类学［M］. 张志坤，译. 北京：教育科学出版社.

兰得尔·梅森. 2002. 在全球化社会中遗产的保存和价值［M］//联合国教科文组织.

世界文化报告2002——文化的多样性、冲突与多元共存. 关世杰，等，译. 北京：北京大学出版社.
栗洪武. 2012. 学校教育高于生活的品质及其教育学意义［J］. 教育研究（12）.
刘富琳. 1997. “口传心授”释义［J］. 中国音乐（4）.
刘再生. 1995. 中国古代音乐史简述［M］. 北京：人民音乐出版社.
马克思，恩格斯. 1972. 马克思恩格斯选集：第1卷［M］. 北京：人民出版社.
马克思. 1979. 1844年经济学—哲学手稿［M］. 刘丕坤，译. 北京：人民出版社.
努斯热提·图尔迪. 2007. 略论哈密木卡姆的传承及面临的问题［J］. 新疆大学学报：哲学·人文社会科学版（3）.
王军. 2002. 文化传承与教育选择——中国少数民族高等教育的人类学透视［M］. 北京：民族出版社.
王坤庆. 2006. 精神与教育——一种教育哲学视角的当代教育反思与建构［M］. 上海：上海教育出版社.
王瑟. 2006. 重访“活”在民间的木卡姆［N］. 光明日报，2006-03-16（2）.
王耀华. 1994. 中国近现代学校音乐教育之得失［J］. 音乐研究（2）.
文崇一. 1998. 中国的社会学：国际化或国家化［M］//乔健. 社会学、人类学在中国的发展. 香港：香港中文大学新亚书院.
新疆维吾尔自治区十二木卡姆研究学会. 1992. 论维吾尔十二木卡姆［C］. 乌鲁木齐：新疆人民出版社.
尤尔根·哈贝马斯. 2002. 后民族结构［M］. 曹卫东，译. 上海：上海人民出版社.
余英时. 1992. 中国文化与现代变迁［M］. 台北：三民书局.
张振涛. 2003. 走进西部，体验仪式［M］//中国传统民间仪式音乐研究（西北卷）. 昆明：云南人民出版社.
赵塔里木. 1996. 新疆高师少数民族音乐教育中的一个误区［J］. 中国音乐（2）.
中国新疆维吾尔木卡姆艺术申报工作组. 2005.《中国新疆维吾尔木卡姆艺术》申报书［J］. 新疆艺术学院学报（4）.
周吉. 2005. 木卡姆［M］. 杭州：浙江人民出版社.
周吉. 2008. 中国新疆维吾尔木卡姆音乐［M］. 北京：中央音乐学院出版社.
周凯模. 2000. 中国民族音乐教育的主体建设与整合意识［J］. 中国音乐（1）.
庄孔韶. 2007. 人类学概论［M］. 北京：中国人民大学出版社.

高等教育改革和发展

高校创业教育现状及发展对策研究

——基于西安部分高校学生的调查分析

◉ 陆根书　郭　良　胡文静

摘　要：创业教育被联合国教科文组织称为“第三本学习护照”，被赋予与学术教育、职业教育同等重要的地位。创业教育在世界范围内受到了广泛的关注，无论是发达国家还是发展中国家，都在积极开展创业教育。在我国，面对日益严峻的大学生就业问题，高校创业教育开始受到越来越多的关注，也得到了迅速的发展。本文在梳理国内外相关研究的基础上，通过对西安市四所高校大学生的调查，研究了大学生对创业和创业教育的态度与需求，大学生对高校创业教育的了解、参与及评价状况，以及高校创业教育对大学生的影响。研究发现，大学生对创业与开展创业教育的态度是积极的，也有意愿参加高校开展的创业教育活动，但他们对高校目前的创业教育活动参与较少，一个重要原因是他们对当前高校创业教育的评价较低；大学生喜欢有实践经验的教师，实践性强的创业教育活动内容与形式；参加创业教育活动对大学生的创业自我效能和创业意向具有一定程度的影响。在此基础上，本研究提出了如下改善高校创业教育的对策建议：(1) 高校应重视创业教育工作，树立正确的创业教育理念；(2) 建立专门的组织机构，统筹实施高校创业教育；(3) 采取多种措施，缓解师资匮乏现状；(4) 改革学习制度，使学生能在专业学习和创业活动之间合理安排时间；(5) 加强创业教育宣传，培育创业教育氛围；(6) 高校创业教育应该注重实践性，多开展实践性的创业教育活动；(7) 政府、社会及家庭应对高校开展创业教育给予相应的支持。

关键词：大学生；创业；创业教育

基金项目：2012 年度教育部人文社会科学研究规划基金项目“基于学生学习经历的高校人才培养质量保障机制研究”（12YJA880084），主持人：陆根书。

作者简介

陆根书，西安交通大学高教所所长、教授，主要研究领域为教育经济学、大学学习理论，电子邮箱：gslu@mail. xjtu. edu. cn。

郭良，北京先进数通信息技术股份公司数据分析师，电子邮箱：dalangdiguo@qq. com。

胡文静，西安交通大学公共政策与管理学院 2011 级博士生，主要研究领域为高等教育，电子邮箱：jeolyra@163. com。

On Status and Development Countermeasures of Entrepreneurship Education in Universities —Based on the Investigation and Analysis of College Students in Xi'an

Lu Genshu　Guo Liang　Hu Wenjing

Abstract: Entrepreneurship education—which is taken as "third learning Passport" by UNESCO—is accorded of equal importance as the academic education, vocational education. Entrepreneurship education has attracted attention throughout the world and has been actively engaging in either developed or developing countries. In China, accounting increasingly serious employment problems of college students, entrepreneurship education in colleges and universities which attracted more and more attention has been developing rapidly. Based on review of previous research at home and abroad, through the investigation of four college students in Xi'an, this paper, examed college students' attitudes and requirements towards entrepreneur and entrepreneurship education; how do they percept, engage and evaluate the entrepreneurship education in their colleges and universities; as well as the effects of entrepreneurship education on students in colleges and universities. Research result shows, students take active attitude toward launching on entrepreneurship education and have wishes to participate in entrepreneurship education activities. But currently they participated less entrepreneurship education activities in that they evaluated the current entrepreneurship education activities of low; students tend to like instructors who are more experienced and practical as well as more practical entrepreneurship education activities content and forms; participating in entrepreneurship education activities has effects on students' self effectiveness and entrepreneurial intention to some extent. On the basis of those research foundings, this research proposed the following countermeasures and recommends: (1) colleges and universities should see high of entrepreneurship education and set correct entrepreneurship education concept; (2) establishing specifical entrepreneurship education organizations, integrating the implementation of entrepreneurship education; (3) taking measures to mitigate the status of instructors-lacking; (4) to reform learning system so that students can engage in professional learning and entrepreneurial activities with more reasonable arrangement of time; (5) strengthening entrepreneurship education publicity and fostering entrepreneurship education culture atmosphere; (6) colleges and universities should focus on practical, hands-on entrepreneurship education activities; (7) government, society and the family should give the appropriate support to enterpreneurship education in colleges and universities.

Key Words: undergraduates; entrepreneur; entrepreneurship education

Authors:

Lu Genshu, Ph. D. , professor and director of Institute of Higher Education, Xi'an Jiaotong University, the main research areas are economics of education and student learning theory, e-mail: gslu@mail. xjtu. edu. cn.

Guo Liang, data analyst of Beijing Advanced Information Technologies Joint Stock Ltd. Co. , e-mail: dalangdiguo@qq. com.

Hu Wenjing, Ph. D. candidate, School of Public Policy and Administration, Xi'an Jiaotong University, the main research area is higher education, e-mail: jeolyra@163. com.

一、研究背景

从世界范围来看，创业教育受到了众多国家尤其是发达国家的广泛关注，它们通过各种方式强调了创业、创业教育对于国家、社会和个人发展的重要性。高校开展创业教育已成为国际高等教育的一个重要发展趋势，这既是时代发展的需要，也是解决大学生就业问题的途径之一。

创业教育起源于美国。1947 年，Myles Mace 教授为哈佛商学院的 MBA 研究生开设了“新创企业管理”课程，这是美国高校开设的最早的与创业教育相关的课程（Katz，2003）。自此之后，创业教育逐步在美国发展起来。经过几十年的发展，至今已形成较为完善的创业教育体系。早在 20 世纪 80 年代，美国政府就提出要为大学生“设定创业遗传代码”，积极发展大学生创业所需的各项能力。进入 21 世纪，美国政府愈发重视高校创业教育，把创业教育纳入到了国家创新体系之中。美国《贝赫-多尔法案》(Bayh-Dole Act)、“小企业研究所计划”（Small Business Institute Programme)、《珀金斯职业与技术法案》(Perkins Vocational and Technical Act）等法律、政策对推进创业教育的发展和创业教育体系的建立起到了重要的推动作用（O'Connor，2013）。2000 年，美国有 142 所大学把创业教育列为专业领域，其中有 49 所大学授予创业学位（Solomon，Winslow，Tarabishy，1998）。2005 年，美国已经有 1600 多所学院开设了 2200 多门与创业相关的课程。2008 年，增加到 5000 门以上。2012 年，有超过 40 万名学生选修这方面的课程。不仅如此，美国高校还获得 227 个创业教育教席（endowed positions），创建了 44 份相关学术期刊，成立了 100 多个创业研究中心，资助学生创业项目的基金累计超过 4.4 亿美元（Kuratko，2005）。不仅如此，创业教育已经延伸到了美国中小学教育体系之中，受到了社会各界的广泛关注。

创业教育在欧盟也得到了充分发展。欧盟对创业教育的兴趣始于 2000 年 3 月欧盟提出“里斯本战略”，之后欧洲各国政府相继出台了一系列有关创业教育的报告，指导和促进创业教育发展。一些国家也纷纷制定了国家创业教育战略规划，旨在从国家层面推动创业教育发展。欧盟的研究与创新新战略“地平线2020”（Horizon 2020）强调为市场注入新观念，以及促进新的创业文化形成。虽然就政策层面而言，欧盟有关国家在大力推动创业教育，但欧洲各国创业教育的发展并不平衡。例如，西欧国家提供创业教育的高等教育机构比东欧国家数量要多（Lanero，et al，2011）。

英国在20世纪80年代开始在高校中发展创业教育，虽略晚于美国，但经过30多年的发展也形成了较完整的体系。从政策层面看，在20世纪80年代，英国保守党政府率先把促进创业列入政策议程，启动了“大学生创业”项目，该项目1983年在苏格兰的8所大学内进行了试点，1984年开始在全英展开。1987年，英国又实施了高等教育创业计划，旨在培养大学生的创业能力。1998年，英国贸易与工业部（DTI）发表《竞争力》（Competition）白皮书，鼓励英国高等教育机构进一步发展创业教育。同年，科学与信息办公室创建了8所创业学院。2000年，英国贸易与工业部发表《卓越与机遇》（Excellence and Opportunity）白皮书，鼓励高校与企业界协同以促进创业（Galloway，Brown，2002）。2008年3月，英国政府颁布国家创业战略白皮书《创业：开启英国的才智》（Enterprise：Unlocking the UK’s Talent），旨在使英国成为世界上最大的创业经济体之一，并倡导营造创业文化氛围，在中小学以及高校发展创业教育（Treasury，2008）。2012年，高等教育质量保障局（QAAHE）发表《创业与创业教育：英国高等教育机构指南》（Enterprise and Entrepreneurship Education：Guidance for UK Higher Education Providers）报告，强调高校开展创业教育的重要作用。除了政府不断推出鼓励高校发展创业教育的政策和举措之外，一些机构对于英国高校创业教育发展也起到了重要推动作用。例如，2004年英国成立了全国毕业生创业委员会（The National Council for Graduate Entrepreneurship，NCGE），旨在增进学生以及高校与企业之间的联系，从而促进英国大学提升和发展“创业文化”。据NCGE在2007年发表的一份报告，英国有100多所大学为本科生和研究生提供创业教育，接受这类教育的在校学生人数达到176万人（Rae，et al，2012）。

澳大利亚也是较早开展创业教育的国家，目前也已形成了比较完善的体系，并在创业教育模式上形成了自身的一些特色（罗涤，高微，赖炳根，2012）。澳大利亚的创业教育与中小企业相伴成长，最初主要集中在小企业的创业教育，以成人和继续教育的形式进行短期培训。斯威本科技大学（Swinburne University）是澳大利亚高等院校中第一所提供创业教育课程的院校。到1991年，澳大利亚有17所大学提供创业教育课程，开设相关课程53门。到1998年，澳大利亚有39所大学提供创业教育课程，这些课程围绕中小企业，将焦点放在创业者精神、创新与新企业创建等主题上。到2010年，澳大利亚所有大学都提供创业教育课程，有的大学还开设了面向研究生的创业教育课程（李文英，王景坤，2010）。

亚洲一些国家高校的创业教育虽然晚于欧美国家，但也方兴未艾，发展非常迅速。例如，日本一些高校在1986年开始开设创业教育讲座，以培养学生的创新创业能力。在20世纪90年代，日本推行了一系列科技创业扶持政策，逐步改善大学与产业界的关系，大学创业活动显著活跃。1992年，早稻田大学成立了早稻田创业研究中心（Waseda Entrepreneurship Research Unit），并在2002年成立孵化中心，开设关于企业家培养等创业教育课程（李永志，2010）[58-64]。2008年大和总研对全日本734所大学、研究生院进行的调查结果显示，46%的学校开展了不同程度的创业课程与活动，日本高校内开设创业相关课程928门，其中200所本科院校开设课程523门，126所研究生院开设课程405门（Kelley，Thomas，2011）[154-155]。新加坡在政府、学校、企业的通力合作下，逐渐建立了相对完善的高校创业教育体系，形成了自己的特色，享有良好的声誉。早在1959年，新加坡就确立了“发展实用教育以配合工业化和经济发展需要”的指导思想，为新加坡的大学开展创业教育提供了良好的政策环境。近10多年来，新加坡政府每年用于风险投资、技术转移和创新创业的资金都超过20亿新币（Trivedi，2014）。新加坡经济发展局（Economic Development Board）设立多项扶持计划以促进创业活动的开展，其中包括每年派出一批大学生赴欧美创业型公司学习，意在将创业精神的“种子”带回新加坡。新加坡高校除了面向社会人员设立创业培训课程之外，还面向本科生设置创业辅修专业，以及面向研究生设置“创新与创业”硕士学位课程，并通过与科技园区的互动进行创业实践教育。

在非洲也有一些大学提供创业教育课程。例如，肯尼亚是非洲最早把创业教育纳入课程体系的国家，其首先在职业学校引入了创业教育，并在一些高校如肯尼亚内罗毕商学院和普利茅斯大学商学院创建了创业学位，包括本科和硕士两个层次（Mkala，Wanjau，2013）。尼日利亚也把发展创业教育作为促进国家可持续发展的重要内容，积极倡导高校开展创业教育（Arogundade，2011）。

可以看到，国外高校创业教育在国家政策推动、经济社会催进以及学术研究引领下，已经得到不同程度的发展，积累了丰富的创业教育理论模型与实践经验。这些理论模型与实践经验对我国开展高校创业教育从不同的角度有所启发。

自改革开放以来，我国经济社会发展有了翻天覆地的变化，取得了许多令世人瞩目的成就，但由于我国人口规模和受教育水平、城乡体制、经济发展结构等因素，我国的就业形势十分严峻，尤其是大学生就业难的问题受到社会各界的广泛关注。这为我国高校创业教育的发展提供了深刻的现实背景。我国高校创业教育的发展受以下方面因素的影响：一是由于近年来我国高等教育大众化的发展，大学毕业生的数量有了显著增加，毕业生就业形势更加严峻。面对如此严峻的就业形势，鼓励大学生创业成为解决大学生就业问题的重要途径之一。创业教育同时也是一种教育理念。蒂蒙斯认为，真正的创业教育应面向未来，着眼于为大学生“设定创业遗传代码”，以造就“最具革命性的创业一代”（杰弗里·蒂蒙斯，2002）[4]。在高等教育中引入创业教育理念，也有利于我国高等教育的改革与发展。二是因为我国面临经济结构转型问题，而创业活动有利于促进我国经济转型。创业被视为促进经济发展、结构转换和创造就业机会的重要因素。随着全球经济一体化的快速发展和知识经济的来临，我国传统的产业格局已不适应全球化竞争的需要，也不利于我国经济的可持续发展。转变经济发展方式，调整优化经济结构成为我国经济工作的一个重要内容。要达到这个目的，需要培养年青一代的创业精神和创业能力。在高校开展创业教育，培养大学生的创业精神和创业能力，鼓励大学生创业，不仅能够缓解大学生的就业压力，也能促进我国创新型经济的发展。

在上述大背景下，创业教育在我国逐渐兴起。1989年，联合国教科文组织在北京召开“面向21世纪教育国际研讨会”，提出了“创业教育”问题，为我国高校发展创业教育奠定了基础。1998年，清华大学首先为MBA开设了“创新与创业管理”方向的课程，也为本科生开设了“高新技术创业管理”课程，之后国内其他高校也陆续开设了创业方面的课程。1999年，国务院转批《面向21世纪教育振兴行动计划》，提出“加强对教师和学生的创业教育，采取措施鼓励他们自主创办高新技术企业”。同年，我国举办了首届“挑战杯”大学生创业计划竞赛，由共青团中央、中国科协、教育部、全国学联共同主办。当时教育部也做出决定，允许大学生、研究生休学保留学籍创办高新技术企业，以增强学生的创业意识和实践能力。许多学校也采取相应措施，开展创业教育，支持创业活动。创业计划大赛逐渐成为大学创业教育中的重要活动。2002年，教育部确定了清华大学、中国人民大学、北京航空航天大学、黑龙江大学、上海交通大学、南京经济学院、武汉大学、西安交通大学、西北工业大学等9所高校为创业教育试点院校。为了保证创业教育顺利实施，教育部还举办了高校创业教育骨干教师高级研修班，培训创业教育所需的教师。2004年7月，教育部、劳动和社会保障部联合发文，决定在37所高等院校进行以SYB（Start Your Business）为中心内容的创业教育。自2005年8月起，共青团中央、中华全国青年联合会联合国际劳工组织通过国际合作推进中国高校开展KAB（Know About Business）创业教育（中国）项目，目前该项目在高校创业教育的项目推广、师资培训、教学研究等方面不断深化，师资力量、课程教学、培养机制逐渐实现本土化，已取得阶段性成果。截至2013年4月，该项目共在1200多所高校培训了师资，在1000余所高校开设了专门课程，在200余所高校成立了大学生KAB创业俱乐部，超过100万名大学生直接参加了课程学习。2007年10月，党的十七大报告明确提出，“要实施扩大就业的发展战略，促进以创业带动就业”。2010年5月，教育部高等学校创业教育指导委员会成立，成为我国高校创业教育发展的一个“标志性事件”。2010年11月，教育部、科技部认定了66个高校学生科技创业实习基地。2011年3月，教育部专门宣传、鼓励、引导大学生创业的网站——全国大学生创业服务网（cy. ncss. org. cn）开通，该网站在充分整合学校、社会、政府等多方资源基础上，为大学生提供创业资讯、创业指导、项目展示、创业项目对接、线上素质测评、在线模拟创业、创业大赛等服务。近年来，部分高校还设立了大学生创业中心、创业教育中心和创业研究中心等来支持大学生的创业教育工作。此外，中山大学、上海交通大学、西安外事学院等高校设立创业学院，华南理工大学、浙江大学城市学院、黑龙江大学、南京航空航天大学、青海大学等高校设立了创业教育学院，这些措施有力地促进了我国高校创业教育的发展。

由于我国高校创业教育起步较晚，因此对创业教育的研究也相对较晚。但近年来，随着时代的发展，尤其是党的十七大报告明确提出“要实施扩大就业的发展战略，促进以创业带动就业”、党的十八大明确强调“鼓励创业”之后，我国学者、有关政府部门对创业教育越来越关注，对创业教育的研究也越来越重视，研究内容也越来越广泛，有关创业教育的研究成果逐渐丰富，并呈现出了迅速增长的态势。但总体而言，国内有关创业教育的实证研究相对较少。为弥补这一缺陷，本研究以对西安市部分高校学生的调查数据为基础，主要围绕如下两个方面展开相应的研究。

一是高校学生对创业及创业教育的态度与评价研究。主要研究高校学生对创业及高校创业教育的态度、意愿，高校学生对创业教育的了解、参与与评价，以及高校创业教育对大学生的影响等内容。

二是高校创业教育发展对策研究。针对高校创业教育中存在的一些问题，并结合问卷调查结果，提出完善高校创业教育的对策建议。

对高校创业教育进行实证研究，有利于发展创业教育的相关理论。通过对西安部分高校的创业教育进行实证调查研究，了解当前高校创业教育实施的状况，能够对创业教育的相关理论进行验证，找出理论与实践之间的差距，为完善和发展高校创业教育的相关理论提供一定的依据。本研究通过对西安部分高校师生的调查研究，能够较为充分地了解当前高校开展创业教育的状况以及当前高校师生对创业和创业教育的看法及态度，发现当前高校在开展创业教育过程中的障碍和影响因素，可以为高校今后更好地开展创业教育、培养创新型和创业型人才提供参考。

二、文献综述

（一）创业教育的内涵、目标与功能

创业教育作为与创业紧密相关的教育体系，由于对创业内涵和本质的理解不同，不同学者对创业教育也有不同的诠释。在英文中，有关创业教育的术语有“entrepreneurship education”、“enterprise education”以及“entrepreneurial education”等。有的学者认为，这些术语内涵一致，只是不同地域语言习惯不同，导致表述上有所差异。例如，Gibb等人认为，“entrepreneurship education”在澳大利亚和美国用得比较多，而“enterprise education”在英国和爱尔兰用得比较多，但学者们大多认为这两个概念内涵是相同的（Gibb，1993）。但是Garavan和O'Cinneide认为，“entrepreneurship education”、“enterprise education”这两个术语在内涵上有所不同，前者关注培养个体开创新公司所需的技能与意识，后者则侧重于个体追求机遇，以及对未来职业和生活适应性能力、态度的培养（Garavan，O'Cinneide，1994）。Jones和Iredale认为，“enterprise education”不应混淆或误认作“entrepreneurship education”，“entrepreneurship education”往往是通过业务计划教学生如何解决开办新公司过程中的实际问题，着重学生“业务能力”的培养，而“enterprise education”则侧重于培养学生作为消费者、公民、雇员或自雇者如何适应不断变化的环境，以及与之相关联的能

力和技能（Jones，Iredale，2014）。还有一些学者将“entrepreneurial education”定义为培养个体识别商业机会的能力以及把握商业机会的洞察力、自信、知识和技能的过程（Jones，English，2004）。

有些学者强调创业教育是有意识、有组织地提供一种基于知识的学习和实践机会的活动，这些活动使得学生能够参与创业（Neck，Greene，2011）；有些学者则强调创业教育是有组织地、正规地培养创业能力的过程，包括个体在创业时需要的观念、技能以及自我意识（Alberti，Sciascia，Poli，2004）。美国考夫曼基金会（Kauffman Foundation）也认为，创业教育是指提供人们以概念和技能辨析他人忽略的机会，具备洞察力、自我评估能力和知识技能，在他人犹豫不决时果断地行动的过程，这包括机会辨识、面对冒险时的资源调度以及进行商业冒险诸方面的教育。

还有一些研究者或机构将创业教育分为广义和狭义两个方面。例如，欧盟委员会2002年从广义和狭义两个方面对创业教育的概念进行了界定：广义的创业教育包括了学生创业态度、创业技能以及个人品质的发展，它不以创办新企业为直接目标；而狭义的创业教育则是指以创办新企业为导向的创业培训。联合国教科文组织认为：创业教育，从广义上来说是指培养具有开创性的个人，它对于已经在职工作的人同样重要，因为用人机构或个人除了要求受雇者在事业上有所成就外，正在越来越重视受雇者的首创、冒险精神，创业、独立工作能力以及技术和社交、管理技能。Gorman等人认为，创业教育是向个体传授某种特质、态度、行为和一系列知识与技能，广义而言，这些技能可以应用于个体的一生，狭义而言，这些技能可以应用于个体创建并管理自己的企业（Gorman，Hanlon，King，1997）。

虽然不同的研究者和机构对创业教育的定义不同，但是可以发现：创业教育主要是对受教育者的创业精神、创业技能和创业能力等进行培养，以增强其开拓进取精神和创新能力。

就创业教育的目标而言，一些研究者强调创业教育的目标是发展学生的创业态度、创业精神，促进创业文化形成，另一些研究者则认为创业教育的目标是帮助个体创建新企业和创造就业机会，还有一些研究者认为创业教育的目标是帮助当地创业者创建和管理新企业从而为社区做出贡献，等等。欧盟委员会则将创业教育的目标概括为三个方面：① 激发学生的创业意识和创业动机；② 发展学生辨别创业机会等创业能力；③ 训练学生掌握创办公司并管理公司的能力。高校创业教育的对象是大学生，由于大学生创业意向和需求的不同，针对不同的大学生群体，创业教育的目标可能也会有所不同。但总体而言，高校开展创业教育的主要目标是培养学生的创业精神、创业技能和创业能力。

创业教育的功能主要体现在两个方面：从受教育者个体看，创业教育能够提高受教育者的素质，降低创业者、创业团队在创业时遇到的风险，提高企业的存活能力；从社会看，创业教育将培养更多的创业者，从而创办更多的企业，这对促进一个国家和地区的经济发展和就业是有益处的。

实施创业教育需要解决的首要问题是：创业者是天生的，还是通过后天努力可以造就的？创业精神是否可以通过教育和培训来培养？大量的事实和研究表明，具有创业潜质的人可以通过教育成长为创业者，而不单单靠某些天生的特质。著名管理学大师德鲁克指出："创业并不神秘，也与遗传无关。创业是一门学科，像其他任何学科一样是可以学得的。"（彼得·德鲁克，2000）[27-59]

（二）高校创业教育的实施

虽然有众多的学者和机构对创业教育进行了广泛的研究，但并没有出现普适的能够被多数学者认可的专门理论与教育模式。但这并未影响创业教育的快速发展，每所学校都可以从自身特点出发，选择适合自己的创业教育模式，这在一定程度上促进了高校创业教育的多样化发展。

1. 高校创业教育的组织模式

高校创业教育的组织模式可以按照不同标准分成以下不同类别。

（1）聚焦模式与全校性模式

根据创业教育中资源的调配状况以及活动的分布状况，高校创业教育的组织模式可以分为聚焦模式和全校性模式。在聚焦模式中，所有资源都由商学院/管理学院调配，所有活动也在商学院/管理学院内部开展，其目标是培养专业化的创业人才、创业教育师资和研究者。在全校性模式中，创业课程和活动针对全校学生展开，培养不同学科背景学生的创业精神和创业意识，为学生进入就业市场做好多方面的准备。Streeter 等人对美国排名靠前的 38 所大学的创业组织模式进行了调查分类，其中 10 所高校采用聚焦模式，28 所高校采用全校性模式（Streeter，Jaquette，Hovis，2002）。Streeter 等人还将全校性模式划分为磁石模式和辐射模式两种。在磁石模式中，所有的创业教育课程都在一个学院里进行；而采用辐射模式，则其教学活动分散在不同的学院进行。聚焦模式、磁石模式和辐射模式的比较见表 1。

表 1　高校创业教育三种组织模式比较

比较内容	聚焦模式	磁石模式	辐射模式
管理机构	由隶属于商学院/管理学院的创业教育中心管理	由隶属于商学院/管理学院的创业教育中心管理	全校范围内成立创业教育委员会，由全体参与学院共同管理
资　源	商学院/管理学院负责	商学院/管理学院负责	全体参与学院分别负责
师　资	商学院/管理学院负责	商学院/管理学院负责	全体参与学院分别负责
学　生	只针对商学院/管理学院学生	针对全校学生	针对全校学生

（2）传统商学院模式和创业型大学模式

Gibb 等人认为，由于对创业和创业教育的理解不同，形成了两种不同创业教育组织模式——传统商学院模式和创业型大学模式（Gibb，1993）。传统商学院模式把商业计划作为教学重点，创业课程聚焦于商业和商业概念，注重显性知识的传授，忽视隐性知识，只进行少量有关创业行为的培养；而创业型大学模式则强调经验知识的学习，注重培养学生的创业行为、创业技能、创业态度和发展学生情绪智力。有的学者认为，与传统商学院模式相比，创业型大学模式更能适应时代发展的要求。

（3）SYB 创业培训模式

SYB 的全称是"START YOUR BUSINESS"，意思为"创办你的企业"，是由联合国国际劳工组织开发的，为有意愿开办自己中小企业的人量身定制的培训项目。我国从 1998 年开始进行 SYB 创业培训试点工作，之后被引入高校（王树丰，2004）。SYB 培训课程分为两大部分：第一部分是创业意识培训，告诉受训者创办企业所需要的基本素质和要求，使之权衡自身是否适合创办企业，如果适合的话，再帮助受训者分析适合创办什么样的企业，进而去发现和开发受训者的创业构思；第二部分是创业计划培训，主要指导受训者怎样把自己的创业构思变成现实。SYB 的主要特点是：能够满足小企业家的需求、学用结合、模块化、游戏化、高度参与、短时间、低成本、统一教材、大量后续服务以及严格的质量控制。

2. 高校创业教育的师资

雄厚的师资力量是高校开展创业教育的有效保障。由于创业教育具有理论和实践的双重特性，需要创业教育师资不仅有较高的理论水平，而且有一定的创业实践经验。例如，根据 Finkle 等人对美国 94 个创业中心的调查，平均每个创业中心有 5.4 名专门从事创业教育的教师，以及 1.8 名兼职教师，这些教师中有一半以上的人有过创业经历（Finkle，Kuratko，Goldsby，2006）。在日本，除了经济管理、理工等专业的教师、行政工作者以外，风险投资企业经营者、资深创业者、金融机构从业者、企业经营顾问、律师、会计师、税务师等也纷纷投入到创业教育中来，在创办企业、争取投资、经营运作、法律咨询、税务实务等方面给予学生更多指导和支持，这一师资结构一方面体现出了日本创业教育教师身份更加多元的特点，另一方面也体现出日本构建创业教育师资队伍巩固创业教育成果的更加长远的考虑（陈瑞英，顾征，2010）。英国很多高校为了弥补部分创业教育师资实践经验方面的不足，常常采用邀请校外客座教师与校内教师合作授课的方式开展创业教育（Mckeon，Millman，Sursani，et al，2006）。

一些国家的高校为保障创业教育师资的质量，还根据创业教育的特殊要求制定了相应的师资选拔标准。例如，澳大利亚的大学明确规定创业教育全职教师不仅需要具备相应的学位和证书，还需要有 3 年以上的实践经验，兼职教师必须通过学院评定并获得培训证书，此外会有限地考虑让各行业的有关从业人员加入创业教育的师资队伍，以确保创业教育不脱离实际。

对创业教师进行培训是提升师资水平的重要手段。美国有专门的培训项目来培养大批创业教育师资。一般采用的培训方法有内部交流学习、外部培训与发展、鼓励教师到企业兼职等。日本则通过建立相应的制度，如建立“社会人讲师派遣制度”、“教员企业研修制度”、“企业参观会制度”等，保障企业与学校之间的各种互动交流（李志永，2010）[78−79]。

3. 创业教育课程设计与内容组织方式

创业教育已在国外高校得到了广泛传播，很多学校都或多或少地开设了创业教育相关的课程。这些课程主要分为两类：一类是创业实践课程(course for entrepreneurship)，这类课程往往更加关注促进真正的创业行为，明确希望学生能够获得“近似企业家的经历”，采取企业创办准备以及与企业家互动等形式，看重实际技能训练；另一类是介绍创业的课程(course about entrepreneurship)，这类课程以传统授课的形式讲授，课程结束后以书面形式考评。表 2 列出了国外部分高校开设的创业教育相关课程。

表 2　国外部分高校开设的创业教育课程

学校	主要课程
百森商学院	创业和创建企业、创业企业融资、创业计划、管理成长企业、家庭企业管理、企业成长战略、社会创业管理、风险资本和增值资本、创业体验、公司创业：组织中的创业者、家庭创业实践：激励家庭成员创新的战略和结构、创业：实时案例研究、创业的最后挑战、创业者营销、非营利组织创业等（张莉，张晓璐，王少红，2009）
斯坦福大学	管理成长型企业、创业管理、高科技企业的战略管理、创业和创业及投资、创业精神与风险投资、创业机会评价、投资管理和创业财务、环境创业精神、新兴国家中的创业家与投资环境、信息处理产业的战略制定与实施、创业精神：创办新企业、营销与生产一体化设计、成长企业的管理、创业战略、创业与社会发展等（张帏，高建，2006）

续表

学校	主要课程
哈佛大学	创业财务、创业营销、创业管理、专业服务公司、小企业的经营与成长、开创新企业、创业精神、创造性与组织、风险投资与个人股权等（常建坤，李时椿，2007）
华盛顿州立大学	创业学、管理学原理、小企业管理、市场营销、战略管理、组织行为学、生产管理、金融、消费者行为研究、统计学等（王彩华，李福杰，2008）
东京工科大学	战略经营论、经济学、财政金融学、市场战略论、商务会计、商事法律、创业融资论、数据分析、金融学、知识产权管理学、企业系统论、企业规划论、经营管理论、电子商务管理、商务宣传演示、网络市场、生命环境等的商务管理、虚拟商务等（陈瑞英，顾征，2010）
立命馆大学	技术革新与企业家精神、企业规划论、风险投资商务论、资金计划论、商务孵化器、知识产权战略论、技术革新战略论、生产系统论、创业实践讲座等（陈瑞英，顾征，2010）

Finkle等人对美国94所高校创业中心提供的创业相关课程进行的统计分析表明，其中主要的创业教育课程包括：创业导论、创业计划、企业财务、企业增长、小企业管理、市场营销、创新与创造、家庭企业、产品开发、技术转移、特许经营等。美国高校开展的创业教育课程可以概括为四类：创业意识类、创业知识类、创业能力素质类和创业实务操作类（见表3）（Finkle，Kuratko，Goldsby，2006）。

表3 美国高校创业教育课程类型

课程类型	主要学习内容
创业意识类	创造性激发、创造性开发、信息搜索、商业机会判断力、机会评估等
创业知识类	创新战略、组织设计、供应链管理、市场营销、风险投资、资本市场、电子商务、税务制度、知识产权、合同与交易、国际贸易、市场竞争结构等
创业能力素质类	将创意发展成创业流程、新公司的建立开办、信息搜索与处理、团队组织、应变能力、管理沟通、产品开发、市场营销等
创业实务操作类	商业机会选择、制定商业计划书、资本筹集、创业竞赛、组织创业团队、创业企业的建立、创业经验的积累、危机管理等

日本高校提供的创业教育课程分为创业知识类课程和创业实践训练

类课程（陈瑞英，顾征，2010）。其中创业知识类课程主要通过教师讲授的方式为学生打好创业知识基础，课程主要内容包括：企业经营管理知识、金融财务知识、税务法务知识等；创业实践训练类课程要求以学生为主导，强调创业技能实操以及学生的主动性与创新能力，课程内容主要包括：商业计划的制作练习、见习指导、商务礼仪、商务谈判等。在这两类课程之余，日本高校还通过邀请社会各界专家学者、创业者、融资专家等知名人物为学生开设讲座，使之成为创业教育课程有效的补充和延伸。

就创业教育课程的内容组织形式而言，有的学者认为主要有商业计划书、企业生命周期和企业管理功能三种形式（郑如霞，2007）。以商业计划书形式组织创业教育内容，教学基本内容都是围绕商业计划书而展开的，通常从认识商业计划书开始，最后考核以完成商业计划书为目标。以企业生命周期形式组织创业教育内容，是指按照企业生命周期展开创业教育内容，讲授从创意产生到形成商业计划书，到资金筹集，再到公司成立、上市融资、退出等环节，让学生了解企业发展变化过程并掌握经营管理知识。以企业管理功能形式组织创业教育内容，则一般按照计划、组织、领导、控制等企业管理功能来组织创业教育的相关内容。

创业教育课程与传统企业管理课程有很多共同之处，二者都关注扩大受教育者的知识面，提高其管理技能，课程内容都涉及企业经营和运作等（游振声，2011）[170－174]。但二者也有不同之处，传统企业管理课程的目标主要是给学生提供系列管理知识，如如何设立目标、怎样领导员工、如何组织控制企业等；创业教育课程的目标在于提高学生的意识，增进学生对创办新企业的了解，使学生意识到创办小企业是一种职业选择，发展学生的创造性、对不确定性的忍耐、机会识别能力、企业策划能力、企业评价能力、组建社会关系网络的能力等（Solomon，Fernald，1991）。

（三）高校开展创业教育的影响因素

高校开展创业教育的影响因素众多，可分为外部因素和内部因素两大类。

1. 高校开展创业教育的外部影响因素

高校开展创业教育离不开外部环境的支持，良好的外部环境是高校开展创业教育的必要保障。良好的政策环境能够对高校创业教育产生积极影响。欧美等发达国家都制定了促进创业和创业教育的相关政策。例如，美国制定了各种各样的法律法规和配套政策，为高校开展创业教育提供外部环境与政策支持，这些政策主要体现在以下几个方面：扶持创业企业成长的资本市场、保护创业企业的技术研发和知识产权、鼓励技术人才流向创业企业、开放新市场机会降低进入门槛、建立健康可靠的基础设施（颜振军，2007）。

多元化的创业教育经费来源和完善的资本市场是推动创业教育发展的有力支撑。美国十分重视创业教育的发展，为此专门设立了国家创业教学基金、考夫曼（Kauffman）创业流动基金（柴旭东，2009）等。英国高校创业教育的经费来源非常多元，如高等教育创新基金（Higher Education Innovation Fund，HEIF）、区域发展局（Regional Development Agency）、高等教育学会（Higher Education Academy）以及地方政府基金等，但最主要的经费来源仍是公共财政，英国高校创业教育经费中约85%的经费来自高等教育创新基金（HEIF）（Von Graevenitz，Harhoff，Weber，2010）。此外，捐赠和赞助等其他渠道也是创业教育资金的重要来源。完善的资本市场可以为企业发展提供相应的资金支持，同时各种风险投资和天使资金可以直接投资于创业者的项目，并且还会对初创企业的运营与管理提供帮助和指导。

社会各界对创业活动的认可与支持也是催生创业活动的土壤，是创业教育可以持续发展的保障。其中，企业通过与高校合作，可以为大学生提供实习机会，帮助学生了解企业的运行与管理，丰富大学生的经验；企业也可以从高校获取最新的科研成果，可以通过与高校合作促进科研成果转化为生产力；企业富有经营管理经验的高管也可以走进高校课堂，为大学生传授最直接的创业、管理经验。家庭对大学生也有较大影响。一个开放、支持创新业、对失败宽容的家庭氛围促成学生创业也非常重要，一些研究发现，家庭成员是否有经商背景对大学生的创业意向具有显著的影响（Wang，Wong，2004）。此外，社会舆论对创业教育的监督与评价也会对高校创业教育发展产生影响。例如，在美国，《商业周刊》、《成功》和《创业者》等媒体每年对全美创业教育项目进行评估与排名，这种排名会对各校的招生与收入产生影响，因此受到各高校商学院的高度重视。

2. 高校开展创业教育的内部影响因素

学校领导对创业教育的重视程度会影响创业教育的发展。领导重视并将创业教育理念融入学校教育过程中，可以有效保障开展创业教育所需的各种资源。美国很多高校的校级领导在本校创业教育计划的制订和实施中担任重要职务，为有效地协调学校各个部门、保障创业教育的顺利开展提供了重要的保障。

是否有专门负责创业教育的组织机构对创业教育的发展也有重要影响。国外很多高校都成立了专门的机构来负责学校的创业教育，为学校开展创业教育和创业活动提供了一个有效的平台，既有利于组织创业课程，也可以集中资源加强对学生创业活动的指导和支持。

雄厚的师资力量是高校开展创业教育的重要保障。由于创业教育的特殊性，师资问题是制约高校创业教育发展的重要因素之一。

此外，学校的创业氛围会影响学生对创业活动的兴趣，以及学生参与创业教育活动的兴趣。

三、研究设计

本研究以西安市有关高校的创业教育为研究对象，通过对有关高校师生的问卷调查，了解师生对大学生创业及创业教育相关问题的看法和态度，了解师生参与创业教育相关活动的状况及大学生对创业教育的需求，以便为进一步探索高校创业教育发展提供实证依据。

（一）问卷设计与调查

1. 问卷设计

本研究分别设计了大学生创业教育调查问卷和高校教师创业教育调

查问卷。

本研究在总结和借鉴以往有关研究成果的基础上，结合本研究的需要，编制了大学生创业教育调查问卷，包括学生基本信息和相关背景、大学生对创业和创业教育的态度、大学生对创业教育的了解情况和参与情况、大学生创业意向和创业自我效能感测量、大学生毕业后的打算等内容。

高校教师创业教育调查问卷包括高校教师对当前大学生创业的态度、对高校开展创业教育的态度、教师参与高校创业教育工作的兴趣以及对创业教育内容和方式的看法等内容。

2. 问卷发放与回收

本研究分别选取了西安交通大学、西安邮电大学、西安外事学院、陕西职业技术学院四所不同类型的高校，对其在读大学生和教师进行问卷调查。学生问卷主要采用纸质问卷进行发放与回收，教师问卷采用纸质版问卷与电子版问卷相结合的方式来发放与回收。学生问卷共计发放670份，回收610份，回收率为91.04%，其中有效问卷510份，有效率为76.12%（有效样本特征见表4）。教师问卷的发放对象主要是学校从事教学活动的教师、学校行政人员、辅导员以及就业指导教师等，共计发放问卷180份，回收128份，回收率为71.11%，其中有效问卷为125份，有效率为69.44%。

表4　大学生样本基本特征

类别	频数	百分比（%）
学校		
西安交通大学	250	49.02
西安邮电大学	83	16.27
西安外事学院	104	20.39
陕西职业技术学院	73	14.31
合计	510	100.00
性别		
男生	261	51.18
女生	249	48.82

续表

类别	频数	百分比（%）
合计	510	100.00
专业		
理工类	265	51.96
经管类	81	15.88
文史类	75	14.71
其他类	89	17.45
合计	510	100.00
年级		
大一	140	27.45
大二	113	22.16
大三	185	36.27
大四	72	14.12
合计	510	100.00
政治面貌		
党员（含预备党员）	124	24.3
团员	365	71.6
群众	21	4.1
合计	510	100.0
出生地		
城市	195	38.24
乡镇	83	16.27
农村	232	45.49
合计	510	100.00

（二）数据处理与分析

数据统计与分析采用 SPSS 18.0 和 AMOS 18.0。具体方法主要有描述性统计分析、卡方检验、一致性检验、t 检验、方差分析、多元线性回归以及结构方程模型等。

四、结果分析

（一）大学生对创业与创业教育的态度

1. 大学生对创业的态度

调查结果显示，支持自主创业的大学生占81.37%，反对的仅占2.75%，如果选择“非常反对”到“非常支持”分别赋值1—5分，大学生对自主创业的态度的均值是3.92，标准差为0.657，这说明大学生对自主创业的态度倾向于支持（见表5）。

表5　大学生对自主创业的态度

对自主创业的态度	频数	百分比（%）
非常反对	3	0.59
反对	11	2.16
一般	81	15.88
支持	344	67.45
非常支持	71	13.92
合计	510	100.00

2. 大学生对创业教育的态度

表6列出了大学生对高校创业教育的态度。调查结果显示，78.43%的大学生认为高校是有必要开展创业教育的，只有3.33%的大学生认为没有必要。如果选择“非常没必要”到“非常有必要”分别赋值1—5分，大学生对高校开展创业教育必要性的评价均值为3.87，标准差为0.662，这表明大学生总体上倾向于认为高校开展创业教育是有必要的。

表6　大学生对高校开展创业教育必要性的评价

必要性	频数	百分比（%）
非常没必要	2	0.39
没必要	15	2.94

续表

必要性	频数	百分比（%）
一般	93	18.24
有必要	339	66.47
非常有必要	61	11.96
合计	510	100.00

表7列出了大学生对创业教育目标的认识。就大学生的选择而言，他们认为高校实施创业教育的最重要目标是培养学生的创业意识和创业精神，以及提升学生的综合能力。

表7　大学生对创业教育最重要目标的认识

创业教育目标	频数	百分比（%）
为学生普及创业相关知识	50	9.80
培养学生的创业意识和创业精神	233	45.69
提升学生的综合能力	183	35.88
鼓励和支持学生创办企业和公司	39	7.65
缺失值	5	0.98
合计	510	100.00

（二）大学生对高校创业教育的了解、参与及评价

1. 大学生对高校创业教育的了解状况

表8列出了大学生对所在高校开展的各项创业教育活动的了解状况。调查结果显示，大学生最为了解的三项创业教育活动是创业大赛、创业讲座和创业教育课程。卡方检验表明，各高校学生的选择不存在显著差异。为此，本文进一步分析了大学生参与创业大赛、创业讲座和创业课程的状况。

表 8　大学生对所在高校开展的创业教育活动的了解状况

创业教育类型	单位	西安交通大学	西安邮电大学	西安外事学院	陕西职业技术学院	合计
开设创业教育选修课或必修课	频数	93	22	49	35	199
	百分比（%）	39.41	27.50	53.26	58.33	
请创业成功人士或创业领域专家开设讲座	频数	124	35	27	25	211
	百分比（%）	52.54	43.75	29.35	41.67	
设立创业指导机构为学生提供服务	频数	48	12	13	6	79
	百分比（%）	20.34	15.00	14.13	10.00	
建设创业实践基地	频数	70	16	6	11	103
	百分比（%）	29.66	20.00	6.52	18.33	
举办创业大赛	频数	152	52	31	21	256
	百分比（%）	64.41	65.00	33.70	35.00	
建立创业基金支持大学生创业	频数	42	14	22	7	85
	百分比（%）	17.80	17.50	23.92	11.67	
组织学生到知名企业参观实习	频数	68	16	19	15	118
	百分比（%）	28.81	20.00	20.65	25.00	
建设创业教育网络学习平台	频数	26	10	16	10	62
	百分比（%）	11.02	12.50	17.39	16.67	
举办短期的创业培训班	频数	12	8	10	2	32
	百分比（%）	5.08	10.00	10.87	3.33	
合计（响应人数）		236	80	92	60	468

注：百分比以响应人数为基础。

2. 大学生参与创业大赛的状况

表9列出了大学生参与创业大赛的情况。从总体上看，大学生参与创业大赛的情况不容乐观。在接受调查的大学生中，只有不足18%的人参与过创业大赛；其中有32名大学生回答了参与创业大赛的目的，最主要的两个目的是锻炼个人综合能力和了解创业知识、提高自己的创业能力。

表9 大学生参与创业大赛的状况

参与次数	频数	百分比（%）
0次	419	82.16
1—2次	80	15.69
3—5次	9	1.76
5次以上	2	0.39
合计	510	100.00

3. 大学生参与创业教育讲座的状况

表10列出了大学生参与由创业成功人士或创业领域专家开设的创业讲座的情况。调查显示，有40%左右的大学生参与过与创业相关的讲座，但其中大部分人仅参与过1—2次。在参与讲座的大学生中，有31.89%的人认为创业讲座对他们有帮助，25.94%的人认为帮助不大或没有帮助（见表11）。就总体而言，大学生对创业教育讲座效果的评价较为一般。

表10 大学生参与由创业成功人士或创业领域专家开设的讲座状况

参与次数	频数	百分比（%）
0次	309	60.59
1—2次	181	35.49
3—5次	19	3.73
5次以上	1	0.20
合计	510	100.00

表11 大学生对创业教育讲座效果的评价

是否有帮助	频数	百分比（%）
没有帮助	3	1.62
帮助不大	45	24.32
一般	78	42.16
有些帮助	56	30.27
帮助很大	3	1.62
合计	185	100.00

4. 大学生参与创业教育课程的状况

表12列出了大学生参与创业教育课程的状况。从中可见，只有21.17%的大学生参与过与创业教育相关的课程，而且19.41%的大学生只参与过一门创业教育方面的课程。

表12 大学生参与创业教育课程的分布状况

参与课程数	频数	百分比（%）
0门	402	78.82
1门	99	19.41
1门以上	9	1.76
合计	510	100.00

表13列出了学生参与创业教育课程的内容，这些课程中最常见的是有关创新与创造、创业政策法规解读、公司财务、市场营销、创业机会评估、企业融资、创业计划写作、企业家精神等方面的内容。对于这些创业教育课程的内容，只有不到30%的大学生认为其比较系统或非常系统。就总体而言，学生对创业教育课程系统性的评价一般（见表14）。

表13 大学生参与的创业教育课程的主要内容分布

课程内容	频数	百分比（%）
创新与创造	37	12.76

续表

课程内容	频数	百分比（%）
创业政策法规解读	34	11.72
公司财务	29	10.00
市场营销	29	10.00
创业机会评估	26	8.97
企业融资	25	8.62
创业计划写作	24	8.28
企业家精神	21	7.24
小企业经营管理	13	4.48
企业成长	11	3.79
家庭企业	11	3.79
特许经营	11	3.79
公司法	10	3.45
产品开发	6	2.07
技术转移	3	1.03
合计	290	100.00

表 14　大学生对创业教育课程系统性的评价

系统性程度	频数	百分比（%）
非常不系统	0	0.00
不太系统	26	25.49
一般	46	45.10
较系统	27	26.47
非常系统	3	2.94
合计	102	100.00

5. 大学生对所在高校开展创业教育状态的总体评价

表 15 列出了大学生对所在高校开展创业教育状态的总体评价。从中可见，29.02%的大学生认为所在高校开展创业教育的状况很差或较

差，只有 14.31%的学生认为所在高校开展创业教育的状况较好或很好。就总体而言，大学生对所在高校开展创业教育状况的评价为一般偏差。

表 15 大学生对所在高校开展创业教育状况的评价

评价	频数	百分比（%）
很差	25	4.90
较差	123	24.12
一般	286	56.08
较好	71	13.92
很好	2	0.39
缺失值	3	0.59
合计	510	100.00

表 16 和表 17 比较了不同高校大学生对自己所在高校开展创业教育状况的评价情况。从中可见，不同高校大学生对自己所在高校开展创业教育状况的评价存在显著差异。

表 16 不同高校大学生对自己所在高校开展创业教育状况的评价

学校	频数	均值	标准差
西安交通大学	247	2.91	0.718
西安邮电大学	83	2.64	0.742
西安外事学院	104	2.87	0.764
陕西职业技术学院	73	2.58	0.762

表 17 不同高校大学生对自己所在高校开展创业教育状况评价的方差分析

	平方和	df	均方	F 值
组间	9.0910	3	3.030	
组内	273.966	503	0.545	5.564***
总数	283.057	506		

*** $p<0.001$

6. 大学生对所在高校重视创业教育程度的总体评价

为了探讨大学生对自己所在高校开展创业教育状况做出相应评价的背后可能的原因，我们进一步分析了大学生对所在高校是否重视创业教育、支持大学生创业的力度、创业教育师资以及对学校创业教育满意度的评价情况。

表 18 列出了大学生对所在高校是否重视创业教育的评价。从中可见，有 23.33％的大学生认为所在高校非常不重视或不重视创业教育，只有 18.62％的大学生认为所在高校重视或非常重视创业教育，有 57.45％的大学生认为所在高校对创业教育的重视程度为一般。

表 18　大学生对所在高校是否重视创业教育的评价

重视程度	频数	百分比（％）
非常不重视	17	3.33
不重视	102	20.00
一般	293	57.45
重视	91	17.84
非常重视	4	0.78
缺失值	3	0.59
合计	510	100.00

7. 大学生对所在高校支持大学生创业力度的评价

表 19 列出了大学生对所在高校支持大学生创业力度的评价情况。从中可见，有 10.20％的大学生认为所在高校非常不支持或不支持大学生创业，有 23.92％的大学生认为所在高校支持或非常支持大学生创业，有 65.89％的大学生认为所在高校的支持力度一般。

表 19　大学生对所在高校支持大学生创业力度的评价

支持力度	频数	百分比（％）
非常不支持	10	1.96
不支持	42	8.24

续表

支持力度	频数	百分比（%）
一般	336	65.89
支持	114	22.35
非常支持	8	1.57
合计	510	100.00

表 20 和表 21 比较了不同高校大学生对自己所在高校支持大学生创业力度的评价情况。从中可见，不同高校大学生对自己所在高校开展创业教育状况的评价存在显著差异。

表 20　不同高校大学生对自己所在高校支持大学生创业力度的评价

学校	频数	均值	标准差
西安交通大学	250	3.08	0.684
西安邮电大学	83	3.01	0.634
西安外事学院	104	3.32	0.612
陕西职业技术学院	73	3.19	0.593

表 21　不同高校大学生对自己所在高校支持大学生创业力度评价的方差分析

	平方和	df	均方	F 值
组间	5.701	3	1.900	
组内	213.232	506	0.421	4.51**
总数	218.933	509		

** $p<0.01$

8. 大学生对所在高校创业教育师资充裕性的评价

表 22 列出了大学生对所在高校创业教育师资充裕性的评价情况。从中可见，有 25.30%的大学生认为自己所在高校创业教育师资是非常匮乏或匮乏的，只有 17.26%的大学生认为自己所在高校创业教育师资是雄厚或非常雄厚的，有 57.06%的大学生认为自己所在高校创业教育师资充裕性一般。

表 22 大学生对所在高校创业教育师资充裕性的评价

师资充裕性	频数	百分比（%）
非常匮乏	21	4.12
匮乏	108	21.18
一般	291	57.06
雄厚	82	16.08
非常雄厚	6	1.18
缺失值	2	0.39
合计	510	100.00

表23和表24比较了不同高校大学生对自己所在高校创业教育师资充裕性的评价情况。从中可见，不同高校大学生对自己所在高校创业教育师资充裕性的评价存在显著差异。

表 23 不同高校大学生对自己所在高校创业教育师资充裕性的评价

学校	频数	均值	标准差
西安交通大学	249	3.00	0.788
西安邮电大学	83	2.75	0.660
西安外事学院	104	2.90	0.744
陕西职业技术学院	72	2.65	0.715

表 24 不同高校大学生对自己所在高校创业教育师资充裕性评价的方差分析

	平方和	df	均方	F 值
组间	8.782	3	2.927	
组内	283.045	504	0.562	5.213**
总数	291.827	507		

** $p<0.01$

9. 大学生对所在高校创业教育满意度的分析

为了进一步了解大学生对所在高校创业教育的满意度，本研究从教学内容、教学方式、教学师资、教学设施、实践活动五个方面调查了大学生对所在高校创业教育的满意度。表 25 列出了评价的结果，就总体而言，学生对这几个方面的满意度居于一般偏满意的水平。

表 25 大学生对所在高校创业教育的满意度

满意度	教学内容		教学方式		教学师资		教学设施		实践活动	
	频数	百分比（%）	频数	百分比（%）	频数	百分比（%）	频数	百分比（%）	频数	百分比（%）
非常不满意	10	1.96	8	1.57	14	2.75	14	2.75	18	3.54
不满意	37	7.25	56	10.98	84	16.47	84	16.47	92	18.04
一般	271	53.14	282	55.29	276	54.12	276	54.12	244	47.84
满意	162	31.76	139	27.25	113	22.16	113	22.16	127	24.90
非常满意	23	4.51	17	3.33	16	3.14	16	3.14	22	4.31
缺失值	7	1.37	8	1.57	7	1.37	7	1.37	7	1.37
合计	510	100.00	510	100.00	510	100.00	510	100.00	510	100.00

（三）大学生对创业教育的需求分析

本研究从大学生参加创业教育的意愿、大学生眼中最合适的创业指导教师类型以及他们认为重要的教育内容、偏好的创业教育形式等几个方面来调查大学生对创业教育的需求。

1. 大学生参加创业教育的意愿及其影响因素

调查结果表明，72.16%的大学生表示愿意或非常愿意参加创业教育，只有 5.10%的大学生表示非常不愿意或不愿参加创业教育，有 22.75%的大学生表示无所谓（见表 26）。

表 26 大学生参加创业教育的意愿

是否愿意	频数	百分比（%）
非常不愿意	1	0.20
不愿意	25	4.90
无所谓	116	22.75
愿意	297	58.24

续表

是否愿意	频数	百分比（%）
非常愿意	71	13.92
合计	510	100.00

从调查中发现，学生不愿意参加创业教育的排前三位的原因是：第一是因为没有兴趣；第二是因为专业学习任务重，没有时间参加；第三是认为创业能力无法从课程学习中获得。

为了进一步探讨影响大学生参加创业教育的因素，本研究以大学生参加创业教育的意愿作为因变量，以大学生的个人特征、家庭背景、在校相关经历、对创业与创业环境的判断和感知以及创业意向等作为自变量进行了回归分析，表 27 列出了回归分析的结果。从中可见对大学生参加创业教育意愿有显著影响的因素主要有：年级、家庭年收入、父亲是否接受过高等教育、是否有企业/创业家偶像、是否有创业经历、对创业的态度、对高校支持大学生创业力度的感知、校园氛围对创业的有利程度、对创业教育必要性的认识、创业意向等。其中：① 大二学生参加创业教育的意愿显著低于大一学生。② 大学生参与创业教育的意愿受家庭收入水平的影响，家庭年收入在 5 万—10 万元的学生，其参加创业教育的意愿显著高于家庭年收入在 2 万元及以下的学生。③ 父亲接受过高等教育的学生参加创业教育的意愿显著低于父亲没有接受过高等教育的学生。④ 有企业/创业家作为偶像的大学生，参与创业教育的意愿相对更强。这意味着在开展创业教育的过程中，积极宣传企业/创业家的事迹，发挥榜样的作用，可以促使大学生更好地参与创业教育。⑤ 有过创业经历的大学生，其参加创业教育的意愿较低。⑥ 对创业的态度越积极、感知到高校支持大学生创业的力度越强、校园氛围对创业越有利、认为创业教育越必要、创业意向越强的学生，其参加创业教育的意愿越强烈。

表 27　大学生参加创业教育意愿的影响因素分析

自变量	因变量：参加创业教育的意愿（标准化系数）
性别（以男生为参照类别）	
女生	0.026
学校（以西安交通大学为参照类别）	
西安邮电大学	−0.071
西安外事学院	0.100
陕西职业技术学院	0.027
专业（以理工类为参照类别）	
经管类	−0.074
文史类	0.015
其他类	−0.111
年级（以大一为参照类别）	
大二	−0.110*
大三	−0.066
大四	−0.021
政治面貌（以党员为参照类别）	
团员	0.002
群众	0.012
出生地（以城市为参照类别）	
乡镇	−0.040
农村	−0.052
家庭年收入（以收入 2 万元及以下为参照类别）	
2 万—5 万元	−0.016
5 万—10 万元	0.101*
10 万元以上	0.059
收入不明	0.004
父亲接受过高等教育	−0.128*
母亲接受过高等教育	0.037

续表

自变量	因变量：参加创业教育的意愿（标准化系数）
父亲有商业背景	−0.003
母亲有商业背景	−0.008
家庭支持大学生创业	−0.003
直系亲属中创办企业或进行个体经营的人数	−0.006
朋友、同学中（打算）创办企业或进行个体经营的人数	0.072
学习成绩	−0.019
参加课外活动状况	0.017
性格外向程度	−0.031
有企业/创业家偶像	0.087*
有实习经历	−0.029
有兼职经历	0.050
有创业经历	−0.100*
就业前景	−0.051
对创业的态度	0.113*
创业机会	−0.003
创业前景	0.048
社会环境对创业的有利程度	0.015
对高校支持大学生创业力度的感知	0.094*
校园氛围对创业的有利程度	0.104*
对创业教育必要性的认识	0.383***
创业意向	0.185**
创业自我效能感	0.003
F	5.963***
R^2	0.349
N	510

* $p<0.05$， ** $p<0.01$， *** $p<0.001$

2. 大学生眼中最合适的创业教育指导教师类型

表 28 列出了学生欢迎的创业教育指导教师的类型。从中可见，最受学生欢迎的是创业成功者，其次是知名企业高管和创业/企业管理研究者，经济管理专业教师则并不太受欢迎。

表 28　大学生眼中最合适的创业指导教师类型

教师类型	频数	百分比（%）
创业成功者	260	50.98
知名企业高管	112	21.96
创业/企业管理研究者	109	21.37
经济管理专业教师	26	5.10
缺失值	3	0.59
合计	510	100.00

3. 大学生对创业教育相关课程内容重要性的评价

在调查中，我们列出了 15 项与创业相关的课程内容，让学生对其重要性进行选择，并对学生选择“非常不重要”到“非常重要”分别赋值 1—5 分。表 29 列出了学生对每项课程内容重要性的评价状况，从中可见，学生认为最重要的 5 项课程内容分别是创新与创造、企业家精神、市场营销、产品开发、创业政策法规解读。

表 29　大学生对创业教育相关课程内容重要性的评价

课程内容	均值	标准差
创新与创造	4.28	1.098
企业家精神	4.17	0.716
市场营销	4.16	0.815
产品开发	4.07	0.769
创业政策法规解读	4.06	0.697
公司财务	4.05	1.075
企业融资	4.04	0.749
创业机会评估	4.01	1.503

续表

课程内容	均值	标准差
企业成长	4.00	0.753
小企业经营管理	3.98	0.737
公司法	3.90	1.115
技术转移	3.88	0.829
特许经营	3.75	0.851
创业计划写作	3.74	0.765
家庭企业	3.57	0.795

4. 大学生喜欢的创业教育形式

在调查中，我们列出了8种创业教育形式，让学生就其喜欢的程度进行选择，并对学生选择“非常不喜欢”到“非常喜欢”分别赋值1—5分。表30列出了学生对8种创业教育形式的喜欢程度的排序情况，从中可见，学生最喜欢的5种创业教育形式分别是到创业基地进行实践、到企业参观实习、开设创业讲座、由创业指导机构指导、开设选修课/必修课。

表30 大学生喜欢的创业教育形式

创业教育形式	均值	标准差
到创业基地进行实践	4.05	0.836
到企业参观实习	4.04	0.822
开设创业讲座	3.72	0.830
由创业指导机构指导	3.72	0.793
开设选修课/必修课	3.68	0.846
举办创业大赛	3.66	0.780
参加短期创业培训班	3.61	0.838
通过网络平台学习	3.57	0.818
亲自注册公司进行实践	3.52	0.918

5. 大学生偏好的专业学习与创业教育时间协调方式

专业学习与创业教育之间会出现时间安排上的矛盾，时间安排问题也是部分学生不愿意参与创业教育的原因之一。为了处理好这个问题，本研究对大学生偏好的时间协调方式进行了调查，结果表明，大学生最偏好的时间协调方式是利用课余时间参加创业教育的相关实践活动，其次是利用选修课学习与创业教育相关的课程，再次是开设一门或两门创业教育的必修课（见图 1）。

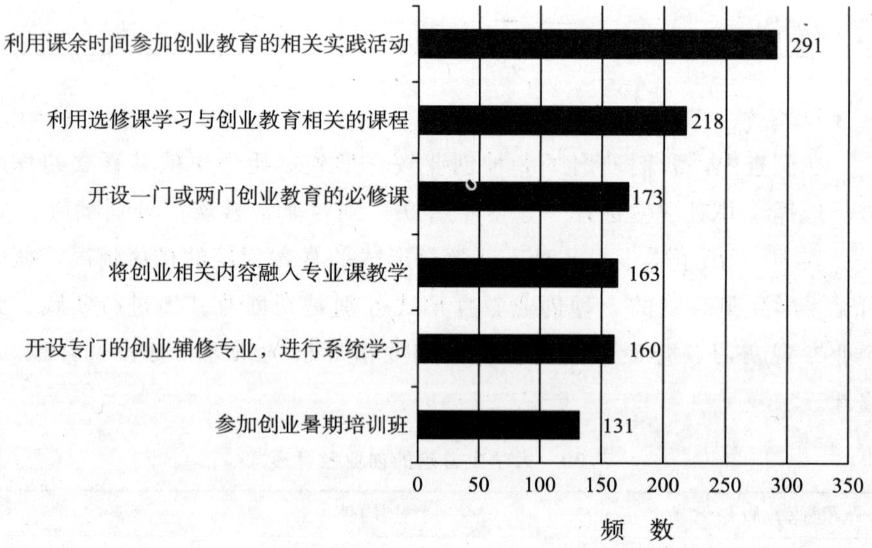

图 1　大学生偏好的专业学习与创业教育时间协调方式

6. 大学生最希望学校提供的创业帮助

图 2 列出了大学生最希望学校提供的创业帮助的排序情况。从中可见，大学生最需要学校提供的创业帮助有创业培训、创业项目的咨询服务、创业启动资金的支持、必要的技术支持等。这些需求反映了以下几个方面：① 大学生自身的创业能力可能存在不足，需要通过创业培训来弥补这方面的缺陷；② 大学生创业仍面临着很多困难，比如资金、项目、时间等；③ 高校有必要采取相应的措施来促进大学生的创业活动。

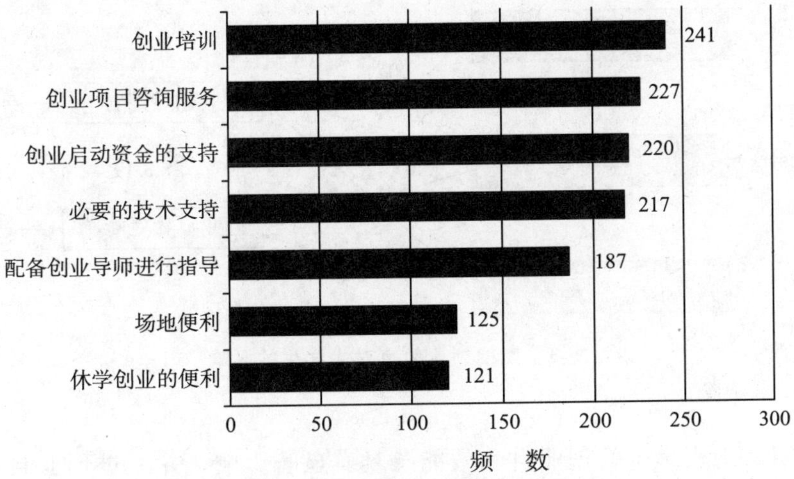

图 2　大学生最希望学校提供的创业帮助

（四）高校创业教育对大学生的影响

为了分析高校创业教育对大学生的影响，我们应用结构方程模型分析了大学生参与创业教育讲座、创业大赛和创业教育课程对大学生创业意向和创业自我效能感的影响。对大学生创业意向的测量借鉴了Thompson设计的有关测量工具，选择了其中三个题目对大学生的创业意向进行测量：我将来打算开公司、我为开公司而准备筹集资金、我会花时间学习创业知识。这三个测量题目的信度系数（α 系数）为0.681。对大学生创业自我效能的测量采用了七个题目，即：我能够发现并把握合适的创业机会、我能有效地建立创业所需的人际关系网络、我有能力建立和维护创业所需的团队、我有能力带领创业团队开发新的产品或服务、我能够在创业团队中营造积极向上的创新环境、我有能力获取和配置创业所需的关键资源、我有能力承担和控制创业过程中的风险。这七个测量题目的信度系数（α 系数）为0.833。图3列出了参加学校有关创业教育活动对大学生创业意向与创业自我效能感的结构方程模型分析结果。

从图3可见：① 参与创业教育讲座对大学生的创业意向与创业自我效能感均不具有显著影响；② 参与创业大赛对大学生的创业意向具有显著影响，参与过创业大赛的大学生具有更强烈的创业意向；③ 参与创业

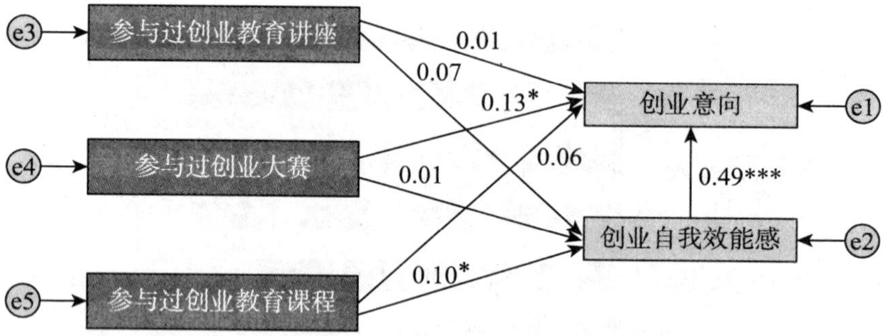

图 3　高校创业教育对大学生的影响

$* p<0.05$，$*** p<0.001$

教育课程对大学生的创业自我效能感具有显著影响，并通过创业自我效能感，对大学生的创业意向产生间接的显著影响。

五、主要结论与政策建议

（一）主要结论

1. 大学生对创业与开展创业教育的态度是积极的，也有意愿参与高校开展的创业教育活动，但他们对高校目前的创业教育活动参与较少，一个重要原因是他们对当前高校创业教育的评价较低

从调查结果看，有 81.37％的大学生支持或非常支持大学生自主创业，也有 78.43％的大学生认为高校开展创业教育是有必要或非常必要的。这表明，大学生对创业与创业教育的态度是非常积极的，他们希望通过创业教育培养自己的创业意识和创业精神，提升自己的综合能力。

调查也表明，有 72.16％的大学生表示愿意或非常愿意参与创业教育，这说明大学生参与创业教育的意愿也是很强烈的。大学生参与创业教育的意愿会受到年级、家庭年收入、父亲是否接受过高等教育、是否有企业/创业家偶像、是否有创业经历、对创业的态度、对高校支持大学生创业力度的感知、校园氛围对创业的有利程度、对创业教育必要性的认识、创业意向等因素的影响。

但值得指出的是，虽然大学生对创业与创业教育的态度是积极的，也有较强烈的参与创业教育活动的意愿，但他们对高校现有创业教育活动的了解、参与状况却不是很理想，这和高校对创业教育的重视程度一般、支持大学生创业的力度不够、高校创业教育师资相对匮乏，以及他们对高校目前开展的创业教育不太满意均有一定关系。

2. 大学生喜欢有实践经验的教师、实践性强的创业教育活动内容与形式

调查结果表明，学生最欢迎的创业教育指导教师是创业成功者，其次是知名企业高管；在课程内容方面，大学生认为最重要的五项课程内容分别是创新与创造、企业家精神、市场营销、产品开发、创业政策法规解读；在创业教育组织形式上，与传统的授课方式相比，大学生更喜欢参与实践性的创业教育形式，如大学生最喜欢的五种创业教育形式分别是到创业基地进行实践、到企业参观实习、开设创业讲座、由创业指导机构指导、开设选修课/必修课；在时间安排上，大学生最偏好的时间协调方式是利用课余时间参加创业教育的相关实践活动，其次是利用选修课学习创业教育相关的课程，再次是开设一门或两门创业教育的必修课；他们最需要学校提供的创业帮助是创业培训、创业项目的咨询服务、创业启动资金的支持、必要的技术支持等。从这些结果可以看出，大学生喜欢有实践经验的创业教育教师和实践性强的创业教育活动内容与形式。

3. 参与创业教育活动对大学生的创业意向和创业自我效能感具有一定程度的影响

分析结果表明，大学生参与创业大赛、创业教育课程对大学生的创业意向、创业自我效能感等具有一定程度的影响，这说明创业教育活动对提升学生的创业意向与创业自我效能感是具有一定作用的，高校开展创业教育对提升学生自主创业的可能性具有重要价值。

（二）政策建议

1. 高校应重视创业教育工作，树立正确的创业教育理念

调查显示，创业教育得到了高校学生的广泛认可。创业教育不仅仅

是教授学生创业的知识和技能，也是一种办学理念，在办学过程中，根据学校自身的特征和定位，将创业教育的理念融入办学理念当中，认真做好创业教育工作，会给学校的发展注入新的活力。

做好创业教育工作需要学校领导的高度重视和全校师生的共同努力与配合。高校可以全面落实创业教育责任制，将创业教育开展情况纳入相关管理人员年度考核和领导干部任期工作目标体系中。实行目标责任考核制，各学院开展创业教育、指导创业实践情况与学院的学生工作、就业工作、教科研工作考核挂钩，明确责任，强化落实。

创业教育远远不只是让学生学点创业知识，而后开一两个小公司那样简单，而是需要在教育和经营训练的活动中，培养学生成功的意识，强化他们成功的自信与动力（Lewrick，et al，2011）。从长远来看，单纯以“企业家速成”为目的的创业教育，虽然在短期内可能解决了一部分学生的就业问题，但学生如果没有足够的能力来运营自己的企业，还是会再次面临失业。创业教育应该以提升学生的创业意识、创业精神、综合能力及培养创新人格为主，以提高学生的创业基本素养为宗旨，通过创业教育实践培养受教育者强烈的创业意识与创业精神，使其在熟练掌握专业知识和技能的基础上还具有基本的创业知识和技能，具备良好的创业心理品质和社会适应性，从而能够开创自己的事业。

一方面，高校要调整创业教育实施理念，即从知识、技能导向的创业教育转向以提高学生创业者精神为主的创业教育，把创业素质教育、创业精神培养作为创业教育的重要内容。另一方面，高校要转变教师的教育观念，强化教师结合课程实施创业教育的意识，主动为学生自主创业提供良好的服务。与此同时，高校应引导学生确立自主创业的理念，让学生认识和了解要成为创业型人才需要具备怎样的创业意识、创业思维、创业能力、创业技巧等综合素质，以及怎样才能具备这些素质。

2. 建立专门的组织机构，统筹实施高校创业教育

在组织与实施创业教育的过程中，可以建立专门的负责机构，这样可以更加集中地配置相关资源，也便于开展形式多样的创业教育活动，为大学生提供良好的专业服务平台，科学指导大学生开展创业活动。

在宏观的政府层面，要构建创业教育推进的公共支持平台、创业活动扶持的公共政策平台、创业文化营造的公共参与平台，以形成创业教育公共服务体系。也可以参照英国的做法，在全国设立多个科技创业中心，分别负责不同区域的创业教育工作，其主要职责是开展创业教育、加强与产业界的联系、支持创办企业并鼓励新企业成长、鼓励技术转化。

在中观的商业与社会层面，要构建创业实践项目和信息提供平台、创业实践资金筹集和资助平台、创业实践技术支持和拓展平台，以形成创业实践支持服务体系。

在微观的教学与学校层面，要构建创业教育教学研究平台、创业教育师资培训平台、创业教育教学资源保障平台、创业教育教学督导与评估平台，以形成创业教育教学服务体系。一方面，学校可以按需要建立由学校党政主要领导、教学和学生工作职能部门以及各教学单位负责人组成的创业教育领导小组，负责协调和组织全校的创业教育工作，负责对创业教育中关乎全局的规划、政策等事项进行决策和指导，负责监督、评价全校各个层面的创业教育活动，并负责对创业教育工作和学校的各种创业教育组织或团体进行宏观管理和监控。另一方面，学校可以设立专门的组织机构，如创业学院、创业中心，更加集中地配置相关资源，也便于开展形式多样的创业教育活动；为大学生提供良好的专业服务平台，例如可以按需要成立服务创业申请、审批、融资和创业指导一条龙的专业服务机构，为大学生创业节约创业机会、时间成本；借助专业的创业服务结构，加快创业过程，方便指导大学生开展创业活动；组织学生成立创业团体，如创业者俱乐部等，定期举办创业相关活动，提供创业资讯，协助管理学生创业项目，为有创业想法或者对创业感兴趣的学生提供全方位的服务。

3. 采取多种措施，缓解师资匮乏现状

创业教育师资匮乏，尤其是缺乏有创业经验的教师，是我国高校开展创业教育过程中面临的最大困难之一，已经在很大程度上影响到高校创业教育工作的正常开展。调查显示，创业教育的师资队伍薄弱，知识结构不尽合理的现状与大学生对创业教育的期盼相去甚远，也与创业教育自身发展的要求很不适应。现有创业教育教师中多数缺乏创业经历和创业实践能力，创业教育主要是由就业部门的工作人员或各院系学生工作干部以及辅导员兼任。由于缺乏创业经验，创业教育师资大多只能走从书本到书本、从理论到理论的学院式教育途径，很难解决实战问题。

为了改善创业教育师资缺乏的状况，应加强创业教育师资的选拔和培训工作，提高高校内部创业教育教师的素质。在调查中我们发现，很多教师是愿意给大学生担任创业教育指导教师的，高校可以从中筛选部分优秀教师，对其进行专业知识的培训，包括创业学、管理学、教育学、心理学等学科知识和实践方面的培训，将理论知识与实践结合起来，建立一支素质高、理论功底扎实、具有一定实践经历的创业教育师资队伍。高校也应该为创业教育师资参加有关培训项目提供方便，如教育部创业师资培训项目、共青团中央创业师资培训项目、人力资源和社会保障部创业师资培训项目以及其他创业师资培训项目。除了正式的项目培训，高校还可以多组织国际、国内创业教育研讨会、创业论坛，鼓励创业教育师资参与国际、校际交流。

高校还可以把鼓励校内教师参与创业实践作为创业教育师资队伍建设的举措之一。从美国百森商学院、斯坦福大学等著名大学的创业教育经验来看，高校不仅需要重视创业教师的创业理论水平，而且需要特别关注其创业实践经验。如斯坦福大学校长约翰·汉纳森教授就曾离开学校创办企业，学校一直为他保留教授职位；斯坦福大学许多开设创业课程的教授通过参与创业企业的咨询服务、担任创业企业董事等方式，参与创业过程，并以自己的亲身经历丰富课堂案例教学，指导学生的创业实践。高校也可以仿照日本，制定“教员企业研修制度”、“企业参观会制度”等，让教师定期到企业参观学习，增加教师对企业的了解，使其能够胜任创业教育指导教师的工作。

在实践中，以“校内专职教师＋校内教师校外创业兼职＋校外企业家校内兼职”的模式构建“校内外专兼职结合”的师资队伍架构也是打造创业教育优秀师资的有效途径。高校应加强与企业的合作，聘请有经验的行业专家、企业相关管理人员、创业成功人士，或者经验丰富的校友、知名企业家来校讲座、授课，参与学校创业教育课程设计，这不仅可以丰富创业教育教学内容，也可以在一定程度上弥补高校教师创业实践经验方面的不足，同时亦可以以鲜活生动的案例和经验帮助学生解决实际困惑。

4. 分阶段各有侧重地组织创业教育教学

鉴于高校创业教育资源的有限性，同时考虑到学生个体资质、兴趣的多元性以及高校创业教育目标多元化的特征，高校需根据不同学生群体的兴趣与需求，分阶段各有侧重地开展创业教育教学，以实现创业教育所期望的目标。

在普及渗透阶段，应面向全体学生开展创业通识教育，让所有学生充分接触创业教育，以让学生了解创业、创业者精神，尤其是创业在现代经济社会发展中所起的重要作用为目标，努力实现大学生创业教育的全覆盖，为学生日后踏上工作岗位和形成创业意识做准备。在这个阶段，可以向全体学生提供诸如创业基础、创业投资、创业管理等与创业知识相关的课程，以小学分核心课与选修课的方式组织这个阶段的创业教育教学。

在专业培训阶段，应面向有强烈创业意愿的学生，或者商学院、管理学院、创业学院的学生开展有针对性的创业教程和培训活动，以培养学生与创业有关的技能、态度、意向。在这个阶段，除了进行专业课程教学和相关培训之外，还可以广泛开展创业计划竞赛、创业讲座、企业家论坛、创业者沙龙和企业参访、创业成长训练营等活动。

在孵化指导阶段，应通过汇聚具有创业意向的学生、创业导师团、风险投资家等群体，通过整合企业、工商部门、专业教师等资源，着力打造大学生创业的“种子选手”，为他们开办新企业提供实践指导和经验传授。

5. 改革学习制度，使学生能在专业学习和创业活动之间合理安排时间

时间安排问题是部分学生不愿参加创业教育的原因之一，应当适当改革当前的学习制度，建立并实行弹性的学习制度。第一，高校可以采用弹性的课程设置，让学有余力的学生能够在一种相对宽松的环境中决

定学习的内容、方法、时间等，以保障每一个学生都有足够的时间、空间进行实验、生产实习、毕业实习和毕业设计，为创新精神和实践能力的培养提供锻炼的机会，为未来的创业活动打下良好的基础。第二，高校可以实施灵活的学分制，鼓励想创业、准备创业的学生学习自己创业所需要的基础理论知识和方法，从而为自身的创业提供必要的前提条件。第三，高校可以通过让学生参与课外创业活动与研究，可以将课堂外的创业活动与研究参与转换成一定的学分，鼓励学生利用科技成果和管理知识为自己赢得学分。第四，高校可以实施灵活的学籍管理方式，让学生的学习和工作相互渗透，允许学生在合适的情况下选择创业或工作，或者休学创业等，当积累一定经验后还可以重新回到校园，继续原来的学习，允许学生根据自身实际情况，申请创业、就业，实行工学交替，分阶段地完成学业。引导学生能够在专业学习和创业教育活动之间合理安排自己的时间，使学生能够在某段时间内专心创业或者学习，为具有创新精神和较强实践能力的优秀学生和特殊人才的培养开辟渠道，方便大学生开展创业活动。

6. 加强创业教育宣传，培育创业教育氛围

除了对创业教育讲座、创业教育课程和创业大赛有一定程度的参与外，大学生对创业教育其他方面的活动了解不多，参与更为不足。因此，高校应当加强创业教育方面的宣传，促进大学生了解和参与创业教育活动。例如，可以加强渗透式创业教育宣传，利用校园宣传阵地，如广播、宣传栏、校园刊物、校园网、学生社团组织等，进行创业教育方面知识的宣传，也可以在BBS等学生经常使用的网站上开辟创业教育专栏介绍学校的创业教育活动，使学生了解创业教育的渠道更畅通，从而更全面、更系统地了解创业教育；也可以开展参与式的创业教育宣传，通过组织学生观看成功创业人士的影视纪录片和创业传记，在学校组织大学生创业座谈会，请创业成功者，或者学生中的创业实践者与大学生交流，让他们分享创业的酸甜苦辣；尤其注意宣传本校优秀毕业生的创业历程，激发榜样示范的力量，弘扬创业精神，使创业者成为学生所敬慕的社会角色，在全校形成良好的创业文化氛围；也可以组织学生

到创业企业进行实地参观，与创业人士面对面沟通，感受创业者的人格、信念、精神和情怀，引发大学生对创业的向往，消除大学生对创业的畏惧心理，增强学生了解创业的主动性和对创业者身份的认同感。

此外，还应着力建立鼓励创业教育发展、促进学生创业的制度氛围。例如，应加强对大学生创业教育活动的组织领导，制定配套政策，确保活动开展有宽松的环境；对教师的创业教育教学、创业教育研究和相关辅导工作予以支持，并在经费上给予一定保证，以科研促教学，以创新促创业；培育有利于年轻教师和学生发展个人兴趣、特长和脱颖而出的土壤，建立公平、公正、合理的奖励制度，从而调动教师与学生开展和参与创业教育活动的积极性，为创业教育在学校广泛地开展营造制度氛围。

7. 高校创业教育应该注重实践性，多开展实践性的创业教育活动

研究表明，与传统的授课方式相比，大学生更喜欢参与实践性的创业教育活动，同时创业教育本身也具有很强的实践性特征，因此高校在开展创业教育的过程中应多开展实践性的创业教育活动。创业实践活动是实施创业教育的重要途径，实现创业教育目的与目标的重要方式和手段。有目的、有计划、有组织地开展大学生创业实践教育活动，有利于发展学生的个性，开发和释放学生的潜能，在实践中培养大学生的创业意识、创业精神和创业能力。为此，高校在进行创业教育时，课堂教学应倡导模块化、项目化和参与式教学，强化案例分析、小组讨论、角色扮演、头脑风暴等环节，调动学生学习的积极性、主动性和创造性；应以课外活动、社会实践为重要教育途径，通过组织开展更加规范化、制度化、灵活多样的创业教育讲座、创业训练、创业大赛等活动，培养学生的创业意识和能力；支持学生创办和参加创业协会、创业俱乐部等社团活动；社会实践要充分利用校内外资源，依托校企联盟、科技园区、创业园区、创业项目孵化器、大学生校外实践基地和创业基地等，开展学习参观、市场调查、项目设计、成果转化、企业创办等创业实践活动，系统培养学生整合创业资源、设计创业计划以及创办和管理企业的综合素质。

高校应通过与地方企业和社区等其他社会力量联合，组织学生实地

参观新公司创办流程，深入创业型企业开展创业实践调研，使大学生创业教育场地跨出校园，延伸到企业、社区，让学生了解创业型企业的发展过程，理解创业过程，识别创业的机遇与问题。也可以效仿日本创业教育的一些组织形式，对一些面临发展困难的企业，组织师生通过考察提出改进措施，帮助企业。高校创业教育与地方企业和社区互动，可以更容易地获取地方企业和社区的支持，形成良性循环。

8. 政府、社会及家庭应对高校开展创业教育给予相应的支持，建立以高校为主导的多维度创业教育生态系统

开展创业教育不仅仅是高校的事情，做好这项工作还需要政府、社会及学生家长的通力配合。政府可以适当加强对大学生创业的扶持力度，同时降低创办企业的门槛，为大学生创业提供融资帮助，提供一定的税收优惠、场地支持，方便更多的大学生开展创业活动。例如，政府可以通过建立专门的创业教育资金，为高校开展创业教育提供资金支持；政府也可以从小额担保贷款、信用担保、税收优惠政策、降低市场准入门槛等多个方面帮助大学生拓展创业渠道；通过简化创办企业的程序，完善配套服务，为大学生创业提供人事代理、劳动保障、工商、税务、融资、信息、咨询等“一站式”服务；为大学生创业提供跟踪扶持服务，以提高大学生创业的成功率；还可以将创业大学生纳入社会保障范围，为其提供必要的社会保障。社会应该给予大学生更多的实践机会，社会文化应更鼓励大学生创业，同时增强对创业失败的包容度，营造褒奖成功、宽容失败的良好创业氛围。家长应该更新观念，对大学生创业更加理解和支持，并在资金等方面提供必要的支持。从而建立以高校为主导的政府、社会、企业和家庭全方位多层次良性互动的创业教育生态系统，帮助和促进高校创业教育的发展。

参考文献

彼得·德鲁克. 2000. 创新与企业家精神［M］. 彭志华，译. 海口：海南出版社.

柴旭东. 2009. 中国、美国和印度三国大学创业教育比较 [J]. 高校教育管理, 3 (1).
常建坤, 李时椿. 2007. 发达国家创业活动和创业教育的借鉴与启示 [J]. 山西财经大学学报: 高等教育版 (3).
陈瑞英, 顾征. 2010. 新世纪日本高校的创业教育: 现状与课题 [J]. 高等工程教育研究 (2).
郭峰, 杨恒亮, 高冬梅, 喻跃龙. 2011. 中日大学生创业教育比较研究 [J]. 创新与创业教育 (6).
杰弗里·蒂蒙斯. 2002. 战略与商业机会 [M]. 周伟民, 等, 译. 北京: 华夏出版社.
李文英, 王景坤. 2010. 澳大利亚高校创业教育模式探析 [J]. 比较教育研究 (10).
李志永. 2010. 日本高校创业教育 [M]. 杭州: 浙江教育出版社.
刘学伟. 2013. 创业教育服务支持体系的构建 [J]. 现代教育 (9).
罗涤, 高微, 赖炳根. 2012. 澳大利亚高校创业教育分析及其启示 [J]. 重庆大学学报 (18).
王彩华, 李福杰. 2008. 美国高校创业教育的经验及其启示 [J]. 理工高教研究 (5).
王树丰. 2004. 创业培训 SYB 课程走入高校 [J]. 中国大学生就业 (21).
颜振军. 2007. 美国创业扶持政策分析 [N]. 中国高新技术产业导报, 2007-10-08.
游振声. 2011. 美国高等学校创业教育研究 [D]. 重庆: 西南大学.
张莉, 张晓璐, 王少红. 2009. 对世界著名商学院创业管理课程的研究及启示 [J]. 中国商界 (5).
张帏, 高建. 2006. 斯坦福大学创业教育体系和特点的研究 [J]. 科学学与科学技术管理 (9).
郑如霞. 2007. 国外创业教育发展状况和发展趋势研究 [J]. 集美大学学报, 8 (2).
Alberti, F, Sciascia, S, and Poli, A. 2004. Entrepreneurship education: Notes on an ongoing debate [R]. In Proceedings of the 14th Annual IntEnt Conference, University of Napoli Federico II, Italy, July 4-7.
Arogundade, B B. 2011. Entrepreneurship education: An imperative for sustainable development in Nigeria [J]. Journal of Emerging Trends in Educational Research and Policy Studies, 2 (1).
Falk, J, Alberti, F. 2000. The assessment of entrepreneurship education [J]. Industry and Higher Education, 14 (2).
Finkle, T A, Kuratko, D F, & Goldsby, M G. 2006. An examination of entrepreneurship

centers in the United States: A national survey [J]. Journal of Small Business Management, 44 (2).

Galloway, L, and Brown, W. 2002. Entrepreneurship education at university: A driver in the creation of high growth firms [J]. Education + Training, 44 (8/9).

Garavan, T N, and O'Cinneide, B. 1994. Entrepreneurship education and training programmes: A review and evaluation—part 1 [J]. Journal of European Industrial Training, 18 (8).

Gibb, A A. 1993. Enterprise culture and education understanding enterprise education and its links with small business, entrepreneurship and wider educational goals [J]. International Small Business Journal, 11 (3).

Gorman, G, Hanlon, D, King, W. 1997. Some research perspectives on entrepreneurship education, enterprise education and education for small business management: A ten-year literature review [J]. International Small Business Journal, 15 (3).

Jones, B, and Iredale, N. 2014. Enterprise and entrepreneurship education: Towards a comparative analysis [J]. Journal of Enterprising Communities: People and Places in the Global Economy, 8(1).

Jones, C, and English, J. 2004. A contemporary approach to entrepreneurship education [J]. Education + Training, 46 (8/9).

Katz, J A. 2003. The chronology and intellectual trajectory of American entrepreneurship education: 1876 - 1999 [J]. Journal of Business Venturing, 18 (2).

Kelley, D, and Thomas, H. 2011. Entrepreneurship education in Asia [M]. Cheltenham, UK; Northampton, MA: Edward Elgar Publishing.

Kuratko, D F. 2005. The emergence of entrepreneurship education: Development, trends, and challenges [J]. Entrepreneurship Theory and Practice, 29 (5).

Lanero, A, et al. 2011. The impact of entrepreneurship education in European universities: An intention-based approach analyzed in the Spanish area [J]. International Review on Public and Nonprofit Marketing, 8 (2).

Lewrick, M, et al. 2011. Education for entrepreneurship and innovation: Management capabilities for sustainable growth and success [J]. World Journal of Entrepreneurship, Management and Sustainable Development, 6 (1/2).

McKeon, J, Millman, C, Sursani, S R, et al. 2006. Graduate entrepreneurship education in the United Kingdom [J]. Education + Training, 48 (8/9).

Mkala, D M, and Wanjau, K. 2013. Transforming implementation of entrepreneurship education programme in technical training institutions in Kenya [J]. European Journal of Business and Innovation Research, 1 (3).

Neck, H M, and Greene, P G. 2011. Entrepreneurship education: Known worlds and new frontiers [J]. Journal of Small Business Management, 49 (1).

O'Connor, A. 2013. A conceptual framework for entrepreneurship education policy: Meeting government and economic purposes [J]. Journal of Business Venturing, 28 (4).

Rae, D, et al. 2012. Enterprise and entrepreneurship in English higher education: 2010 and beyond [J]. Journal of Small Business and Enterprise Development, 19 (3).

Solomon, G T, & Fernald, L W. 1991. Trends in small business and entrepreneurship education in the United States [J]. Entrepreneurship Theory and Practice, 15 (3).

Solomon, G T, Duffy, S, Tarabishy, A. 2002. The state of entrepreneurship education in the United States: A nationwide survey and analysis [J]. International Journal of Entrepreneurship Education, 1 (1)

Streeter, D H, Jaquette, Jr J P, & Hovis, K. 2004. University-wide entrepreneurship education: Alternative models and current trends [J]. Southern Rural Sociology, 20 (2).

Treasury, G. 2008. Enterprise: Unlocking the UK's talent [R]. London: HM Treasury.

Trivedi, R H. 2014. Are we committed to teach entrepreneurship in business school? An empirical analysis of lecturers in India, Singapore and Malaysia [J]. Journal of Enterprising Communities: People and Places in the Global Economy, 8 (1).

Von Graevenitz, G, Harhoff, D, and Weber, R. 2010. The effects of entrepreneurship education [J]. Journal of Economic Behavior & Organization, 76 (1).

Wang, C K, & Wong, P K. 2004. Entrepreneurial interest of university students in Singapore [J]. Technovation, 24 (2).

出版人　所广一
责任编辑　孔　军
版式设计　孙欢欢
责任校对　贾静芳
责任印制　曲凤玲

图书在版编目（CIP）数据

西部教育报告. 2014：总第4卷/郝文武主编. —北京：教育科学出版社，2014. 12
ISBN 978-7-5041-9302-5

Ⅰ. ①西…　Ⅱ. ①郝…　Ⅲ. ①教育工作—研究报告—西北地区—2014②教育工作—研究报告—西南地区—2014　Ⅳ. ①G527

中国版本图书馆CIP数据核字（2014）第307879号

西部教育报告2014（总第4卷）
XIBU JIAOYU BAOGAO **2014**

出版发行	教育科学出版社		
社　　址	北京·朝阳区安慧北里安园甲9号	**市场部电话**	010－64989009
邮　　编	100101	**编辑部电话**	010－64981167
传　　真	010-64891796	**网　　址**	http：//www.esph.com.cn
经　　销	各地新华书店		
制　　作	北京大有图文信息有限公司		
印　　刷	保定市中画美凯印刷有限公司		
开　　本	169毫米×239毫米　16开	**版　　次**	2014年12月第1版
印　　张	19.75	**印　　次**	2014年12月第1次印刷
字　　数	278千	**定　　价**	52.00元

如有印装质量问题，请到所购图书销售部门联系调换。